Anonymous

Neueste Sammlung jener Schriften

die vor einigen Jahren her über verschiedene wichtigste Gegenstände zur Steuer der

Wahrheit im Drucke erschienen sind

Anonymous

Neueste Sammlung jener Schriften
die vor einigen Jahren her über verschiedene wichtigste Gegenstände zur Steuer der Wahrheit im Drucke erschienen sind

ISBN/EAN: 9783743601222

Hergestellt in Europa, USA, Kanada, Australien, Japan

Cover: Foto ©ninafisch / pixelio.de

Manufactured and distributed by brebook publishing software (www.brebook.com)

Anonymous

Neueste Sammlung jener Schriften

Neueste Sammlung jener Schriften,

die
von einigen Jahren her über verschiedene wichligste Gegenstände zur Steuer der Wahrheit im Drucke erschienen sind.

Siebenter Band.

Im Jahre 1784.

Zu
Augsburg
hats in Commission das Oberpostamt, wie auch
Johann Georg Bullmann, in der Fuggerey
Nro 45 und Johann Seiz Papierhändler
in der Schmidgasse Nro 34.

Dissertation

über das

Placetum Ecclesiastikum

von

Joseph Georg Wanner.

des geistlichen, des Natur und Völkerrechtes
Doktor, und öffentlichen Lehrer auf der
hohen Schule zu Dillingen.

Mit Approbation

des augsburgischen Ordinariats.

1 7 8 2.

Aus dem Lateinischen ins Deutsche übersetzt.

Da ich von dem Placetum der Kirche zu reden gedenke, schlage ich einen Weg ein, den, so viel mir bekannt ist, noch keiner gebahnet hat. Ja ich muß vielmehr einen Weg antretten, der wider den Strom ist. Denn alle, die bisher von dem so genannten Placetum geschrieben haben, sowohl Weltliche als Geistliche, sowohl (welches billig zu verwundern ist) Weltpriester, als Ordensgeistliche sprechen nur von dem Rechte, welches die weltlichen Fürsten haben sollen, ihr *placet* oder *non placet* über die kirchischen Verordnungen von sich geben zu därfen. Der Weg, den ich dann antrette, scheinet ein harter und recht kritischer zu seyn: un=

unterdessen ist er doch um so weniger unübersteiglich; weil es gewiß ist, daß dergleichen Streite nicht so fast durch das Ansehen der Gelehrten, die keineswegs untrüglich sind, als durch Gründe entschieden werden müssen. In Betref dieses Gegenstandes ist auf das Ansehen der Gelehrten um so weniger ein Augenmerk zu machen; weil einer dem andern nur nachgeschrieben hat, und alle aus einer und der nämlichen Quelle geschöpft haben: alle machen also gleichsam nur einen Author aus. Dieser ist der berühmte Zegerus Bernhard van Espen, der in einem besondern und ziemlich weitschichtigen Traktat, den er in fünf Theile abgetheilet, alles zusammen getragen hat, was dem Placetum regium in Betref der Promulgation kirchischer Verordnungen nur immer günstig seyn kann.

Man kann es nicht in Abrede stellen, daß dieser Author sich um die Wissenschaft des geistlichen Rechtes sehr verdient gemacht habe, und daß sein Ansehen bey den Gelehrten groß sey; allein bey all seiner Größe hat er nicht allezit das Wahre getroffen. Auch große Männer können irren. Van Espen selbst ist sogar meinen Gesinnungen nicht ganz und gar entgegen; massen er sich nur die Mühe giebt, zu erweisen, daß die päbstlichen Bullen in den Territorien der weltlichen Regenten nicht promulgirt werden sollen, ohne daß zuvor untersuchet werde, ob sie nichts für die Staaten Nachtheiliges enthalten: ob aber die Kirche nicht auch das nemlich Recht habe, hat van Espen gar nicht untersucht: erst einige seiner Verehrer giengen so weit, und sprachen der Kirche dieses Recht ab. Mit die-

diesen nun habe ich zu thun. Da ich hauptsächlich wider katholische Authoren schreibe, so können sie die Gründe, auf die ich baue, nicht verwerfen; massen sie allen Katholiken gemein sind. Die Abhandlung theile ich in drey Hauptstücke. Das erste enthält einige Prärogative der von dem Heilande gestifteten Kirche. Das zweyte vergleicht den kirchischen mit dem politischen Staate. Das dritte handelt von dem Placetum, das die Kirche zu geben hat. Alles zielet dahin, um zu erweisen, daß, wenn das Placetum regium oder Politikum Platz findet, auch das Placetum ecclesiastikum eben so, ja um so mehr, einen Platz finden müsse. Ich glaube, daß auf diese Weise dem Kaiser gegeben werde, was des Kaisers ist, und Gott, (und der Kirche Gottes) was Gottes und seiner Kirche ist. Was ich schreibe, schreibe ich gewiß nicht aus Partheylichkeit; sondern pur allein aus Liebe zur Wahrheit. Darum bin ich auch nicht bekümmert, wenn ich schon von einigen als ein unbescheidener Kanonist, oder als noch etwas schlechteres angesehen und geschildert werden sollte.

Der Grundsatz, nach dem ich mich richte, ist folgender.

Quod justum est, scribo, nec multum Trossule curo,
Sive huic, sive illi displiceat, placeat.

Sidonius Satyr. I. in Trossulum.

Ich schreibe, was billig ist, und achte nicht,
Ob es diesem oder jenem gefalle, oder nicht.

Erstes

Erstes Hauptstück.

Von einigen Eigenschaften der von Christo gestifteten Kirche.

§. I.

Die christliche Kirche ist eine Gesellschaft der Menschen, die Gott nach dem Befehle des göttlichen Erlösers auf die rechtmäßige Weise ehret, um das ewige und übernatürliche Leben zu erhalten. Oder wenn man mit Bellarmin (L. 3. Cap. a de Eccl. milit.) lieber sagen will: **Die wahre christliche Kirche ist jene Gemeinde, die durch das nemliche Glaubensbekenntniß, durch den Gebrauch der nemlichen Sakramente mit ihrem rechtmäßigen Hirten und Staathalter Christi vereiniget ist.**

Beyde diese Notionen sowohl, als meine ganze Absicht gründen sich auf folgende Schriftstellen.

Lehret alle Völker, und taufet sie im Namen des Vaters, u. s. w. und lehret sie alles halten, was ich euch befohlen habe. Matth. 28. 18.

Gehet hin in die ganze Welt, prediget das Evangelium allen Kreaturen: der glaubt und getauft ist, wird selig werden; wer aber nicht glaubt, wird verdammt werden. Mark. K. 16. 15.

Es ist des Menschen Sohn gekommen, um selig zu machen, was verlohren war. Luk. K. 19. 10.

So hat Gott die Welt geliebt, daß er seinen eingebohrnen Sohn gab, damit keiner, der an ihn glaubt, zu Grund gehe; sondern das ewige Leben habe. Johan. 3. 16.

Die Menge der Gläubigen war ein Herz und eine Seele. Apostelgesch. K. 4. V. 32.

Seyd sorgfältig, die Einigkeit des Geistes im Bande des Friedens zu erhalten.

ten. Es ist ein Leib und ein Geist, ein Herr, ein Gott, eine Taufe, und ein Glaub. Eph. K. 4. V. 3.

Habet den nemlichen Geist des Glaubens, wie es geschrieben steht... Sendsch. an die Korinth. K. 4. V. 13.

Wie mich mein Vater gesendet hat, so sende ich euch. — Denen ihr die Sünden nachlassen werdet, denen sollen sie nachgelassen seyn; denen ihr sie behalten werdet, werden sie behalten seyn. Johan. 20. V. 21.

Du bist Petrus — dir übergebe ich die Schlüssel des Himmelreichs; was du auf Erden binden wirst, das soll auch im Himmel gebunden seyn: und was du auf Erden lösen wirst, soll auch im Himmel gelöset seyn. Matth. 18. V. 18.

Weide meine Lämmer, weide meine Schäflein, weide meine Schafe. Joh. 21. V. 15. 17.

Gebt auf euch und die ganze Heerde

Acht:

Acht: euch hat der heilige Geist als Bischöfe gesezt, die Kirche Gottes zu regieren. Apostelg. K. 20.

Ich bin bey euch alle Tage bis zum Ende der Welt. Matth. 28. V. 20.

Suchet zuerst das Reich Gottes und das Uebrige wird euch gegeben werden. Matth. 6. V. 33.

Was nützt es den Menschen, wenn er die ganze Welt gewinnt; an seiner Seele aber Schaden leidet. Matth. 16. V. 26.

Ist die Seele nicht mehr als die Speiß. Matth. 6. V. 25.

§. II.

Aus diesen recht auffallenden Stellen erhellet sonnenklar, daß jenes, was des Geistes ist, jenem was den Leib und das Zeitliche angeht vorzuziehen sey; wie auch, daß die von Christo errichtete Kirchengemeinde im Glauben müsse vereiniget seyn, daß sie unter rechtmäßigen Hirten, die die Gewalt haben, zu lehren, von Sünden loszusprechen, und andere Sakramente auszutheilen, und vorzüglich unter einem Oberhirten stehen müsse, dem die ganze Heerde, (Lämmer, Schäflein, und Schafe) ist anvertrauet worden. Es

Es ist ferner recht augenscheinlich, daß in dieser von Christo errichteten Gemeinde nicht alle Glieder einander gleich seyn, und gleiche Gewalt haben. Es sind in diesem sittlichen Schafstalle Hirten und Schafe: Hirten, die die Schafe zu regieren haben; Schafe, die den Hirten zu folgen haben. Diese Einrichtung und Subordination muß dauern bis zum Ende der Welt; weil auch die Kirche nach dem Willen Christi so lang dauern wird.

Es ist ferner eine für sich selbst ganz klare Sache, daß Christus, da er den Aposteln die Gewalt zu binden und zu lösen gab, und ihnen das Lehr- und Hirtenamt aufgetragen hat, nicht die ganze Heerde; sondern allein die Apostel als Hirten der Heerde angeredet habe. Die geistliche und übernatürliche Gewalt also ist nicht der ganzen christlichen Gemeinde, oder was eines ist, der ganzen Kirche, sondern den Aposteln als Vorstehern der Kirche, und zwar unmittelbar übergeben worden. Sie wurden unmittelbar von Christo, und nicht von der Kirche berufen. Der Heiland sprach: **Ich sende euch, wie mich mein himmlischer Vater gesandt**

sandt hat: **nehmet hin den heiligen Geist.** Wie also Christus die Gewalt unmittelbar vom Vater (und nicht von der Kirche) erhalten hat, also erhielten die Apostel ihre Hirten = Lehr= Lös = und Bindgewalt nicht von der Kirche, sondern unmittelbar von Christo selbst. Der Heiland sagte nicht: **Meine Kirche wird euch senden**; sondern: **Ich sende euch, wie mich mein Vater gesendet hat.** Er hat nicht gesagt: Empfanget den heiligen Geist, und die Gewalt zu lösen von meiner Kirche; sondern: Ich, **Ich gebe euch** diese.

So hat auch der Sohn Gottes zum Petrus nicht gesagt: **Ich will die Schlüssel des Himmelreichs der an mich glaubenden Gemeinde** (oder Kirche) **übergeben, von dieser wirst du alsdann die Schlüsselgewalt erhalten**: nein, so redete der Herr nicht: sondern er ertheilte dem heiligen Petrus die Schlüssel des Himmelreichs unmittelbar: er sprach: Tibi **Dir**, NB. **Dir** will ich die Schlüssel des Himmelreichs übergeben: was du binden wirst, was du lösen wirst, soll gebunden oder gelößt seyn. (*) §. 3.

(*) Es ist unbegreiflich, daß es Gelehrte, katholische

§. III.

Die wahre Kirche Christi, oder christliche Gemeinde, die aus ungleichen Gliedern, aus Hirten und Schafen besteht, hat Gewalt, Gesetze und Verordnungen zu machen.

Wenn

---

sche Gelehrte gebe, welche mit einem Richerius, mit einem Febronius und andern vertheidigen, daß Christus die Schlüsselgewalt unmittelbar der Kirche, und nicht dem Petrus und den Aposteln gegeben habe, und daß die Nachfolger der Apostel und des heiligen Petrus ihre geistliche Gewalt erst von der christlichen Gemeinde oder Kirche empfangen müssen, und selbe nur nach Bestimmung der ganzen Gemeinde ausüben können. Gewaltthätigeres kann man doch nichts denken, als diese Auslegung. In meinem, und unzähliger anderer Sinne wäre alles mit einem paar Worte ausgemacht; nämlich: Christus gab den Aposteln, dem heiligen Petrus und ihren Nachfolgern unmittelbar alle geistliche Gewalt; aber diese gab er ihnen wegen der Kirche, und zum Nutzen der Glieder der Kirche. Wenn ein Monarch zu einem General sagen sollte: Ich bestelle dich zum Chef meiner

ganz

Wenn man die Verschiedenheit der Gesinnungen und Neigungen der Menschen, und die Unbeständigkeit des menschlichen Willens betrachtet, so ist höchst nöthig, daß es in einer jeden wahren Gesellschaft eine Gewalt gebe, welche die Glieder derselben zu solchen Handlungen, oder Unterlassungen, verbinden könne, die zur Erreichung des vorgesteckten Ziels entweder nützlich, oder gar nöthig sind. So eine Gewalt schließt für sich selbst das Recht ein, verbindende Gesetze machen zu können. Mann kann also der Kirche das Recht, Gesetze zu machen, eben so wenig

---

ganzen Armee: was du gebieten wirst, soll geboten seyn; was du verbieten wirst, soll verboten seyn. Wer würde so kühn seyn, und behaupten dörfen, daß dieser General seine Gewalt erst von der Armee erhalten müsse, und selbe nicht anders, als nach der Bestimmung seiner Soldaten und untergeordneten Officirs ausüben könne? Wie ungegründet sind dann die richerianischen und febronianischen Grundsätze? Wie nachtheilig sind sie den Monarchen und Souverainen selbst? Man bestreitet freylich unmittelbar nur die Jurisdiktion der Päbste; aber man greift im Grunde zugleich die Souverainität der Regenten an. Und dies duldet man?

wenig absprechen, so wenig man verneinen kann, daß sie eine wahre Gemeinde und Gesellschaft gestalte.

Christus hat Matth. 16. dem heiligen Petrus, und Matth. 18. allen Aposteln die Gewalt gegeben, alles zu binden, und alles zu lösen. Er hat sie (Joh. 20.) eben so gesandt, wie er von seinem Vater ist gesandt worden. Christus aber war ein wahrer Gesetzgeber; weil er dann die Apostel eben so gesendet hat, wie er vom Vater ist gesendet worden, so folget nothwendig, daß auch sie eine gesetzgebende Gewalt von ihm erhalten haben. Dieß ist um so gewisser, weil sie diese gar bald ausgeübet haben; und wer aus den Christen ist so verwegen, der sich zu sagen getrauet, sie haben sich einer Gewalt angemaßt, die sie nicht hatten? So lesen wir in den Apostelgeschichten Kap. 15. V. 28. **Also schien es dem heiliden Geiste und uns, daß wir euch keine andere Bürde auflegen, als daß ihr von dem, was den Götzen geopfert ward, und von dem Blute und Erstickten euch enthaltet.** So hat der heilige Paulus geboten, daß keiner, der sich zum zweytenmal verehlichet hat, zum Bischofe consekrirt werden soll. 1. Tim. 3. V. 2.

So sprach der nemliche Völkerlehrer zu den versammelten Aposteln und Oberhirten der Kirche: **Euch hat der heilige Geist gesezt, die Kirche Gottes zu regiren, die er durch sein Blut erkaufet hat.**

Daß die Kirche ein gesetzgebende Gewalt von ihrem göttlichen Stifter erhalten habe hierüber stimmen auch alle heilige Väter der ersten Kirche einhellig überein.

„Was ist ein Bischof anders, als derjeni„ge, der die vorzügliche und höchste Gewalt „über alle Schafe hat. (a)

„Diese geistliche Gewalt ist um so erhab„ner, als die weltliche, um so viel besser der „Himmel, als die Erde ist. (b)

„Das

(a) Quid aliud est Episcopus, quam is, qui omnem principatum & potestatem super omnes obtinet. S. Ignat. M. Epist. ad Trallens.

(b) Iste autem principatus civili tanto melior est, quam

„Das Heil der Kirche hängt von der „Würde des hohen Priesters ab: wenn die„sem nicht eine auserordentliche und ganz vor„zügliche Gewalt eingeräumet wird, so wer„den in der Kirche so viele Spaltungen entste„hen, als Priester sind. (c)

„Das christliche Gesetz hat auch dich o Kai„ser! meiner geistlichen Bottmäßigkeit unter„worfen; denn auch wir Bischöfe haben eine „gesetzgebende Gewalt; und diese (weil sie „sich auf das Geistliche bezieht) ist erhab„ner und vollkommner, als die weltliche.

quam terra cœlum. S. Chrysostom. Hom. 15. in Corinth.

(c) Ecclesiæ salus in summi Sacerdotis dignitate pendet, cui, si non exsors quædam, & ab hominibus eminens potestas detur, tot erunt in Ecclesia schismata, quot Sacerdotes. S. Hieronymus Dialog. advers. Lucif.

Te quoque Imperator, imperio meo & Throno Lex Christi subiicit: imperium enim & nos quoque Episcopi gerimus: addo etiam præstantius & perfectius. S. Greg. Naz. Orat. 17. ad Theodos.

Es fällt also der Beweis des Herrn Mosheims und seiner Anhänger gänzlich zu Boden, obschon er nicht so fast ein Beweis, als willkührlich gemachter Machtspruch ist. Dann mit welchem Grunde kann er behaupten, daß zwar von den Aposteln das Prediganit, aber nicht die **Gewalt, Kirchengesetze** zu machen, auf ihre Nachfolger gekommen sey? Dieß heißt, so viel ich verstehe, etwas ohne allen Beweis daher sagen. Die außerordentliche Gaben z. B. Wunder zu wirken, haben freylich nicht alle Bischöfe mit den Aposteln gemein: die Gabe war den Aposteln nöthig, um die christliche Religion, welche den Juden ein Aergerniß, den Heyden aber eine Thorheit war, glaubwürdig zu machen; die gesetzgebende Gewalt aber ist den Hirten der Kirche nothwendig, nachdem die Kirche auch schon gegründet war, und unzähligen höchst glaubwürdig gemacht worden ist. Und wie kann man der vorstehenden Kirche das Recht absprechen, welches sie von ihrem Ursprunge an ohne Widerspruch jederzeit ausgeübet hat? Von dieser Ausübung findet man in allen Jahrhunderten unzählige Beyspiele. Wenn diese Gewalt der Hirten itzt nicht

mehr

mehr nothwendig seyn sollte, wie kömmt es dann, daß die Protestanten diese itzt den weltlichen Regenten, ein andersmal der Gemeinde, oder ihren Synoden einräumen, wie ihre Synoden zu Charenton, und Dortrecht zum Beyspiele dienen können? In diesem sind die Arminianer verdammt, der große Pensionair Barnevaltius aber, ein Schützer derselben enthauptet, Hugo Grotius eingekerkert, viele in das Elend verwiesen, und alle mit andern Strafen beleget worden, wie es Calovius weitläufig beschreibet. (*)

§. IV.

Die Kirche hat also ein gerichtliches Urtheil zu fällen, und die über Religionsgegenstände entstandenen Streitigkeiten zu entscheiden.

Dieß ist eine ganz natürliche Folge der gesetzgebenden Gewalt: gemäß dieser kann die Kirche nicht nur Verordnungen machen; sondern auch in zweifelhaften Fällen den Ausspruch geben, ob diese oder jene Handlung gerecht oder ungerecht, erlaubt

(*) V. Clariss. Rautenstrauchium Inst. Jur. eccl. Sect. I. cap. III. §. 29.

erlaubt oder unerlaubt sey. Da also die Kirche die gesetzgebende Gewalt unstreitig besitzt, so kann man ihr auch das Recht nicht absprechen, gerichtliche Urtheile fällen zu können.

Die Sache ist recht augenscheinlich, wenn man nur ein Augenmerk auf die beständige Uebung der Kirche machen will; so oft entweder Glaubensstreite entstanden, oder sich Zweifel über die Sittenlehre und Kirchendisciplin erhoben, wie dann diese sich immer eraigenten, so machte die Kirche den Ausspruch darüber, und zwar (denn die Rede ist von der wahren Kirche) einen unfehlbaren; maßen sie die **Säule und Grundfeste der Wahrheit ist**, (1. Tim. 3. V. 15.) und allezeit von dem heiligen Geiste regiert wird, gemäß dem klaren Versprechen ihres göttlichen Stifters: **Ich will meinen Vater bitten; und dieser wird euch den Tröster den heiligen Geist schicken, der allezeit bey euch bleiben soll.** Joh. 14. V. 16. **Dieser wird euch alles lehren, was ich euch gesagt habe. — Einige hat er zu Apostel, andere zu Propheten, andere aber zu Evangelisten, andere zur Hir-**

Hirten und Lehrer gemacht, damit wir nicht wie die Kinder hin und her wanken, und von einem jeden Winde der Lehre, die schalkhafte und verschmizte Menschen zur Verführung aufbringen, herumgetrieben werden. Daß alle diese ganz besondern Vorzüge, die Christus den Aposteln und Hirten der Kirche ertheilet hat, ohne das Recht, ein gerichtliches Urtheil fällen zu dürfen, ganz unnütz seyn würden, sieht ein jeder selbst ein.

§. V.

Die Kirche hat auch die Gewalt, die Widerspenstigen zu bestrafen.

Ohne diese Gewalt würden alle geistlichen Aussprüche der Kirche kraftlos und ohne alle Wirkung seyn: denn wie viele würden sich der Kirche, wenn sie schon entschieden hätte, daß dieses oder jenes gerecht oder ungerecht, gut oder bös, wahr oder falsch sey, kühn widersetzen, wenn sie nicht durch Furcht der Strafe dazu bewegt würden? Hat die weltliche Obrigkeit die Gewalt, die Verächter und Uebertreter ihrer gerechten Gesetze zu bestrafen, warum soll der vorstehenden Kirche diese abgesprochen werden können? Conf. L. ult. ff. de offic. ejus cui.

Die Wirkung einer gesetzgebenden Macht sind die Gesetze: die Gesetze aber legen den Untergebenen die Verbindlichkeit auf, diese zu befolgen; eine Verbindlichkeit aber, ohne die Untergebene durch dienliche Strafen und proportionirte Zwangmittel zur Beobachtung der Gesetze bewegen und anhalten zu dürfen, kann nicht einmal begriffen werden. Selbst die Notion einer gesetzgebenden Gewalt schließt schon das Recht in sich ein, die widerspenstigen und ungehorsamen Untergebenen mit Strafen belegen, und sie dadurch zur Beobachtung des Gesetzes bewegen, und in diesem Verstande zwingen zu können.

Von dieser der Kirche ertheilten Gewalt macht die Schrift an mehrern Orten Meldung. **Wer die Kirche nicht höret**, sprach der Heiland Matth. 18. V. 17. **den sollst du für einen Heyden und Publikanen ansehen;**

das

das ist, für einen Menschen soll man ihn ansehen, der nicht mehr zur Kirche gehört, und der zur Straf seiner Hartnäckigkeit keinen Antheil mehr an den christlichen Geheimnissen haben soll. — **Wahrlich sage ich euch**, (dies redete der Herr eben dort zu den Kirchenvorstehern) **was immer ihr auf Erden binden werdet, wird auch im Himmel gebunden seyn.** Dieß sagt dann im Grunde so viel: Wenn ihr einen, der sich euren Verordnungen hartnäckig widersetzt, wegen seiner Widerspenstigkeit von der Gemeinschaft der Gläubigen und dem Gebrauche der heiligen Geheimnisse ausschließen sollt, der soll auch von mir ausgeschlossen, und so lang gebunden seyn, bis ihr ihn wieder auflöset.

Was ist euch lieber. (so fragt der heilige Paulus die Korinther 1. Kor. 4. V. 21.) **Soll ich zu euch mit der Strafruthe, oder mit Liebe und im Geiste der Sanftmuth zu euch kommen?**

Dies schreibe ich euch abwesend, damit, wenn ich euch gegenwärtig seyn

werde, nicht härter mit euch, gemäß der mir von dem Herrn ertheilten Gewalt, verfahren müsse. Der Herr gab mir zwar diese Gewalt; (euch härter zu bestrafen) aber er gab sie mir, euch zu bessern, und nicht zu Grund zu richten. 2. Kor. 13. V. 10.

An den Timotheus, der gleichfals ein Kirchenvorsteher und Bischof war, schrieb er: Denen, die sich vergehen, und durch Sündigen das Gesetz übertreten, gieb in Gegenwart aller einen Verweis, damit den übrigen eine heilsame Furcht eingejaget werde. 1. Tim. 5. V. 20.

Dem Titus, gleichfals einem Kirchenvorsteher, gab er diesen Unterricht: Gieb jenen (die sich wider das Gesetz vergangen haben) einen recht derben Verweiß, damit sie dem Glauben nach gesund bleiben.

Er selbst (Paulus) übergab jenen Menschen, der sich zu Korinthus einer Blutschande schuldig gemacht hat, auf eine Zeit dem Plaggeiste,

geiste, damit er dadurch gedemüthiget, gezüchtiget, und durch diese harte Strafe abgeschreckt würde, in eben so abscheuliches Laster sich in Zukunft einzulassen.

Wollen wir in die allerersten Zeiten des Christenthumes hineingehen, wie viele Beyspiele der von der Kirche den Sündern auferlegten auch sehr scharfen Strafen könnten wir auf die Bahn bringen? Man darf sich nur jener Strafgesetze erinnern, welche die Kirche in den allerersten Jahrhunderten wider gewisse öffentliche Laster bestimmet, auch öffentlich und auf das strengste vollzogen hat, so wird dieß schon erklecklich seyn, einen jeden zu überzeugen, daß die Kirche von ihrem Ursprunge an ganz ungezweifelt geglaubt habe, berechtiget zu seyn, die Uebertreter der Gesetze bestrafen zu können.

§. VI.

Die Kirche hat eine höchste und unabhängige gesetzgebende Gewalt.

Wer die Gewalt hat, Gesetze zu machen, gerichtliche Urtheile zu fällen, und entscheidende

dende Aussprüche zu machen, wer die Gewalt hat, Strafgesetze zu machen, und die Uebertreter zur gebührenden Strafe zu ziehen, wer die Macht hat, alle Mittel zu verordnen, die zur Erhaltung jenes Zieles, welches einer Gemeinde vorgesteckt ist, dienlich sind, der hat unstreitig eine wahre, gebietende und herrschende Gewalt. Nun diese ertheilte Christus seiner Kirche, die von der Schrift selbst einem sittlichen Reiche verglichen wird: so hat also die Kirche eine wahre, und verbindende Gewalt. **Dieß rede**, schrieb Paulus zum Titus, **und ermahne und strafe mit aller Macht.** (*)

Eben diese Macht (worunter aber gewiß kein Despotismus, und stolze Herrschsucht verstanden wird) ist die höchste und unabhängige: so eine Macht haben diejenigen, welche keiner andern Gewalt unterworfen und nachgeordnet sind: nun hat Gott die seiner Kirche ertheilte geistliche Macht keiner andern und höhern Gewalt oder Jurisdiktion unterworfen, so ist sie dann

(*) Hæc loquere & exhortare, & argue cum *imperio*. Ad Titum c. 2. v. 15.

dann eine höchste und unabhängige. Vielmehr hat er alle Menschen, wenn sie anders ihr ewiges Heil erhalten wollen, der geistlichen Bothmäßigkeit seiner Kirche unterworfen. Das Ziel dieses sittlichen Reiches, welches Christus errichtet, und durch die Vergießung seines Blutes sich erworben hat, ist übernatürlich, so kann also dieß in sich und nach ihrem Ziel betrachtet keiner andern Gesellschaft, die nur ein ganz natürliches Ziel für ihren Endzweck hat, unterworfen und nachgeordnet seyn. (*)

Zweytes Hauptstück.

Von der Beschaffenheit der Kirche, in so weit sie mit politischen Gemeinden in Vergleich gezogen wird.

§. I.

Das Ziel und End einer christlichen, und pur politischen Gemeinde, sind ganz und gar unterschie-

(*) V. Clariss. D. Schrodt Jur. publ. univ. Part. 2. c. 5. §. 6.

schieden. Das Ziel der christlichen Kirche ist die Beförderung der göttlichen Ehre, und Erhaltung des ewigen Heils: dieses ist dann geistlich und übernatürlich. Das Ziel aber einer pur politischen Gemeinde ist die öffentliche Ruhe und Sicherheit in Betreff der Personen, der Ehre, und der Güter. Dieses Ziel ist ganz natürlich und zeitlich. Die ganze Glückseligkeit dieses Lebens besteht darinn, daß man seiner Person, seiner Güter, seines guten Namens wegen versichert sey, und die zeitlichen Guter mit Ruhe Einigkeit und Zufriedenheit geniessen, und selbe immer in einen bessern Stand setzen könne. Ohne öffentliche Sicherheit aber wird dieses Ziel niemals erreichet werden können, wie Herr von Martini (Kap. 1. §.) recht anmerkt.

Wer wird aber in Abrede stellen, daß ein geistliches und übernatürliches Ziel von einem

(*) Clariss. Carol. Ant. de Martini civitatem ita definit: Coetus hominum sui juris eodem communi imperio securitatis fruendæ causa colligatus, *civitas* est. Posit. de jure civit. Cap. 1. §.

einem zeitlichen, irdischen, und pur natürlichen wesentlich unterschieden sey? Diesen Unterschied haben nicht nur die geistlichen, sondern auch die weltlichen höchsten Gesetzgeber jederzeit eingesehen, anerkannt und öffentlich eingestanden. Eine jede gesetzgebende Macht hat sich also in ihrer Sphäre zu halten. Die geistliche hat das geistliche, ewige und übernatürliche, die weltliche das zeitliche, irdische und körperliche Wohl seiner Untergebenen zu besorgen. So bald ein Theil aus seinen Schranken tritt, so geschehen Eingriffe in die Rechte eines andern, woraus nichts als Unruhen, Verwirrungen, Mißverständniß, Spaltungen, und die größten Unheile entstehen müssen. Der beleidigte Theil, dem man in seine Rechte einen Eingriff that, hat auch Ursach, sich darüber zu beklagen, und darwider zu protestiren.

Also hat der große Osius Bischof zu Corduba, der das nicänische Symbolum verfaßt, und also in den ersten Zeiten des Christenthumes gelebt hat, da er sah, daß Constantius ein Sohn Constantins des Großen, nachdem er von den Arianern verführet ward, sich in geistliche

Ge-

Geschäffte einmische, denselben ermahnet, von diesem Unternehmen abzustehen. Seine merkwürdigen Ausdrücke sind in dem Sendschreiben des heiligen Athanasius an die Anachoriten zu lesen.

Mische dich nicht, o Kaiser! in geistliche Dinge; und ertheile uns Bischöfen in Sachen, die die Kirche betreffen, keine Befehle; in Kirchensachen mußt du dich vielmehr von uns belehren lassen. Gott hat dir das Reich anvertrauet; uns aber das, was die Kirche angeht. (a)

Die nämlichen Vorstellungen machten ihm die berühmtesten Bischöfe: namentlich Paulinus Bischof zu Trier, Lucifer Erzbischof in Sardinien, Dionysius Bischof zu Mayland, und andere mehr. Sie beschoren ihn; „Daß er „die

---

(a) Ne te misceas Ecclesiasticis; nec nobis Episcopis imperator in hoc genere rerum ecclesiasticarum praecipe; sed ea potius a nobis disce: *Deus tibi imperium commisit; nobis, quae sunt Ecclesiae.* Osius Episc. Cordubensis.

„ die Kirchenrechte nicht zu Grund rich„ te; das römische Reich nicht mit den „ Kirchengesezen vermische, und (in „ Betreff des Geistlichen) nicht über die Bi„ schöfe herrsche. (b)

Eben dieß billigte der heilige Athanasius in dem angezogenen Briefe, mit dem Zusatz: „ daß nichts in der Kirche Gottes monstroseres „ seyn könne, als wenn ein weltlicher Regent „ die kirchischen Streitigkeiten durch sein Urtheil „ entscheiden wolle. Da dann dieses der den „ Arianern zugethane Kaiser Constantius ge„ than, den Kirchenversammlungen vorstehe, „ und sich als den höchsten Schiedrichter unter „ den Bischöfen aufwerfe; wer soll nicht sagen, „ daß er jener Greuel sey, von dem Daniel „ prophezeihet hat? Dann er handelt wider„ christisch, und was sollte der Widerchrist,

„ wenn

(b) Ne Ecclesiastica corrumperet, neve Romanorum Imperium ecclesiasticis constitutionibus immisceret, ne Episcopis dominaretur.

„ wenn er kommen sollte, mehrers thun kön„ nen? (c)

„ Bleib doch inner deinen Schranken, o „ König! das irdische Reich hat seine Schran„ ken, und das geistliche Reich ist größer und „ erhabener, als das weltliche; der König „ hat jenes zu verwalten, was irdisch ist, was „ nicht irdisch ist, geht die Priesterschaft an: „ dem König sind die Körper, der Priesterschaft „ die Seelen anvertrauet; diese Gewalt ist er„ habener; darum unterwirft auch der König „ der Hand des Priesters sein Haupt, und schon in

(c) Nihil cogitari posse in re christiana monstrosius, Regem ecclesiasticas controversias velle judicio suo definire. Quod quoniam Constantius ille Arianus tentaret, & præsidere vellet judiciis ecclesiasticis, seque in decernendo Principem facere Episcoporum, qu's non dicat, illum eam ipsam esse abominationem desolationis, quæ a Daniele prædicta est? nam in hoc, quod Antichristi est, facit: & quid Antichristus, cum venerit, plus committere poterit? *S. Athanas. in Epist. ad solitariam vitam agentes.*

„ in dem alten Gesetze wurden die Könige „ von den Priestern gesalbet. „ So sprach der heilige Chrysostomus einer der größten Lehrer in der griechischen Kirche. (d)

„ Es ist ein neues und unerhörtes Verbre„ chen, daß ein weltlicher Richter das beurthei„ le, was die Kirche angeht. „ Ist ein Klagseufzer des uralten heiligen Martinus Bischofes zu Turon. (e)

(d) Mane intra terminos tuos, o Rex! alii sunt termini Regni, alii Sacerdotii, hoc regnum illo majus est. *Rex ea, quæ sunt in terris*, sortitus est administranda; cæterum jus Sacerdotii e supernis descendit: *Regi corpora commissa sunt; Sacerdoti animæ*; major hic principatus; propterea Rex caput submittit manui Sacerdotis, & ubique in veteri Scriptura Sacerdotes inungebant Reges. S. Chrysost. Tom. I. de Verb. Isaiæ Hom. 4. in Matth. cap. 16.

(e) Novum est & inauditum nefas, ut *causam Ecclesiæ* judex sæcularis judicet. S. Martinus Episc. ut refert. Severus Sulpitius Sacræ Hist. L. 2.

Der heilige Ambrosius, als ihm zu Ohren kam, daß Valentinianus der jüngere, der gleichfals von den Arianern verführet ward, sich in Dinge, die den Glauben betrafen, mischen wolle, schrieb er ihm also zu: „Fürwahr, wenn wir uns dessen erinnern, was die göttliche Schrift und das ganze Alterthum lehret, wer ist, der es verneinen kann, daß in Glaubensstreitigkeiten, in Sachen sage ich, die den Glauben angehen, die Bischöfe über christliche Kaiser, und nicht die Kaiser über die Bischöfe das Urtheil zu fällen haben. Du wirst mit Gottes Hilfe älter werden, und alsdann wirst du selbst das Urtheil fällen, was von jenem Bischofe zu halten sey, der den Weltlichen das priesterliche Recht zu Füssen legt. Dein Vater, da er schon ein höheres Alter erreicht hatte, sagte: Es ist meines Thuns nicht, daß ich einen Schiedrichter unter den Bischöfen abgebe: und euer höchste Gnaden sagen nun: ich muß das Urtheil fällen. (f)

In

(f) Certe si vel Scripturarum seriem divinarum, vel vetera tempora retractemus, quis est, qui

In einem andern Briefe ließ er sich also heraus. „Beschwere doch dein Gewissen nicht, o „Kaiser! daß du glaubest, du habest über jene „ne Dinge, die göttlich sind, eine Vollmacht „— — — Es steht geschrieben, was Got„tes ist, Gott; was des Kaisers ist, „dem Kaiser. Den Kaiser gehen die Palä„ste an, den Priester die Kirchen. — — Was „bringt mehr Ehre, als daß der Kaiser der „erstgebohrne Sohn der Kirche genennet „werde. Ein guter Kaiser ist in der Kirche, „und nicht über die Kirche. (g)

qui abnuat, in causa fidei, in causa inquam fidei, Episcopos solere de Imperatoribus christianis, non Imperatores de Episcopis judicare? Eris Deo favente etiam senectutis maturitate profectior. & tum de hoc censebis, qualis Episcopus sit, qui laicis jus sacerdotale substernit. Pater tuus vir maturioris ævi dicebat: non est meum judicare inter Episcopos; tua nunc dicit Clementia: ego debeo judicare. S. Ambrosius Episc. Mediolan. in Epist. 21. alias 22. ad Valentinian. jun.

(g) Noli te gravare, Imperator, ut putes, te in

Der heilige Hilarius Bischof zu Pictavis redete den Kaiser Constantin also an: „Eure „Milde wolle vorsehen und verordnen, daß alle „Richter aller Orten, denen die Administra„tion der Provinzen anvertrauet ist, und de„nen nur allein die Verwaltung politi„scher Geschäffte obliegt, von Geschäfften, „so die Religion betreffen, sich enthalten. (h)

Diesen kann der Pabst Gelasius beygesetzet werden. An den Kaiser Anastasius schrieb er al„so.

ea, quæ divina sunt, imperiale aliquod jus habere. - - Scriptum est, quæ Dei, Deo; quæ Cæsaris, Cæsari. Ad Imperatorem palatia pertinent, ad Sacerdotem Ecclesiæ. - - Quid enim honorificentius, quam ut Imperator dicatur filius Ecclesiæ? Imperator enim bonus intra Ecclesiam, non supra Ecclesiam est. S. Ambrosius in Epist. ad Sor.

(h) Provideat & decernat Clementia tua, ut omnes ubique judices, quibus provinciarum administrationes creditæ sunt, *ad quos sola cura* & solicitudo publicorum negotiorum pertinere debet, a religiosis se negotiis abstineant. *S. Hilarius Pictaviensis ad Constantinum Imperat. in L. ad Const. allocutus est.*

sa. „Zwey Dinge sind, großmächtigster Kai-
„ser, durch die diese Welt vorzüglich regiret
„wird, durch die geistliche Gewalt der Päb-
„ste, und durch die Gewalt der Könige.
„Die Last der Priesterschaft ist um so schwerer,
„weil sie auch für die Könige in dem göttlichen
„Gerichte werden Rechenschaft geben müssen.
„Dann du, gnädigster Sohn! weißt selbst,
„daß, obschon du den übrigen Menschen an der
„Würde vorgehst, du dennoch den Vorstehern
„der göttlichen Dinge dich mit Ergebenheit un-
„terwerfest, und von ihnen die Heilsmittel er-
„wartest. — — Es kann dir also nicht ver-
„borgen seyn, daß du in Betref des geistlichen
„von ihrem Urtheile abhangest. ( )

(l) Duo sunt, Imperator Auguste, quibus principaliter mundus hic regitur, authoritas sacra Pontificum, & regalis potestas. In quibus tanto gravius est pondus Sacerdotum, quando etiam pro ipsis regibus Domino in divino redditur i sunt examine rationem. Nosti enim, fili Clementissime, quod, licet præsideas humano generi dignitate, rerum tamen Præsulibus divinarum devotus colla sub-

Auf ganz gleichen Schlag schrieb der Pabst Nicolaus an den Kaiser Michael. „Der Kai„ser hat sich die Rechte des päbstlichen Stuhles „nicht angemaßt, und der Pabst hat sich den „Namen eines Kaisers nicht zugeeignet; denn „der nämliche Mittler zwischen Gott und dem „Menschen, der Gottmensch Jesus Christus, „wie er die Würden unterschieden hat, also „hat er auch der beyden Mächten eigenthüm„liche Aemter und Verrichtungen unterschieden. „— — — Er hat die Sache so verordnet, „daß die christliche Kaiser zur Erhaltung des „ewigen Lebens der Päbste bedärfen; die Päb„ste aber nur für den Lauf der zeitlichen Dinge „der kaiserlichen Gesetze sich bedienen. — — „Darum soll derjenige, der unter dem Fah„nen Gottes streitet, sich nicht in weltliche Ge„schäffte mischen; aber auch im Gegentheil soll „derjenige, der nur mit weltlichen Geschäff„ten

submittis, atque ab eis causas tuæ salutis exspectas. - - - Nosti itaque, inter hæc ex illorum te pendere judicio &c. S. Gelasius Papa ad Anastasium Augustum Epist. VIII. T. IV. Conc. gener. Edit. Labbeanæ. Colum. 1181.

„ ten verwickelt ist, sich nicht so betragen, als
„ wenn er auch über göttliche Dinge der Vor-
„ steher wäre. (k)

So dacht, so sprach das ganze Alterthum, auf welches man sich sonst so oft, und mit so großer Dreystigkeit zu beruffen pflegt. Es dachten aber nicht allein die heiligen Väter, die ältesten, gelehrtesten, tugendhaftesten, und erlauchtesten Bischöfe und Päbste also: die Kaiser selbst hatten ganz gleiche Gesinnungen. Von Constantin dem Großen ist es bekannt, mit welch

(k) Ultra sibi nec Imperator jura Pontificatus arripuit, nec Pontifex nomen Imperatorium usurpavit: quoniam idem Mediator Dei & hominum, homo Jesus Christus, sic actibus propriis & dignitatibus distinctis, officia potestatis utriusque discrevit. - - - *Ut christiani Imperatores pro æterna vita* Pontificibus indigerent, & Pontifices pro cursu temporalium tantummodo rerum imperialibus legibus uterentur - - - & ideo *militans Deo* minime se negotiis secularibus implicaret, ac vicissim non ille rebus divinis præsidere videretur, qui esset negotiis secularibus implicatus. Confer. denique c. 6. dl. 96.

grosser Demuth er sich im nicänischen Concilium betragen habe, wie Ruffinus in seiner Kirchengeschichte L. 1. c. 2. meldet. Die Kaiser Theodosius und Valentinianus folgten dem Beyspiele Constantin des Grossen; sie schrieben an die Väter des ephesinischen Conciliums also: „Candidianus ist deputirt worden, zu euch zu kommen, „und eurer heiligsten Versammlung beyzuwohnen, aber er wird sich in die zu entscheidende, „oder auszulegende dogmatische Fragen nicht „mischen: dann es ist eine unerlaubte Sach, „daß jener, der nicht aus dem bischöflichen „Stande ist, in kirchische und geistliche Geschäffte sich einmenge. (l)

Der

(l) Deputatus est igitur Candidianus magnificentissimus Comes strenuorum domesticorum, transire usque ad sanctissimam synodum vestram, & in nullo quidem eis, quae faciendae sunt de piis dogmatibus quaestiones, seu potius expositiones, communicare, illicitum namque est, eum, qui non sit ex ordine sanctissimorum Episcoporum, ecclesiasticis intermisceri tractatibus. *Theodosius & Valentinianus Imp. in Epist. ad synod. Ephes.*

quorum

Der Kaiser Marcianus hat unter andern zu den zu Chalcedon versammelten Bischöfen folgendes gesprochen: „Wir wollen dem Synodus selbst beywohnen; aber nach dem Beyspiele des gottseligsten Fürsten Constantins, „nicht um unsre Macht zu zeigen; sondern „um den Glauben zu bekräftigen, damit nach „entdeckter Wahrheit die durch böse Lehren verführte Menge mit den Rechtgläubigen nicht „mehr entzweyet sey. (m)

„Es sind zwo sehr große Gaben Gottes, „sagte der Kaiser Justiniauus, die der gütige Himmel den Menschen ertheilet hat. Die „priesterliche und weltliche Vollmacht. Jene „behandelt, was göttlich ist, diese aber steht „dem

quorum verba refert Nicolaus Papa in Epist. ad Michaelem Imperat. apud Gratianum. c. 7. dist. 69.

(m) Nos ad fidem confirmandam, non ad potentiam ostendendam, exemplo religiosissimi Principis Constantini Synodo interesse volumus, ut inventa veritate, non ultra multitudo pravis doctrinis attracta discordet. Apud eundem Gratianum, c. 2. dist. 96.

„ dem irdischen vor, und besorget es: bey-
„ der Gewalt hat einen und den nämlichen
„ Ursprung, und zieret das menschliche Le-
„ ben. (n)

Es war also in den allerersten Zeiten des Christenthums schon alles gar schön und ganz klar auseinander gesetzt, wie weit sich die Gränzen der weltlichen und geistlichen Gewalt erstrecken. Päbste, Bischöfe, Väter, und die höchsten christlichen Regenten selbst waren hierüber einstimmig. Nur unser Jahrhundert, welches doch immer die ersten Zeiten des Christenthumes zurück wünscht, hat gewisse Aufklärer hervorgebracht, die sich die Mühe gegeben, wieder verwirrt und dunkel zu machen, was schon beynahe vor anderthalbtausent Jah-

---

(n) Maxima quidem in hominibus sunt dona Dei a suprema collata clementia, *Sacerdotium & imperium, & illud quidem divinis ministrans, hoc autem humanis præsidens*, ac diligentiam exhibens, ex uno eodemque principio procedentia humanam exornant vitam. *Justinianus Imper. qui Novell. VI. in præfat.*

Jahren allen Unparteyischen klar und ungezweifelt war.

Den hochw. Herr P. Robert Curalt aus dem Orden der Cisterzienser will ich zwar nicht unter diese zählen, doch gefällt ihm diese so schöne Gränzscheidung der geistlichen und weltlichen Gewalt, welche doch die ersten Kirchenlehrer, Kaiser und Päbste gebilliget, und den Absichten Gottes gleichförmig zu seyn erkennet haben, nicht allerdings. In seinem im Jahre 1781. zu Wien herausgegebenen Buche (*) erkläret er sich (**Part. 2. §. 27.**) also „Ich sage demnach; die Ge„walt, oder Jurisdiktion, die Christus der „Kirche, und durch die Kirche den Hirten ge„geben hat, ist eine pur geistliche, (**) und „leitet durch geistliche Mittel, welche allein in „der Verkündung des Wortes Gottes, und „Ausspendung der Sakramente besteht, die „Gläubigen theils zur Ausübung der christli„chen

(*) **Genuina totius Jurisprudentiæ Sacræ principia.**

(**) Der Author ist also im Grunde ein Richerianer.

„ chen Tugenden, theils zu dem letzten überna„türlichen Ziel der ewigen Glückseligkeit: da„her was den Lös = und Bindgewalt insonder„heit betrift, so ist diese pur geistlich, und er„streckt sich auf die so wohl geheime, als öffent„liche Bußwerke.

„ Aus diesem erhellet im Gegentheil un„schwer, daß die weltliche und politische Macht, „welche die Unterthanen durch äußerliche „Zwangmittel so wohl zu diesem nächsten Ziel, „nämlich zur Ausübung der christlichen Tu„gend, als zum letzten, nämlich zu Erlangung „der ewigen Seligkeit verleitet, die ganze Ad„ministration der Gerechtigkeit inne habe.

Allein, erlauben sie mir, hochwürdiger Pater, ihnen zu sagen, daß ich ihre Weise zu schließen nicht verstehe. Ihrem eigenen Vorgeben nach ist die kirchliche Gewalt **ganz geistlich**; die Mittel sind auch **ganz geistlich**; das **Ziel**, welches die geistliche Jurisdiktion zum Gegenstand hat, ist abermal **geistlich**: nun schließen sie aus diesen Vordersätzen: **Also ist die civile und politische Gewalt diejenige, welche**

die

die Unterthanen theils zu diesem nächsten und unmittelbaren Ziel, theils zur Ausübung wahrer Tugend, theils zum letzten Ziel, und zur Erlangung der ewigen Glückseligkeit, zu verleiten hat. Wenn dieses wahr seyn sollte, so wird fürwahr die politische und civile Gewalt gleichfalls eine geistliche seyn. Ich hätte vielmehr so geschlossen: also ist das nächste und unmittelbare Ziel der pur weltlichen und politischen Gewalt nicht das geistliche, sondern das zeitliche Wohl, die öffentliche Ruhe und Sicherheit der Gemeinden und Staaten; maßen der Kirche unmittelbar zusteht, allein das geistliche zu besorgen.

Wenn ihre Weise zu schliessen gangbar seyn sollte, so fasse ich in der That nicht, wie vor der Geburt Christi, und heute noch bey heidnischen Regenten, eine civile oder politische Gewalt existirt habe, oder existiren könne; denn an das Ziel, daß sie, hochwürdiger Herr, der civil Gewalt vorstecken, dachten und denken sie nicht einmal.

Wenn

Wenn die weltliche Macht das nämliche nächste und unmittelbare Ziel hätte, welches die Kirche hat, so würde die kirchische Gewalt gar überflüßig seyn; die Kirche würde keine besondere Gesellschaft mehr ausmachen, und man müßte den weltlichen Regenten das vollkommene Kirchenregiment einräumen. — Es würde wahr werden: **Der über das Land Herr ist, hat auch über die Religion die Vollmacht. Cujus est Regio, illius est etiam Religio.**

Unterdessen will ich nichts verhalten; sondern die Gründe redlich anführen, durch die er seine Lehre zu bestättigen sucht. Sie bestehen darinnen.

1. Ein Fürst hat nicht unvernünftige Thiere, sondern Menschen zu regiren, die einen natürlichen und nothwendigen Hang zu einer immerwährenden Glückseligkeit haben, die unsterblichen Seelen eigenthümlich ist. Die irdische, und zergängliche Glückseligkeit bezieht sich aber nur auf den Leib und nicht auf den Geist: wie also der Fürst, wenn er weis ist, die ewig dau-

rende

rende Glückseligkeit für sich selbst sucht; also sucht er diese auch für seine Unterthanen, damit sie dem Leib und dem Geiste nach glücklich seyn.

Diese ist eine erbauliche Lehre für die Regenten; sie ist zugleich wahr, wenn die Rede von dem **mittelbaren** Ziel einer Civilgemeinde ist: es ist auch gewiß, daß ein jeder Mensch einen natürlichen Hang zu einer immerwährenden und vollkommenen Glückseligkeit habe; aber da die Menschen in eine Gesellschaft zusammen traten, war dieß nicht ihre **unmittelbare** Absicht: so ist dann dieß auch nicht das nächste und unmittelbare Ziel des Regenten: das **unmittelbare** und **nächste** Ziel desselben ist, daß er den Unterthanen die offentliche **Ruhe** und **Sicherheit** in Rücksicht auf ihr Leben, ihre Güter, und das Ihrige verschaffe. Eben diese offentliche Ruhe und Sicherheit kann und soll alsdann dem Regenten sowohl, als dem Unterthanen als Mittel zur Erreichung des übernatürlichen Zieles dienen. Daß man zuerst das Reich Gottes suche, ist das unmittelbare Ziel der Menschen in so weit sie **Christen**, nicht in so weit sie **Bürger** sind: als Bürger haben die in einer Gesellschaft

 leben-

lebende Menschen die **unmittelbare** Pflicht, ihre Kräften zu vereinigen, daß sie die offentliche Ruhe und Sicherheit ihrer Personen und Güter erhalten. Die Pflicht des Christen aber ist, daß er in dieser zeitlichen Glückseligkeit nicht ruhe, sondern selbe zu dem übernatürlichen Ziel ordne. Die Erfüllung der **christlichen** Pflicht gestaltet gute und rechtschaffene Bürger, und verleitet selbe zu ihrem übernatürlichen Ziel.

2. Der heilige Thomas hat recht weislich gesprochen, sagt der hochw. Herr Curalt, da er (L. 3. c. 3. de Regimine Princip.) also lehrte: „Das Ziel, auf welches so wohl der „Fürst, als die Unterthanen hauptsächlich das „Augenmerk zu machen haben, ist die ewige „Seligkeit, die in der Anschauung und Besitzung Gottes besteht: und weil diese das größte Gut ist, so soll dieß die Könige und alle „Regenten bewegen, daß dieß Ziel auch ihre „Unterthanen erhalten.

Also lehret der heilige Thomas; aber so wenig diese Lehre dem Herrn Curalt für seine Absicht günstig ist, eben so wenig ist uns nachtheitheilig. Der englische Lehrer redet hier von den Pflichten eines **Bürgers und Christen** zugleich, wie augenscheinlich ist. — Wenn nun zwischen den Pflichten eines Bürgers und Christen eine Collision entstehen sollte, so sind in allweg die Pflichten eines Christen vorzüglich zu erfüllen, weil der Wohlstand der unsterblichen Seele, und die ewige übernatürliche Glückseligkeit der zeitlichen und körperlichen ungezweifelt vorzuziehen ist. Man hat in einem Regenten zwo Pflichten zu unterscheiden: die erste ist, daß er die öffentliche Sicherheit der Unterthanen verschaffe und befördere, die zweyte besteht darinn, daß er alles verhindere und auf die Seite räume, was den Rechten seiner Unterthanen nachtheilig ist, und ihnen eine Hinderniß des ewigen Heils legen könnte.

Es erwiedert aber der hochwürdige Herr Curalt: So ferne weder der König, noch die Unterthanen nicht alles zur ewigen Glückseligkeit ordnen, sondern pur allein bey der zeitlichen Sicherheit, ohne Subordination zu einen höhern Ziel, stehen bleiben, und dabey ruhen sollten, so würde folgen, daß weder die Gesetze der Regenten, noch die Handlungen der Unterthanen der Honestät gleichförmig wären. Dann alles, was honest und ehrlich handeln heißt, muß zum ewigen Ziel geordnet werden. Sonst wird sich nicht selten das ereignen, was Machiavell (L. 3. c. 41.) gesagt hat: Daß, wenn von der zeitlichen Glückseligkeit die Rede ist, und in dieser das Ziel gesetzt ist, diese so wohl den Regenten, als die Unterthanen zu verschiedenen Lasterthaten verleiten werde: wenigst werden sie nicht bekümmert seyn, ob man ihnen nachsage, sie handeln gerecht, oder ungerecht; sie seyen grausam, oder barmherzig; es wird ihnen eines seyn, ob man sie lobe, oder schelte, wenn es ihnen nur gut auf dieser Welt geht.

Es hat das Ansehen, der Herr Author sey sich nicht vollkommen gegenwärtig gewesen, da er dieses schrieb; dann, er widerspricht sich selbsten. Ehevor hat er behauptet, das **nächste** und **unmittelbare** Ziel einer politischen Gemeinde bestehe in Ausübung der Tugend, und Wirkung der ewigen Glückseligkeit; itzt aber mißkennet er nicht, daß das **nächste** und **unmittelbare** Ziel einer Civilgemeinde und ihrer

Regen-

Regenten in der äußerlichen Ruhe und Sicherheit bestehe. Nun daß diese von einer nicht nur politischen, sondern zugleich christlichen Gemeinde als ein Mittel zum übernatürlichen Ziel angewendet und geordnet werden soll, daran ist kein Zweifel; massen die christliche Religion selbst dieß fodert. Aber eben dadurch gesteht er werkthätig ein, daß dieß nächste und unmittelbare Ziel eines pur politischen Staats von jenem der Kirche unterschieden sey. Eine pur politische und Civilgemeinde hat für ihr unmittelbares und nächstes Ziel die zeitliche Ruhe und Sicherheit, die kirchische Gemeinde aber hat für ihr erstes und unmittelbares Ziel die Ausübung übernatürlicher Tugenden, dadurch der Geist vervollkommnet wird, und sich der ewigen übernatürlichen Glückseligkeit würdig macht.

Was der Herr Verfasser von der Honestät der Gesetze sowohl, als der Handlungen gesagt hat, , hat er in der That gar zu streng genommen. Denn alle jene Handlungen sind honest, und gestalten einen ehrlichen Bürger, zu denen einer entweder ein Recht, oder gar eine Pflicht hat. (*) Auch derjenige, der gar keine Religion hat, kann Handlungen ausüben, die den Namen honest und ehrlich verdienen. Zu einer pur honesten That wird also nicht erfodert, daß sie aus einer übernatürlichen Absicht vollzogen werde. Eine Handlung, die für sich selbst verdienet billig gelobt zu werden, gehört schon unter die ehrlichen und honesten Handlungen. (**)

Es giebt eben eine **bürgerliche**, und eine **christliche** Ehrlichkeit, wie der Herr von Martini (***) wohl angemerkt hat. Dadurch aber will ich keineswegs behaupten, daß in einer **christlichen** Gemeinde die bürgerliche Ehrlichkeit allein erklecke; dann die christliche Religion fodert aus ihrer Natur, daß man alles auf das Ewi-

---

(*) Honestum est, ad quod agendum mihi jus est, aut obligatio incumbit, Clariss. Wolfius Philosoph. pract. P. I. Cap. 2. §. 271. & 246.

(**) Honestum est, quo per se ipsum possit jure laudari. Cicero fin. II. 14. & Officio. I. 4.

(***) De lege nat. Exercitat. Cap. I. §. 164. Schol. I.

ge ordne, und wenn dieses geschieht, so wird die civile oder bürgerliche Ehrlichk[illegible]n eine christliche und übernatürliche verändert. Was aus dem Machiavell ist angeführet worden, beweist nichts anderes, als daß die Religion auch der äußerlichen Glückseligkeit der Staaten einen ungemeinen Vorschub gebe. Dieß habe ich gleichsam nur im Vorbeygehen anmerken wollen.

§. II.

Obschon die unmittelbaren Absichten der Kirche, und einer politischen Gemeinde unterschieden sind, sind sie dennoch einander nicht entgegen.

Entgegengesetzte Dinge sind, die nicht zugleich mit einander bestehen können: oder derer eines das andere aufhebt, und ausschließt. Nun aber schießt das Ziel, welches sich die Religion vorgesteckt hat, das Ziel, welches der Civilgemeinde eigen ist, keineswegs aus; auch das Ziel der bürgerlichen Gemeinde ist jenem der Religion nicht zu wider: beyde können neben einander stehen, und erreichet werden: sie sind also einander nicht entgegen gesetzt. Ja

 man

man wird für die wahre Ruhe und Sicherheit der Gemeinde weit mehr besorget seyn, um so mehr die Häupter und Glieder des Staates sich um die Religion beeifern. „Heb die Religion „auf, sagte der berühmte Leibniz, so wirst du „keinen Unterthanen mehr finden, der für das „Vaterland, für das gemeine Wesen, für „die Rechtschaffenheit und Gerechtigkeit seine „Güter, seine Würde, und so gar sein Leben „in Gefahr setzen wird, wenn er durch den Um„sturz und Untergang anderer sich in Sicherheit „setzen, erschwingen, seine Sach verbessern, „und sein Leben erhalten kann. (*)

„Geben sie uns (diese Auffoderung hat „schon lange der heilige Augustin gemacht) ge„ben sie uns ein Kriegsherr, welches aus lau„ter Soldaten besteht, die nach dem Gesetze „Christi gebildet sind, geben sie uns solche „Landpfleger, solche Ehemänner, solche Ehe„frauen, solche Aeltern, solche Kinder, sol„che Diener und Dienstboten, solche Regen„ten,

(*) In Epistola censoria contra Puffendorffium §. 6.

„ ten, solche Richter, so richtige Schuldenbe-
„ zahler, solche Renteneinnehmer und Fiscal,
„ wie sie nach der Lehre Christi seyn sollen, und
„ alsdann unterfangen sie sich zu sagen, das
„ Christenthum widerstrebe der Glückseligkeit
„ der Staaten; vielmehr werden sie gezwun-
„ gen seyn zu bekennen, daß, wenn das christ-
„ liche Gesetz beobachtet wird, es der Republik
„ den größten Nutzen verschaffen werde. (*)

Wer von dieser Wahrheit noch besser überzeugt zu seyn verlanget, mache sich mit dem vortreflichen Werke des Abbts Nonnots bekannt, der in seinem philosophischen, und in das Deutsche übersetzten Religionslexikon VI. Art. VII. von diesem Gegenstand eben so wichtig als gründlich handelt. Dork zeigt er einerseits, wie vieles die Staaten der Religion zu verdanken haben: andererseits aber beweißt er recht augenscheinlich, welch schandliche und den Staaten höchst nachtheilige Laster vor der Ausbreitung der

(*) In Epistola 5. ad Marcellin. contra eos, qui doctrinam Christi adversam dicunt esse Reipublicæ.

christlichen Religion im Schwang gegangen sind. Er beweist, daß Wucher, Unzucht, Ehebruch, Grausamkeit, Königsmord, Götzendienst überhand genommen haben, nach angenommener christlicher Religion aber seyn diese Ebentheuer größten Theils vertilget worden.

Daß aber auch den Staaten ihre Glückseligkeit verschaffet werden könne, ohne daß deßwegen der Dienst Gottes, und die Sorge für das ewige Heil vernachläßiget werden müsse, zieht kein Vernünftiger in einen Zweifel.

§. III.

Es kann also die kirchische und politische Regierung, obschon sie ganz unterschiedene Absichten haben, in einem Volke beysammen stehen.

Jene Dinge können beysammen stehen, die einander nicht entgegen gesetzt sind: nun aber, wie ehevor ist erwiesen worden, sind die Kirche und der politische Staat einander nicht entgegen gesetzt; also können sie in einem und dem nämlichen Volke beysammenstehen.

Es ist zwar ein gleichsam angebetheter Spruch: Status in statu repugnat: **Ein Staat im Staat ist etwas widersprechendes.** Allein es wird dieser Grundsatz nicht selten recht sehr mißbraucht, und gar übel angewendet. Er giebt Gelegenheit zu hundert Sophistereyen, wie die protestantischen Rechtsgelehrten und Publicisten heut zu Tage selbst erkennen.

Nur alsdann ist der Satz wahr; nur alsdann ist ein Staat im Staat ein Unding, wenn zween Staaten aus ihrer Natur einander beständig entgegen gesetzt sind, und welche den Unterthanen Pflichten auferlegen, die mit einander nicht vereiniget werden können; wenn ein höchster Staat etwas gebietet; das der andere gleichfals unabhängige Staat verbietet; da einer niederreißt, was der andere aufbauet. Also wäre im nämlichen Reiche zween höchste und unabhängige, aber immer einander im nämlichen Objekt widersprechende Regenten ein chimärisches Wesen.

Wenn aber zween Staaten sind, derer ein jeder ein ganz anderes **unmittelbares Ziel**, einen ganz andern unmittelbaren Gegenstand hat, so sind sie einander nicht entgegen, sondern einer kann den andern unterstützen, damit sie endlich in einem einzigen Mittelpunkt, welcher die ewige Glückseligkeit ist, zusammentreffen. Zween Staaten von dieser Gattung widerstreben einander eben so wenig, oder noch weniger, als der **Civil- und Militairstand** in einem und dem nämlichen Reiche, oder verschiedene Zünften in einer und der nämlichen Stadt einander zuwider sind. Ein jeder solcher Stand, eine jede solche Zunft hat ein besonderes Objekt; die aber doch gar wohl in einen Lande und Reiche neben einander stehen können.

Da nun der Kirchenstaat ein anderes **unmittelbares Ziel** hat, als der Civilstaat, so verhindert keiner den andern; sondern ein jeder, wenn sie in ihrer Ordnung bleiben kann, dem andern einen Vorschub zur Erreichung der endlichen Absicht geben. Kann einer z. B. zugleich ein Bürger zu Genf, zu Berlin, Augsburg und Amsterdam seyn, warum soll nicht die nämliche

liche Person ein Glied der Kirche und des weltlichen Staates seyn können? Ist ein einzelner Mensch ohne Widerspruch fähig in verschiedenen Staaten ein Glied zu seyn; warum soll nicht die ganze politische Gemeinde der geistlichen Obrigkeit in **geistlichen**, und der weltlichen Obrigkeit in **weltlichen** Dingen unterthänig und gehorsam seyn können? Greift man es nicht mit Händen, daß der Machtspruch: **Status in statu repugnat**, von sehr vielen unrecht verstanden, recht unglücklich, ja höchst ungereimt angewendet werde?

Sollte sich der Fall ereigen, daß der Civilstaat dem geistlichen, oder der geistliche dem Civilstaat hinderlich werde, so entspringet dieß nicht aus der Natur der verschiedenen Staaten, sondern nur aus dem Mißbrauche der Gewalt, die einem jeden eigen ist. Gleichwie es möglich ist, daß der Militairstand in Rücksicht auf den Civilstand, der Civilstand in Rücksicht auf den Militairstand zu weit gehe; so ists auch möglich, daß die Vorsteher der Kirche in Rücksicht auf die weltliche Gewalt; aber auch die weltliche Obrigkeit in Rücksicht auf die geistliche Gewalt zu weit

schrei-

schreite, und eine der andern vorgreife (*). Bleibt eine jede gesetzgebende Macht in ihren Gränzen, so wird Ruhe, Fried, Einigkeit und vollkommenes Vergnügen die höchst erwünschliche Wirkung davon seyn: Die weltliche Macht soll sich also nicht in das Geistliche, und Geistliche nicht in das pur Weltliche mischen. Giebts einen Contrast, so soll ein freundschaftlicher Vergleich einen Ort finden. Uebrigens erfodert es die Natur des erhabenen Zieles, daß man den zeitlichen Nutzen dem ewigen, den nur natürlichen dem übernatürlichen nachsetze, und mehr für die unsterbliche Seele und Ehre Gottes, als für einen zeitlichen Vortheil besorget sey.

Die Streite würden ganz leicht verglichen werden können, wenn man folgende evangelische Grundsätze zur Richtschnur und Grundlage nehmen würde.

Suchet zuerst das Himmelreich.

Ist

(*) V. Clariss. P. Greg. Zallwein Princip. Jur. Eccles. Tom. 3. q. 2. c. 5. §. 10. f. 429.

Ist dann die Seele nicht mehr werth, als das Brod?— Du bist sorgfältig über vieles; aber nur eines ist nöthig.

Thörichter! wem wird dann endlich das, was zusammengebracht hast, zu Theil werden? — Was nützt es dem Menschen, wenn er die ganze Welt gewinnt, seine Seele aber ewig verlieren sollte? — Eitelkeit über Eitelkeit; alles ist Eitelkeit.

Die auf dieser Welt sind, sollen sich der Welt so gebrauchen, als gebrauchten sie selbe nicht; denn ihre Gestalt vergeht.

Würde man, sage ich, nach diesen unfehlbaren Grundsätzen die Richtschnur nehmen, wie wenige Eingriffe in die Rechte des andern würden sich ereigen? Es würde entweders das Placetum regium über kirchische Verordnungen nicht behauptet werden, oder man würde dieß auch der Kirche über Civilordnungen ganz gerne zugestehen; wenigst wenn der Eingriff zweifelhaft wäre. Lasset uns eben dieß untersuchen.

Drittes Hauptstück.

Von der Wesenheit des politischen und kirchischen Placitums, und ihrem Verhältnisse gegen einander.

Grundsätze aus dem Naturrecht.

I.

Wer das Recht hat zu einem Ziel, hat auch das Recht zu den erfoderlichen Mitteln, das Ziel erreichen zu können.

II.

Der eine Pflicht hat, nach einem Ziel zu trachten; hat auch eine Pflicht, die gehörigen Mittel anzuwenden.

III.

Der verbunden ist, ein Ziel zu erreichen, ist auch verbunden, die Hindernisse auf die Seite zu räumen, die der Erreichung des Zieles im Wege stehen.

§. I.

§. I.

Unter dem Placetum oder Placitum regium wird ein Recht verstånden, welches die weltlichen höchsten Oberkeiten sich zueignen, die kirchischen Verordnungen und Gesetze, ehe und bevor sie in ihrem Territorium promulgirt werden, einzusehen, ob sie nichts dem weltlichen Staate Pråjudicirliches oder Nachtheiliges enthalten, und erst alsdann die Promulgation gestatten, wenn die kirchischen Verordnungen dem weltlichen Staate zu keinem Nachtheile gereichen. (*)

§. II.

Hieraus kann man sich ohne weiters eine wahre Idee von dem Placitum Ecclesiasticum machen. Darunter verstehe ich nichts anderes: als jenes Recht, welches auch die Kirche

(*) Nach Beschaffenheit der Länder wird das Placitum regium mit verschiedenen Worten ausgedrückt z. B. Literæ Pareatis; Regium exequatur; Jus Retentionis; Jus cavendi; Exceptio; Remonstratio. Im Grunde sagt eines, was das andere sagt.

che hat, die politischen Gesetze vor ihrer Promulgation einzusehen und zu prüfen, ob sie nichts der Kirche Nachtheiliges enthalten, und also nach Beschaffenheit der Sache befugt ist, die Promulgation gut zu heissen, oder darwider zu protestiren.

III.

Die Absicht des Placiti regii, sagt Van Espen (*), ist keineswegs, die Kirche der politischen Macht zu unterwerfen; sondern es zielet nur dahin, um vorzubeugen, daß nicht etwa entweder aus Unwissenheit, oder Abgang genugsamer Information, oder einem Mißbrauche der Gewalt eine Kirchenverordnung gemacht werde, welche den Zeitumständen nicht angemessen ist, oder sonst Beschwernisse und Verdrüßlichkeiten im Gemeinen Wesen verursachen könnte: dieß aber, sagt Van Espen, ist weder unbillig, noch dem Ansehen der Kirche nachtheilig.

Lassen

(*) P. II. Cap. II. Tract. de Promulgat. leg. Eccles.

Lassen wir es gelten : aber warum soll es unbillig seyn , wenn die Kirche den nämlichen Grundsatz auch für sich anwendet , und ihr Placetum geben zu dürfen , fodert , wenn die weltlichen Regenten oder Republiken ein Civilgesetz machen ? Kann man nicht mit gleichem Rechte sagen ; die Absicht des kirchischen Placetums ziele keineswegs dahin , um die weltlichen Staaten der Kirche zu unterwerfen , und eine Jurisdiktion in pur politischen und civilen Angelegenheiten auszuüben ; sondern nur vorzubeugen, daß nicht etwa aus Uebersehung , Abgang einer genugsamen Information , oder aus einem Mißbrauche der Gewalt ein politisches Gesetz oder Verordnung gemacht werde , welche den Zeitumständen nicht angemessen ist , oder woraus große Beschwernisse , und viel der Kirche Gottes Nachtheiliges entstehen könnte. Und da die Kirche bey ihrem Placetum keine andere Absicht , als diese hat , so hat ein weltlicher Staat eben so wenig das Placetum Ecclesiasticum zu verabscheuen , als christliche Gemeinde das Placetum regium.

§. IV.

Das Placetum regium wird den Regenten wegen ihrer höchsten Würde und höchster Gewalt über das Zeitliche eingeräumet. Ein Regent, heißt es, hat gemäß seiner Würde und Gewalt die Pflicht, die zeitliche Glückseligkeit seines ihm untergebenen Volkes zu befördern; dieß muß sich der Fürst zu seinem ersten und im Naturrecht selbst gründeten Gesetze machen; er muß also alles verhindern, was dem allgemeinen Wohl im Wege stehen kann; nun aber ist es gar wohl möglich, daß durch kirchische Verordnungen die zeitliche Glückseligkeit der Staaten verhindert werde; diesen Hindernissen also vorzubeugen, hat der Regent das Recht, eine Inspektion in die Verordnungen der Kirchenvorsteher zu machen, um zu prüfen, ob diese dem Staate nichts Nachtheiliges enthalten: u. s. w.

Was ist nun leichters, als die Anwendung auf die Kirche zu machen? Die Kirche macht eine wahre Gemeinde aus: sie gestaltet eine von der politischen aus ihren innerlichen Absichten

ganz

ganz unterschiedene Gemeinde; sie hat besondere Vorsteher, Gesetzgeber, und ein höchstes Oberhaupt. Die Kirche als das sittliche Reich Jesu Christi hat in Rücksicht der ihr eigenthumlichen Gegenstände eine höchste und unabhängige Gewalt, wie in vorigen Paragraphen ist dargethan worden; so hat dann die vorstehende Kirche die im göttlichen und natürlichen Rechte gegründete Pflicht, allem vorzubeugen, alles zu verhindern, was den Gliedern der Kirche nachtheilig seyn, und ihrer übernatürlichen ewigen Glückseligkeit eine Hinderniß in Weg legen könnte: da es nun gewiß ist, daß politische Gesetze und Verordnungen gemacht werden können (wie es aus den Geschichten selbst unwidersprechlich erhellet) die dem so erhabenen Ziel der Kirche Christi nachtheilig, und zu Errichtung desselben sehr hinderlich sind, so hat sie das Recht, über die politischen Verordnungen eine Inspektion zu machen, um einzusehen und zu prüfen, ob nichts der Heerde Christi schädliches darinnen enthalten sey. Oder wie kann die Kirche dem Unheile vorbeugen, wenn ihr keine Inspektion gestattet wird, und sie kein **Placet**, oder **non Placet** zu geben hat? Oder soll die Kirche allein so lang warten müssen, bis der Streich schon geführt, und die Wunde, die hernach kaum mehr zu heilen ist, schon ist gemacht worden? Kurz: die nämliche Gründe und Ursachen, welche für das Placetum regium streiten, streiten auch für das Placetum ecclesiasticum oder pontificium, und zwar um so mehr; weil an der übernatürlichen und ewigen Glückseligkeit unendlich mehr gelegen ist, als an der zeitlichen, und pur natürlichen. Oder hat hier jene so wichtige Frage des göttlichen Stifters der Kirche nicht Platz: Was nützet es dem Menschen, wenn er die ganze Welt gewinnet, seine unsterbliche Seele aber verliert, und ewig verliert?

§. V.

Was aber die Schützer des Placiti regii immer Scheinbares auf die Bahne bringen mögen, wird eben-so wohl für das Placitum ecclesiasticum, oder pontificium vollkommen angewendet werden können: wie ein weltlicher Regent in Betref der Zeitlichen independent ist, so ist auch die vorstehende Kirche mit ihrem Oberhaupte in geistlichen Dingen, und in Betref des Kirchen-

re-

regiments independent. Eine jede Gewalt ist in ihrer Gattung die höchste: eine jede hat einen aus seiner Natur unterschiedenen Gegenstand zum Endzweck: können also die höchsten Kirchenvorsteher Verordnungen machen, die, obschon wider ihre Absicht, der bürgerlichen Gemeinde nachtheilig seyn können; so können auch die weltlichen Fürsten Verordnungen für ihre Staaten und Unterthanen machen, die zum Schaden der Kirche gereichen würden, wenn sie promulgirt werden, und in die Uebung kommen sollten. Hat demnach der Regent, um allen Beschwernissen und Verwirrungen vorzubeugen, das Recht, eine Inspektion der kirchischen Gesetze zu fodern, um die Promulgation dieser Gesetze entweder zuzulassen, oder zu verhindern, so kann man der Kirche (wenn man anders unpartheyisch und gleichförmig reden soll) das nämliche Recht in Rücksicht auf die politische Verordnung eben so wenig absprechen. Entweder gebührt dieses Recht beyden Theilen, oder keinem.

Erhöhen also die Gegner die Gewalt der weltlichen Regenten über ihre Staaten, so viel sie wollen, so wird doch allzeit wahr bleiben, daß die Kirche in Rücksicht der ihr eigenthumlichen Gegenstände und Angelegenheiten eben so von Gott bevollmächtiget und unabhängig ist.

Die Kirche und der politische Staat verhalten sich in seiner Art eben so, wie zwo verschiedene Völkerschaften, welche zween verschiedenen Königen, derer ein jeder souverain ist, unterworfen sind. Gleichwie kein Souverain über einen andern eine Gewalt hat, eben so wenig hat das geistliche Reich eine Gewalt über das pur politische, und das pur politische über das geistliche. Oder was etwa die Sache noch besser ins Licht setzt: verhalten sie sich, wie der Militair- und Nähr- oder Civilstand. Wie sich der Nähr- oder Civilstand keine Gesetze vom Militairstand vorschreiben läßt, so läßt sich der Militairstand keine Gesetze von dem Civilstand vorschreiben: ein jeder, obschon sie im nämlichen Staate sind, hat eben seine besondere Verfassung, und ein besonderes Ziel. Es sind so gar in der nämlichen Stadt verschiedene Zünfte: weil aber eine jede einen andern Gegenstand hat, läßt sich keine von der andern etwas einreden: eine

eine jede hat ihre besondere Gesetze und Gebräuche. Würde der Militairstand ein Placetum vom Civilstande fodern, wäre der Civilstand nicht auch befugt vom Militairstande eines anzuverlangen?

Ich sehe also nicht, mit was für einem Rechte die Vertheidiger des Placiti regii jene Kanonisten als unbescheidene schildern können, welche sich für das Placetum ecclesiasticum oder pontificium verwenden. Könnte man nicht mit größtem Grunde die Sache umkehren, und jene einer Unbescheidenheit, und wenigst gar zu großen Partheylichkeit beschuldigen, welche eine so ungleiche Austheilung machen, den weltlichen Fürsten alles, und der Kirche Gottes nichts einräumen. Ich will aber auf alle ihre Einwürfe antworten.

§. VI.

Ihre stärksten Beweise leiten die Gegner von jenem Ausspruche her, den Optatus Bischof zu Milevit gemacht hat. **Respublica non est in Ecclesia, sed Ecclesia est in Republica.** Der Staat ist nicht in der Kirche

che, **sondern die Kirche ist in dem Staat.** (*) Hieraus schliessen sie, daß dem Staate das Placetum gebühre, ohne daß die Kirche ein Recht dazu habe.

Optatus war ein Gelehrter, sehr belesener und auch tugendhafter Bischof; allein Niemand wird darum behaupten, daß alle seine Aussprüche unfehlbar seyn: und darum haben seine Aussprüche keine stärkere Kraft, als die Ursachen haben, mit denen er sie bestättiget.

Wenn man seine Stärke nicht auf Wörteleyen setzen will, so würde man zum deutlichsten reden, wenn man sagte; so wohl die Glieder des Staates, als die Glieder der Kirche befinden sich in einer und der nämlichen Gemeinde, welche mit ihren gehörigen Vorgesetzten den geistlichen und weltlichen Staat ausmachen.

Und wie wäre es, wenn man die Sache umkehrte, und sagte: **Der Staat ist in der Kir-**

(*) L. 3. De Schismate Donatistarum contra Parmenian.

Kirche, und nicht die Kirche in dem Staate? Und fürwahr kann man dieß mit weit größerem Rechte, als das andere sagen. Ein jedes Land oder Reich, nachdem es sich zum Christenthume bekennet hat, ist ein Theil der christlichen Kirche; die Kirche aber, die in allen Theilen der Welt ausgebreitet, und um viel weitschichtiger, als ein jeder auch weitschichtigster Staat ist, ist ein Theil der Republik, oder des Staates: sondern ein jeder christlicher Partikularstaat ist ein Theil der christlichen Kirche; in einem christlichen Staat sind nicht nur alle Bürger, sondern auch die Souverainen selbst und verschiedene Staaten Glieder der Kirche: Die Glieder aber sind im Ganzen, und nicht das Ganze in einem Theile enthalten, sonst wäre ein Theil des Ganzen größer, als das Ganze, welches wider alle Philosophie und gesunde Vernunft lauft. So viel es christliche Communitäten giebt, sind alle Personen derselben der Kirche Gottes unterworfen; das sittliche Reich Christi ist also um gar viel größer und mehrer ausgebreitet, als ein jedes einzelnes politisches Reich; ein jeder einzelner christlicher Staat ist also in der christ-

christlichen Kirche, und nicht die christliche Kirche in dem Partikularstaate.

Man wird vielleicht einwenden, die bürgerlichen oder Civilgemeinden haben vor der christlichen Religion existirt, und die Religion sey erst in diese schon ehevor existirenden Staaten auf- und angenommen worden, diese sey also nur als ein zufälliger Theil des Staates zu betrachten.

Allein darf man nicht sagen, daß der ganze Schluß nichts anderes, als Sophisterey sey? Denn aus dem, daß eine Sache vorher existiret habe, folget nicht allezeit, daß dasjenige, was später dazukömmt, ein Theil des ersten sey. Der Leib des Adams ist zuerst erschaffen worden; der schon erschaffene Leib wurde erst hernach mit einer Seele begeistert: wer wird nun den Schluß machen wollen: also ist die Seel ein Theil des Leibes? Sie ist ein Theil des ganzen Menschen, aber nicht ein Theil des obschon früher existirenden Leibes.

Uebrigens, obschon einige Republiken und Reiche früher existiret haben, als die christliche Re-

Religion (wenn von der Religion überhaupt die Rede ist, ist auch dieses falsch) so läßt sich dieß nicht einmal von allen sagen. Unser römischdeutsches Reich kann gleich zum Beyspiel dienen: die christliche Religion existirte schon etlich hundert Jahre, ehe das römischdeutsche Reich errichtet wurde, und in seine gegenwärtige Verfassung kam. Die Religion, und zwar die christliche, wahr also fruher, als das **deutsche Reich.** (*) Sollte man nun von der fruhern oder spätern Existenz einen gründlichen Schluß machen können, so würde unwidersprechlich gefolgert werden müssen, daß der ganze deutsche Staat in der Kirche, und nicht die Kirche in dem deutschen Staat sey. Aus allem erhellet ganz klar, daß die so viel Lärmen machende Grundsätze: **Die Kirche ist im Staat, und der Staat nicht in der Kirche, — Der Staat war,**

(*) Der gelehrte Verfasser der Piece: Ist die Kirche in dem Staate, oder der Staat in der Kirche? Die dem vierten Bande der neuesten Sammlung einverleibet ist, hat diese Frage weitläuftiger, und sehr gründlich beantwortet.

war, ehe die Religion war, einestheils falsche Grundsätze seyn; andererseits aber, wenn sie auch wahr wären, solche Folgen daraus gezogen werden, die ganz und gar unrichtig sind. Wem kann es doch zu Sinne kommen, aus dem, weil der Sohn Gottes in der Zeit ein sittliches Reich errichtet, welches ein übernatürliches und von dem politischen Staat ganz und gar unterschiedenes Ziel hat, schliessen zu wollen, daß dieses sittliche Reich dadurch ein Theil des politischen geworden sey? Es ist eben so, wie ich gesagt habe: Die Religion und der Staat sind in einem und dem nämlichen Volke als in ihrem Subjekt vereiniget, wie z. B. der Civil- und Militairstand in einem Reiche vereiget seyn können, obschon ein jeder Stand ein anderes Ziel, und eine andere Einrichtung hat. Würde nun die Frage: Ist der Militairstand im Nährstande, oder der Nährstand im Militairstande, nicht für eine recht unnütze Wortmacherey angesehen werden? — Wenn einmal vom Monarchen die Gränzen eines jeden Standes bestimmet sind, so wird an der Entscheidung dieser Frage gar wenig gelegen seyn: ein jeder Stand hat nicht anderes zu besorgen, als daß er seine Pflichten erfülle, und jenes Ziel erreiche, das ihm vorgesteckt ist. Da dann Gott die weltlichen Obrigkeiten und Regenten verordnet hat, das zeitliche Wohl des Staates zu besorgen, den Kirchenhirten aber den Auftrag gemacht hat, das zu besorgen, was sich auf die Religion, auf den Geist, auf das ewige Leben und übernatürliche Ziel beziehet, so wird alles in seiner gehörigen Ordnung gehen, wenn die Weltlichen über das **Zeitliche**, die Kirchenvorsteher über das **Geistliche**, und was damit verbunden ist, Sorge tragen: dieß kann und soll geschehen, sey die Kirche im Staate, oder der Staat in der Kirche.

VII.

Man könnte sich damit vollkommen beruhigen lassen; allein die Widersacher haben noch etwas einzuwenden. Das Recht Placiti regii, sagen sie, ist ein Majestätsrecht; aber Christus hat das Majestätsrecht seiner Kirche nicht hinterlassen: sokann sich also die Kirche dieses Recht nicht eigen machen.

Es scheinet in der That, die Gegner setzen wirklich ihre ganze Stärke auf Wörteleyen. Man pflegt freylich das Recht der Kirche nicht Majestätsrecht zu nennen: aber mit dem allem hat die vorstehende Kirche über ihre Glieder eine höchste und unabhängige geistliche Jurisdiktion, wie ich schon erwiesen habe. Man kann von ihr auf diesem Erdkreise eben so wenig zu einem höhern Richter appelliren, als ein Vasal von seinem Monarchen an einen auswärtigen, obschon auch souverainen Regenten appelliren kann. Majestätsrecht, sagt der Herr von Martini (*), wird das jenige genennet, **welches alle übrige pur menschliche Gewalt an der Würde und Größe übertrift.** Wen man dann diese Notion des Majestätsrechtes gelten läßt, so sehe ich nicht, warum es im Grunde gefehlt seyn soll, wenn man auch jenes Recht, welches in der Kirche alle andere an der Größe und Würde übertrift, nicht wenigst das höchste Kirchenrecht, oder auch in diesem Sinne souveraines und unabhängiges nennet. Lohnet es der Mühe

lang

(*) In Posit. de Jur. Civit. cap. III. §. LI.

lang um den Namen zu streiten? Nenne man gleichwohl die unabhängige höchste weltliche Gewalt, die alle übrige übertrift, Majestätsrecht, und nenne man zum Unterschied die höchste Kirchengewalt eine geistliche Jurisdiktion, die in ihrer Gattung alle andere an der Würde und Größe übertrift, so wird man ganz klar sehen, daß alles auf einen Wortstreit hinauslaufe. Nenne man den Kaiser Kaiser, den Monarchen Monarchen, den König König, die Kirche Kirche, den Pabst Pabst: drücke man die höchste weltliche Macht, und die höchste geistliche Gewalt mit den gewöhnlichen Worten aus, so wird man einander gar wohl verstehen, und ein jeder wissen, was man dadurch sagen wolle. Wortstreite, wenn man in der Wesenheit übereinkömmt, sind die allerunnützlichste. Es ist mit wenigen Worten alles gesagt, wenn man sagt: wie es eine höchste **weltliche** Gewalt giebt, die alle andere an der Größe und Würde übertrift, so giebt es eine höchste **geistliche** Gewalt in der Kirche, die alle andere an der Würde und Größe übertrift.

§. VIII.

Die Kirche, sagen sie ferner, kann man kein Volk nennen, massen sie kein Territorium hat: die Kirche also, da sie ihre Gesetze und Verordnungen promulgirt, verkündet selbe in einem fremden Territorium; nun aber können auswärtige und fremde Gesetze keiner bürgerlichen Gemeinde verkündiget werden, außer der Territorialherr gestatte es. Bilden wir uns einen Hausvater ein, der im Stande der puren Natur ganz abgesöndert lebt, würde er, wenn ein anderer eine Religion für ihn und seine Familie einführen wollte, nicht das Recht haben, ehevor die Inspektion der Religionsverfassung zu födern, um zu sehen, ob nichts seinem Hauswesen und seiner Familie Nachtheiliges darinn enthalten sey, und nach geschehener Promulgation mehr Unheil, als Gutes entstehe. Nun, was ein solcher Hausvater im Stande der puren Natur ist, und thun kann, das ist ein Fürst in dem ganzen Staat, und ist befugt eben dies zu thun im Staate, was der vorige in seinem Hause thun kann. Es ist also zwischen einem weltlichen Staat und der Kirche ein großer Unterterschied, und läßt sich von einem zum andern kein Schluß ziehen.

Ich antworte. Die Kirche macht, wie ich zuerst erwiesen habe, eine wahre Gesellschaft aus: sie hat wahre Vorsteher und Untergebene: ein Volk ist eine Menge der Leute, die durch ein sittliches Band sich veriniget, und wechselweis verbunden hat, zur Erreichung des nämlichen Zieles zu trachten: die allgemeine Verbindung, und ein gemeinschäftliches Ziel sind das Wesentliche eines Volkes. Da alles dieß bey der Kirche zutrift, wer will in Abrede stellen, daß die Kirche ein **Volk**, oder **Gemeinde** genennet werden könne? Nenne man die Kirche, damit sie nicht wieder mit der Civilgemeinde vermischet werde, das **heilige** Volk, das **sittliche** Volk u. s. w. so wird keine Verwirrung entstehen.

Was das Territorium betrift, so erstrecket sich ihr **sittliches** oder **geistliches** Territorium nach der Verordnung des göttliches Stifters über alle Theile der Welt; weil er den Aposteln befohlen hat, aller Welt sein Gesetz zu predigen, die Sünder und Ungläubige, wo sie immer

 wären,

wären, zu bekehren, sie zu taufen, seiner Kirche einzuverleiben, sie mit dem göttlichen Worte und den heiligen Sakramenten zu stärken, sie durch die Schlüssel- und Lösegewalt mit Gott wieder zu vereinigen. Wo es also rechtgläubige Seelen giebt, dahin erstrecket sich das **geistliche** oder **sittliche** Territorium der Kirche. Ist also eine Person ein Glied eines weltlichen Staates, und zugleich ein Glied der christlichen Kirche, so hat die Kirche über solche Personen eine **geistliche** Jurisdiktion, halten sie sich auf, wo sie immer wollen: das sittliche Territorium der Kirche ist also **allgemein**, wie die wahre Kirche selbst ans der Verordnung Christi **allgemein** ist, und seyn muß: wo immer also die Kirche die ihr **eigenthumliche** Gesetze promulgirt, promulgirt sie selbe in ihrem sittlichen Territorio. Was den Hausvater, der sich im puren Stande der Natur, und ganz abgesöndert befindet, betrift, beweiset höchstens, daß der allgemeine Hausvater oder Fürst des Landes eine Inspektion fodern könne; keineswegs aber folget daraus, daß nicht auch die Kirche vor der Promulgation der politischen Verordnungen eine zu verlangen das Recht habe, damit nicht nach der geschehenen

Pro-

Promulgation aus den ihr etwa nachtheiligen Gesetzen mehr Unheil und Schaden, als Nutzen entstehe.

§. VIII.

Es giebt einige, welche also argumentiren: Christus hat seinen Aposteln gesagt: Förchtet jene nicht, die den Körper tödten, die Seele aber nicht tödten können. Matth. 10. 28. Ihr werdet bey allen verhasset seyn wegen meinem Namen; der aber beharret bis an das Ende, der wird selig werden. Mark. 13. 13. In der Geduld werdet ihr eure Seelen besitzen. Luk. 21. 19. (*) Also gebühret der Kirche das Placitum nicht: denn wenn die weltlichen Fürsten auch der Kirche schädliche Verordnungen machen sollten, so hat die Kirche kein Recht, sich zu schützen; sondern soll alles mit Geduld übertragen.

(*) Ant. Remiz Carniol. de Commenda S. Petri §. 19, in Differt. jurid. de Justitia Placeti regii, Viennæ 1774. edita.

Sind diese Beweise einer Widerlegung würdig? Auch die Fürsten sind schuldig, in allen Widerwärtigkeiten und Verfolgungen geduldig zu seyn, ja zur Geduld werden alle Christen angewiesen; es müssen auch alle Gott mehr förchten, als die Menschen; wird daraus folgen, daß man seine Rechte nicht vertheidigen, nicht handhaben, und sich nicht schützen darfe, wenn einer etwas zum Nachtheil und Schaden des Driten unternehmen sollt?

Bey allen diesen, und allen dergleichen Aussprüchen hatte Christus keine andere Absicht, als die Apostel zur Geduld, Groß- und Starkmuth aufzumuntern; denn er sagte ihnen vor, daß er sie **wie die Lämmer unter die Wölfe schicke**, und daß sie viel Widriges werden auszustehen haben. Was für eine Verbindung haben doch diese Ermahnungen und Aufmunterungen mit dem Placetum, besonders bey christlichen und rechtgläubigen Fürsten, von denen nicht zu vermuthen ist, daß sie die Kirche zu verfolgen gesinnet seyn? Ferner hat Christus auch nicht zu seinen Aposteln gesagt: **Gehet hin** in die **ganze Welt, prediget das Evangelium** allen Völkern: aber gehet zuvor zu den Fürsten und weltlichen Magistraten, um das Placitum über eure Gesetze zu erwarten: Nein, so sprach Christus nicht: die Abgesandten Gottes verkündigten das Reich Gottes vielmehr wider den Willen und das Verbot der weltlichen Obrigkeiten, und da man sie deßwegen strafen wollte, sagten sie: **Man muß Gott**, (von dem alle Gewalt, geistliche und weltliche, herkömmt) **mehr gehorsamen, als den Menschen.** Apostelg. K. 4.

Der Apostel foderte von allen die Geduld; und dennoch sprach er den Hirten der Kirche sehr nachdrücklich zu, daß sie sollen wachsam seyn, zur Zeit und Unzeit darauf sehen, daß keine falsche Lehrer und Lehren in die Heerde einschleichen: sie sollen ahnden, Verweise geben, und die Heerde vor den Anfällen der Wölfe sicher stellen. 2. Tim. 4. Geduld und Starkmuth, Wachsamkeit und Sorgfalt für die Heerde Christi, daß ihr nichts schädliches zukomme, können gar wohl beysamen stehen. Der Verfasser will also aus den Kirchenhirten lauter stumme Hunde, lauter Miedlinge und müssige Zuschauer machen, wenn die Schafe angefallen und erwürget werden.

Wenn die Hirten alles gethan haben, was in ihren Kräften ist; wenn weder bitten, noch Vorstellungen, noch Drohungen, noch Kirchenstrafen etwas nützen, alsdann findet jenes Platz, was der heilige Ambrosius wider den Auxentius geschrieben hat. **Es wird mich schmerzen können; ich werde weinen können; wider die Waffen, wider Soldaten, und die Gothen habe ich keine andere Waffen, als meine Zäher; diese sind die Schutzwehr der Priesterschaft; anders darf und kann ich der Gewalt nicht widerstehen.** (*)

§. IX.

(*) **Dolere potero; potero flere: adversus arma, milites, Gothos quoque lacrymæ meæ arma sunt; talia enim munimenta sunt sacerdotis: aliter non debeo, nec possum resistere.** *S. Ambros. Serm. contra Auxentium.*

§. IX.

Wenn die Kirche fodern würde, daß sie von dem Placetum ausgenommen seyn sollte, würde sie sich jener despotischen Herrschaft schuldig machen, die Christus beym Luka Kap. 22. V. 25. verbothen hat. Dort sagt er: **Die Könige der Völker herrschen über sie. — Ihr aber müßt es nicht so machen; sondern, der der größere unter euch ist, soll wie der Diener werden**: wie würde erst (also fragt angezogener Author) die Herrschsucht der Kirche wachsen, wenn sie über dieß das Recht des Placetums über die politische Gesetze verlangte?

Es ist nichts leichters, als sagen, die Kirche masse sich eines Dominats an; aber die Beweise zu machen läßt etwas härters. Machtsprüche und Wortmachereyen sind keine Probe. Die Gewalt, welche die heidnischen Regenten gar oft ausgeübet haben, würde mit einer Hochmuth, mit Stolz, mit einer despotischen Grausamkeit, zu Beförderung ihres Eigenutzes ausgeübet: diese hat Christus in allweg von seiner Kirche verbannet; jene aber keineswegs, die mit Demuth, Sanftmuth, Bescheidenheit, mit Fürsicht und Nachdruck zum Nutzen der christlichen Kirche gebraucht wird; diese ist vielmehr höchst nothwendig, um das vorgesteckte Ziel zu erreichen.

Wenn mit dem Placeto der Dominat, worunter eigentlich ein Despotismus verstanden wird, nothwendig verknipft seyn sollte, welches übergroßen Despotismus würden sich nicht die christliche Regenten schuldig machen, die sich einerseits das Placetum über die Kirchengesetze zueignen; andererseits aber dieses der Kirche, deren Glieder sie doch sind, versagen wurden? Wo stehts geschrieben, daß Gott den Regenten, besonders den christlichen, so einen einseitigen Dominat zugelassen habe?

§. X.

Die politischen Territorien erstrecken sich gar oft über mehrere Bistümer: wenn also den Bischöfen das Placetum zugestanden würde, so könnten die Civilgesetze vereitelt, oder doch zu lang verschoben werden.

Muß

Muß jener, der dieses einwendet, nicht selbst einsehen, daß der nämliche Einwurf wider das Placetum regium streite? Die Kirche Gottes erstrecket sich nicht nur über einige, sondern über unzählige Territorien; ihre Glieder befinden sich in allen Theilen der Welt: wenn also allen Territorialherren des Placetum zu geben gebührte, so würden die kirchischen Verordnungen entweder gar nicht, oder doch gar zu spat, und zwar mit größtem Nachtheile der Kirche promulgirt werden; wenn man also billig und gleichförmig denkt, muß man entweder das Placetum regium auch verwerfen, oder das ecclesiasticum gleichfals gutheißen. Es ist so gar bey der Inspektion der politischen Gesetze bey weitem kein so große Gefahr einer Retardation; weil einerseits kein politisches Territorium so weit, als jenes der Kirche sich erstrecket, und andererseits durch den Metropoliten und benachbarte Bischöfe die Inspektion gar bald vorgenommen werden kann. Der Einwurf streitet also vielmehr wider das Placetum regium, als das ecclesiasticum.

§. XI.

§. XI.

Die Kirche ist nur allein zum dienen eingesetzt, sagt der Annotator des Herren Barthels: also kann sie kein Placetum fodern. (*)

Wenn man ohne Zusatz sagt, daß die Kirche **nur allein** zum dienen eingesetzt sey, so ist in Wahrheit zu viel gesagt. Die Kirche hat ihre Vorgesetzte in ihrer Gattung, wie die Civilgemeinde in der ihrigen: sie hat ihre Untergebene, sie hat eine gesetzgebende Gewalt, sie hat das Recht zu lösen und zu binden, zu mahnen, zu ahnden, zu strafen: wird man von so einer Gemeinde glatthin sagen können, sie sey nur zum dienen eingesetzt worden? Könnte man nicht mit größerm Rechte sagen, die politische Gewalt sey nur darum eingesetzt, um der Kirche zu dienen, weil das unmittelbare Ziel der Kirche weit erhabener ist, als das politische, und das Körperliche und Aeußerliche dem Geistlichen, dem Wohlstande der Seele, der ewigen und übernatürlichen Glückseligkeit um gar viel nachgeordnet ist.

Ich

(*) Annotator Parthelii L. 1. Tit. 2. n. 6.

Ich sehe auch nicht, was der Annotator wider diese Reflexion einwenden könne: dann er spricht den christlichen Regenten selbst zu: Daß sie vorzüglich die christliche Religion schützen, ihr vorzügliches Augenmerk auf selbe in allen ihren Edikten machen sollen: sie sollen für einen ungezweifelten, festgesetzten und allerersten Grundsatz halten: **Das Seelenheil, die ewige Glückseligkeit, die wahre Religion soll das erste Gesetz seyn**, (*) nachdem andere zu reguliren sind. Wie dieser wahre Grundsatz mit seinem vorigen zu vereinigen sey, ist mir unbegreiflich: gemäß diesen letzten, den das ganze Christenthum billigen muß, folget in der That, daß der weltliche Staat vielmehr der Kirche Gottes nachgeordnet sey, ihr dienen, und ihr allen nur möglichen Vorschub geben soll. Wer das Ziel des auf Erden lebenden Menschen, das Ziel der Kirche Christi ernstlich zu Gemüth führet, wird dieser Lehre unmöglich zu wider seyn können. Wird dann das Placetum ecclesiasticum durch dergleichen Einwürfe nicht vielmehr bestättiget, als zweifelhaft gemacht?

§. XII.

(*) Salus animarum, æterna beatitudo, vera Christi Religio suprema lex esto.

§. XII.

Die Vorsteher der Kirche verstehen aber die politische Verfassung nicht; sie sollen sich auch nicht einmal in das Weltliche mischen; Paulus hat dieß dem Thimotheus (2. Thimoth. 2. 16.) sogar ausdrücklich verboten. **Profana autem, & vaniloquia vita.**

Es gebühret also der Kirche die Inspektion in die politische Gesetze nicht nur nicht; sondern sie ist selber so gar verbothen: die Geistlichen sollen sich auch gemäß des geistlichen Rechtes **TT. Ne Clerici vel Monachi** in das Weltliche nicht einmal einmischen.

Wenn die Kirchenvorsteher eine vorläufige Inspektion der zu promulgirenden politischen Verordnungen machen sollten, mischen sie sich eben so wenig in weltliche Geschäffte ein, als sich die Regenten in geistliche Geschäffte mengen, wenn sie eine vorläufige Einsicht der zu promulgirenden Breven oder Bullen, und Kirchengesetze verlangen. Wie diese nichts anderes suchen, als zu sehen, ob nichts ihren Vorrechten, oder Staaten Nachtheiliges darinn enthalten sey, so

hat

hat die Kirche die nämliche Absicht: nämlich zu überlegen, ob die Civilverordnungen nichts enthalten, was der Religion und dem Heile der Rechtgläubigen schädlich seyn könnte: dieß Urtheil fällen zu können, ist gar nicht nöthig, daß man die Staatsgeheimnisse, sondern nur, daß man die Kirchenverfassung, und das, was den Gläubigen und der Religion schädlich oder nützlich ist, wisse. Der Ausspruch des Apostels ist also für diesen Umstand übel angewendet: dann die Sorgfalt für das Wohl der Kirche und der Rechtgläubigen kann fürwahr nicht unter die weltliche, und noch weniger unter die eiteln Geschäffte gerechnet werden.

§. XIII.

Die Fürsten, sagen sie ferner, sind Advokaten der Kirche, und des Volkes: dieß ihr Amt aber können sie nicht vollziehen, wenn sie die Verordnungen der Kirchenvorsteher nicht vorläufig einsehen; dieß läßt sich von der Kirche nicht, sondern vielmehr das Gegentheil sagen; so ist also zwischen der Kirche und dem Staate ein sehr großer Unterschied.

Nie-

Niemand stellet in Abrede, daß die höchsten Regenten Advokaten der Kirche seyn: aber Herren der Kirche, und über die Kirche sind sie nicht: sie sind in der Kirche; sie sind Söhne der Kirche: ihr Advokatenamt besteht darinn, daß sie alle Kräfte dahin wenden, daß die Kirchenrechte erhalten werden, daß die von der Kirche promulgirte Gesetze genau und getreu von den Unterthanen beobachtet, die schädlichen Mißbräuche abgeschaft, und die wahre Religion immer weiter ausgebreitet werde.

Jener **Schutz**, sagt Petrus de Marca, den die Fürsten den Gesetzen der Kirche, als **Schützer und Handhaber des Alterthums**, ertheilen, kann sich über die Aussprüche der Kirche auf keine Weise erstrecken, wie der Kaiser Justinian selbst gesagt hat; widrigenfals ist ein Edikt eines Regenten, das wider die kirchlichen Gesetze lauft, eitel und kraftlos. Im Kirchenrath zu Chalcedon riefen alle Väter frey und einhellig auf: Contra regulas Pragmaticum nihil valebit: **Wider die Kirchenregeln kann keine pragmatische Verordnung gelten.** Regulæ Patrum teneant.

Die

Die Regeln und Verordnungen der Väter sollen in ihrem Ansehen bleiben. (*) Dieß nämliche Dekret bestästigte der Kaiser Marcianus durch ein eigenes Edikt: Alle so genannte pragmatische Verordnungen, die wider die kirchischen Verordnungen laufen, und entweder unter dem Vorwand einer Gnade, oder aus dem Trieb eines Stolzes gemacht worden sind, sollen alle ihre Kraft und Wirkung gänzlich verlieren: Dieß ist unser Befehl. (**) Jene

(*) Tuitio illa, quam Principes canonibus impertiuntur ut *Tutores & vindices vetustatis*, quemadmodum Justinianus loquitur, canonum sententiam aliquo pacto egredi non debet. Alioqui irritum est, & inane quodcunque Principis Edictum adversus canones in rebus ecclesiasticis latum. Hæc est libera illa vox synodi chalcedonensis, in quam Patres a judicibus interpellati simul omnes eruperunt: *Contra regulas Pragmaticum nihil valebit. Regulæ Patrum teneant. In Proleg. L. de conc. Sacerd. & imp. f.* 57.

(**) Omnes pragmaticas Sanctiones, quæ contra

Jene Aussprüche also sollen in keinem Zweifel gezogen werden können, in welchen so wohl die Stimmen der Fürsten, als der Kirchenväter übereingekommen sind; sie kamen aber in dem überein, daß die Streitfragen, die über den Glauben und die Kirchendisciplin entstehen, zur geistlichen Gerichtsbarkeit gehörig seyn; das Amt der Fürsten ziele allein dahin, daß sie durch ihre Gesetze die Dekrete der Päbste zur Exekution bringen, selbe schützen und befördern, also zwar, daß sie jene Verordnungen, die den kanonischen Gesetzen zu wider sind, kraftlos machen sollen.

Daß von der Kirche das Gegentheil könne gesagt werden, ist offenbar falsch: die Kirche ist nicht nur eine Advokatinn der Rechtgläubigen; sondern eine **Mutter**. Sie befiehlt im Namen ihres göttlichen Stifters allen Alles zugeben:

---

tra Canones ecclesiasticos interventu gratiæ, & ambitionis elicitæ sunt, robore suo, & firmitate vacuatas cessare præcipimus. *Marcian. Imperat. An. CDLIV. in I. Privileg. c. de Sacros. Eccles.*

ben: dem Ehre gebührt, die Ehre, dem der Tribut, den Tribut: sie befiehlt, den Regenten aufs genaueste zu gehorsamen, alle, nicht nur ihres Gleichen, sondern auch die allergeringsten wahrhaft und thätig zu lieben.

§. XIV.

Ein politisches Gesetz, daß in sich gerecht und billig ist, kann niemals der Kirche schädlich seyn; weil die Religion mit einem jeden Staate gar wohl zu vereinigen ist: im Gegentheil aber können Kirchengesetze, wenn sie auch an sich gut und gerecht sind, der politischen Gemeinde Schaden bringen.

Dieß ist mit größerer Kühnheit, als Wahrscheinlichkeit hingeschrieben. Ein gerechtes Gesetz kann nur jenes genennet werden, welches das Recht des dritten nicht verletzet: wenn dann ein Civilgesetz gerecht seyn soll, so muß es eben darum den Rechten und dem Nutzen der Kirche nicht nachtheilig seyn, sonst wäre es **gerecht**, und **nicht gerecht**. Schon die Notion der Gerechtigkeit selbst schliesset etwas Relatives in sich, und beziehet sich auf andere, denen man

Recht muß widerfahren lassen. Justum est, sagt der Herr von Martini (*), quod jus alterius non violat. **Jenes ist gerecht, was das Recht des andern nicht verletzet.** Wenn diesem also ist, so wird nur jenes Kirchengesetz gerecht genennet werden können, welches die Rechte des Staates nicht verletzet; aber auch nur jenes Civilgesetz wird den Namen eines gerechten verdienen, welches den Rechten und dem Nutzen der Kirche nicht nachtheilig ist. Wenden sich also die Gegner, wie sie wollen, so wird das Paralell, welches ich zwischen dem Staate und der Kirche gezogen habe, vollkommen seyn. In einer Civilgemeinde giebt es eine höchste und unabhängige Gewalt über die ihr eigenthumliche Gegenstände: aber auch in der Kirche giebt es eine höchste und unabhängige Gewalt in Rücksicht ihrer Gegenstände; was für ein Recht also ein Theil gegen den andern hat, hat auch der andere gegen jenen.

§. XV.

Da dann zwischen dem Staate und der Kirche schier eine eben so enge Verbindung, als zwi-

(*) In Posit. de lege natur. §. 173.

zwischen dem Leib und der Seele ist, so ist die höchste Sorge dahin zu tragen, daß die Einigkeit zwischen den geistlichen und weltlichen Vorgesetzten herrsche; von dieser Einigkeit hängt die Glückseligkeit so wohl der Kirche, als des politischen Staates ab. Obschon beyde Mächte die höchsten sind, so können doch beyde vollkommen vereiniget seyn: sie werden es seyn, wenn keine ihre von Gott bestimmte Gränzen überschreitet: wollte Gott! daß dieß niemals geschehen wäre, wollte Gott! daß es auch in Zukunft nicht mehr geschehe! alsdann würde wahr werden: **Justitia & pax osculatæ sunt. Die Gerechtigkeit und der Friede haben einander umarmet.** Psal. 84. V. 11. Halte die weltliche Macht die Schlüsselgewalt des Priesterthumes in Ehren, und greiffe das Priesterthum nicht nach dem weltlichen Schwert, so wird alles in seiner Ordnung gehen und bleiben.

Wie die höchsten Gesetzgeber keinen Scheu tragen, die kirchischen Verordnungen nachzuahmen, also werden die heiligen Verordnungen der

Kirche durch die Gesetze der Regenten unterstüzet. (a)

Treffen die göttliche und menschliche Gesetze zusammen, so wird daraus die erwünschlichste Harmonie entstehen. (b)

Gebe man also dem Kaiser, was des Kaisers ist, und Gott, was Gottes ist. (c)

Das

(a) Sicut leges non dedignantur Sacros canones imitari, ita & sacrorum statuta canonum Principum constitutionibus adjuvantur. C. I. de N. O. N.

(b) Sicque divina & humana pariter concurrentia unam consonantiam rectis sententiis facient. Novell. 42. in Præf.

(c) Reddite ergo, quæ sunt Cæsaris, Cæsari, & quæ sunt Dei, Deo. Luc. 20. 25.

Das
Placetum regium
mit
seinen Gründen.

Von einem Manne im Zimmer
in Allgeu.

1784.

Wer geschwind glaubet, der ist eines leichtsinnigen Herzens.

Eccli. K. 19. V. 4.

* * *

Wenn je ein Jahrhundert an Schriften fruchtbar war, muß man ganz gewiß dem wirklich zu Ende gehenden achtzehnten den Vorzug lassen. Denn wer heut zu Tage nur nicht das Unglück hat, ein Alltagskopf zu seyn, dabey nebst Dinte Federn und gerade Finger besitzt, wagt sich schon, wo nicht große Werke, doch wenigst Brochuren in das Publikum hinaus zu schicken.

Die Auswahl der Gegenstände ist, wie von Alters her, immer zerschieden; nämlich, nachdem ein jeder besondere Absichten hat oder zu gefallen, oder sich Ruhm zu machen, oder in seine Ficke Geld zu bringen, oder gemeinnutzlich zu werden u. s. w.

Welche aus diesen Absichten den Herrn Verfasser des Werkchens, so den Titel hat: Ueber das Recht der Landesfürsten in Betref dogmatischer Bullen: zum Schreiben verleitet habe, will ich nicht bestimmen. Das aber dünkt mich doch, lasse sich mit Wahrheit sagen, daß er den Stoff, den er sich gewählet hat, so glücklich nicht bearbeitet habe, als dessen Wichtigkeit nur gar zu würdig gewesen wäre.

Hievon dem gelehrten Leser den Beweis zu machen, werde ich getreulich seine Gründe anführen, sodann ihren Unbestand nach meiner Einsicht zeigen.

* * *

Das Placetum in Betreff dogmatischer Bullen haben von jeher alle katholischen Regenten ausgeübt, schreibt der Verfasser auf der ersten und zweyten Seite aus van Espen de Promulgatione Legum ecclesiasticum Part. 2. cap. 1. §. 2.

Zum Glücke hatte ich wirklich die angezogene Abhandlung bey meinem Pulte. So aufmerksam ich aber immer las, was van Espen an dem Orte schrieb, worauf sich der Verfasser zu berufen beruffen beliebt, könnte ich doch an selbem nicht eine Silbe von dogmatischen Bullen finden, noch weniger das NB. alle katholischen Regenten NB. jeher, sich bey diesen Bullen des Placetums bedienet haben. Ja, da van Espen Part. 5. c. 2. §. 4. ins besondere von den dogmatischen Bullen zu Rede wird, weiß er selbst von diesen, daß sie ohne landesfürstliche Placet nicht darfen publiciret werden, mehrere Beyspiele nicht aufzuweisen, als allein von dem Niederlande. Und doch muß dieß dem Verfasser eben so viel heißen, als: In dogmatischen Bullen haben jeher alle katholischen Regenten das Placetum ausgeübt, wie van Espen erwiesen hat. Wie? ist so in die Welt hinausgeschrieben, ehrlich handeln? oder nicht vielmehr im Gegentheile die Leute boshaft täuschen, und sich selbst bey allen Wahrheitliebenden alles Kredites berauben?

Der Regent, so fährt der Verfasser auf der 17ten Seite weiter fort, der Regent ist nicht blindlings zu glauben schuldig, daß eine jede Bulle, die für eine dogmatische ausgegeben wird, eine solche sey. Ist er aber das blindlings zu glauben nicht verbunden, so hat er ja

das

das Recht untersuchen zu lassen ob die Bulle wirklich dogmatisch ist, oder nicht: und hierinn zweifeln auch die wenigsten, weil diese Untersuchung nur über eine Thatfrage, das ist, über die Frage allein, ob die Bulle wirklich das sey, für was sie ausgegeben wird, geschieht. Käm etwa ein Geistlicher in das Haus eines Privatmannes, und gebe vor, daß er seine Einwohner in der Glaubenslehre unterrichte, so wurde kein Mensch dem Hausherrn verbieten, oder übelnehmen, wenn er nachspürte, ob der Geistliche wirklich aus dieser, und keiner andern Ursache in sein Haus käme. Der Landesfürst ist ja aber doch auch Herr in seinem Hause; warum solle ihm denn nicht das Recht zustehen, nachforschen zu können, ob eine Bulle wirklich dogmatisire, oder nicht?

In Ruckſicht auf die Dogmen hat kein Regent ein mehreres Recht, als der Unterthan, weil einestheils diese zu wissen einem wie dem andern gleichwohl daran liegt, andern theils aber der Regent und Unterthan nur Schafe sind, die die Stimme ihrer Hirten hören, und dieser mit der nämlichen Unterwürfigkeit des Gei-

stes

ttes gehorsamen müssen. Sollte also das Argument des Verfassers geltend seyn, stunde nicht nur den Regenten, sondern auch jedem einzelnen Unterthane das Recht zu, die dogmatischen Bullen zu untersuchen, und ob sie wirklich solche seyen, persönliche Einsicht davon zu nehmen. Welcher Author hat wohl aber so abgeschmackte Lehre bis jeher behauptet? — Das übrigens weder der Regent noch der Unterthan blindlingshin zu glauben schuldig sey, daß jede Bulle, die ohne vorläufige Gewißheit für eine dogmatische ausgegeben wird, eine solche sey, bin ich selbst mit einverstanden. Allein die Frage ist hier nicht von zweifelhaften Bullen; sondern von jenen, die das Gepräg der Richtigkeit auf sich haben, und als Authentische selbst von den Bischöfen erkennet werden. Diese nochmal untersuchen zu därfen, ob sie dogmatische seyn; und ehe noch solche Untersuchung vor sich gegangen, derer Kundmachung verbieten, läßt sich nicht errathen, woher ein soches Recht dem Landesfürsten zukommen möge. Sagt der Verfasser; weil die Bischöfe in Erkenntniß der dogmatischen Bullen, in so weit sie eitle Thatsachen sind, fehlen können; so läßt sich ja eben dieß mit dem

näminämlichen Grunde von der Einsichtnehmung der Landesfürsten sagen : denn auch sie sind nicht unfehlbar. Sagt er aber ; weil immer zu befürchten ist, die Bischöfe möchten dem römischen Stuhle zulieb für dogmatisch erklären, was doch nicht dogmatisch ist : dann frage ich entgegen : wer kann wohl Bürge stehen, daß nicht im Gegentheile die Höfe für dogmatisch nicht ansehen werden, was wirklich doch dogmatisch ist? Sollten die bürgerlichen Unterthanen die Befehle ihrer Landesfürsten so lange nicht als ächte erkennen, bis nicht sie selbe selbst geprüfet, und untersuchet haben würden, daß sie wirklich der Landesfürst habe ergehen lassen, würde wohl der Landesherr mit solchem Verhalten zufrieden seyn? Gewiß nicht : weil sein Willen ist, daß man auch seinen Subalternen, authentisirten Legaten und Commissarien glauben soll. Sind nicht aber die Bischöfe in Rucksicht auf die dogmagtischen Bullen mehr als Subalterne? Ja sind sie nicht unmittelbar von Gott selbst bestellt, darauf aufmerksam zu seyn, damit ihren anvertrauten Heerden nicht Menschentand als Dogmen fürgespiegelt werde? Wenn also sie, die

Bi-

Bischöfe, diese von Gott selbst bestellte Aufseher, gewiße von dem Oberhaupt der Kirche ergangene Bullen wirklich für dogmatische erkennen, mit welchem Rechte sollen die Regenten nochmal untersuchen dörfen, was ihre obersten Hirten schon als ächt erkläret, und von allem Betruge freygesprochen haben? Ists nicht Pflicht, daß die Schafe, dergleichen auch die christlichen Monarchen sind, die Stimme ihrer Hirten hören?

Das Beyspiel so der Verfasser zur Bestärkung seiner Meinung angebracht, ist nichts bedeutend. Denn gebe hundertmal ein Geistlicher den Hausherren vor, daß er seine Einwohner dogmatisiren wölle, hat doch hievon der Herr des Hauses noch keine moralische Gewißheit: er mag also vernünftig nachspuren, ob er in der Vorgabe nicht betrogen werde. Erklären aber einmal die Bischöfe, daß eine Bulle dogmatisch sey, wer kann wohl noch mit Grunde auch nur muthmaßen, daß sie in so wichtigem Punkte ihre gesammten Heerden, auch Könige und Fürsten äffen und betrügen wollen? besonders da man weiß, daß heut zu Tage die Bischöfe nichts

durch

durch sich selbst allein, sondern immer alles mit Beyzuge ihrer Consistorien und geistlicher Räthe schließen. Zu was solle also das weitere Nachspuren der Regenten nutzen, nachdem sie menschlicher Weise von der Thatsache schon gesichert sind, daß diese und jene Bulle wirklich dogmatisch sey? Erkleckt denn nicht bey allen Thatsachen, um ihrer Existenz vernünftigen Beyfall geben zu können, eine moralische Gewißheit?

Es hat aber van Espen **tract. de Promulgat. Legum eccles. P. V. cap. 2. §. 2.** auf der 18ten Seite, mit vielen Gründen und Beyspielen erwiesen, daß in dogmatischen Bullen oft verschiedene Zusätze enthalten, die den Rechten der Regenten sowohl, als ihren Unterthanen nachtheilig sind.

Daß van Espen **L. cit.** diese Aussage des Verfassers mit vielen Gründen und Beyspielen erwiesen habe, ist eine offenbare Unwahrheit; denn van Espen sagt allein: **Quemadmodum in aliis decretis sive Legibus positivis, ita & in Decretis dogmaticis contingere**

NB.

NB. poteſt, nicht aber: ſæpe contigit, in præterito, ut Decretum Romanum, etiamſi rem dogmaticam ſeu Punctum doctrinale definiat, una habeat adjunctas clauſulas, quæ Jura Principum & Populorum, inveteratos Provinciarum Eccleſiarumque uſus, aut recepta jam pridem & obſervata Privilegia offendant, unde ipſa reſpublica & Eccleſia turbari & gravibus incommodis exponi poſſet: quemadmodum ipſos Ordines Brabantiæ, ubi de promulgatione Bullæ Urbani 8vi contra doctrinam & Librum Cornelii Janſenii agebatur, Archiducem Leopoldum præmonuiſſe ſupra Part. 4. cap. 3. §. 3. notatum eſt.

Doch wir wollen es einsweil als eine wirklich geſchehene Sache annehmen, daß in den dogmatiſchen Bullen öfters ſchon zerſchiedene Zuſätze enthalten geweſen, die ſowohl den Rechten der Regenten, als ihrer Unterthanen abbrüchig waren: was folget daraus? Daß alſo keine dogmatiſchen Bullen ehevor mögen publicirt werden, bis nicht die Landesherren von ſelben vorläufige Einsicht genommen, und sie mit ihrem Placeto begünstiget haben? Ich dächte nein: sondern das folget allein, daß die Bischöfe bey Kundmachung dogmatischer Bullen jene Clausulen entweder weglassen, welche sie den Freyheiten, alten Gewohnheiten, und Gerechtsamen des Staates abbrüchig zu seyn erkennen; oder daß sie bey der Verkündigung beysetzen, **salvis Juribus, Privilegiis & Consuetudinibus quibuscumque legitimis.** Hierdurch hebt sich auf einmal aller zu befürchtende Nachtheil der Staaten von selbst, und die Fürsten haben auch nimmer mehr Ursache, wegen dieser Besorgniß die Einsicht der Bullen zu fodern, oder ihre Kundmachung nicht für sich gehen zu lassen.

Es könnte doch aber geschehen, daß aus der Kundmachung dogmatischer Bullen große Unruhen in der Gemeinde entspringen, als zum Beyspiel, wenn ein großer Theil der Unterthanen der entgegen gesetzten Meinung beypflichten, und diese, ungeachtet der päbstlichen Entscheidung hartnäckig behaupten, sohin eine Parthey die andere verketzern sollte. Seite 19.

Ob aus der Kundmachung dogmatischer Bullen unter den gläubigen Bürgern Unruhen zu befürchten seyn; oder nicht, haben die Bischöfe zu beurtheilen, denen von Christo nicht nur das innere, sondern auch äußere Regiment der Kirche ist anvertrauet worden. Vorsichtige Bischöfe werden schon also selbst mit der Kundmachung inne halten, so bald sie aus dieser mehr Uebels als Gutes zu gewarten zu haben befürchten werden. Leiste anbey der Regent seiner Kirche die schuldige Hilf, und nehme die Poltergeister, ehe sie sich noch in Rotten eintheilen können, zur gebührenden Strafe, erkläre er endlich, daß er selbst mithalte, was der Statthalter Christi in seinen dogmatischen Bullen verordnet; dann wird es eine Seltenheit seyn, wenn Unruhen entstehen, oder sich diese nicht alsobald wieder zerstreuen werden. Gehe man nur in die uralten Zeiten christlicher Monarchen zurück, so wird man bis zum Ueberzeugen wahrnehmen, daß fast alle Unruhen, die sich in was immer für christlichen Staaten wegen päbstlichen Verordnungen in dogmatischen Dingen ereigneten, nur ihre Stärke daher bekommen haben, weil sich die Regenten entweder gegen die Aufrührer so gnädig verhalten haben, oder wohl gar sich von selben haben blenden lassen. Solls nun aber Billigkeit seyn, daß die Vorsteher der Kirche die Schuld anderer tragen, und daß sie wegen jener in ihren Verordnungen bis zur gar zu sehr erniedrigenden Erwartung des landesfürstlichen Placetums sollen heruntergewürdiget werden?

Haben nicht aber auch frömmste Regenten zu zerschiedenenmalen die Publication dogmatischer Bullen ruckstellig gemacht? Seite 21.

Dieß läßt sich nicht läugnen. Allein sage mir doch der Verfasser zur Gnade erstens, ob er auch Beyspiele wisse, daß die ersten christlichen Kaiser in dogmatischen Dingen jemal an ein Placetum gedacht, und dieß als ein Majestätsrecht gefodert haben? Sage er mir zweytens: ob nicht auch die frömmsten Regenten noch immer Menschen geblieben, und aus irriger Meinung ihre weltlichen Rechte zu weit haben ausdähnen können? Sage er mir drittens: wenn die Souverainen zuweilen die Kundmachung dogmatischer Bullen ruckstellig gemacht, ob sie wohl dieses aus eigener Macht, oder mit Genehmhaltung ihrer Bischöfe gethan?

End-

Endlich sage er mir viertens: ist es wohl allzeit der Kirche, der Religion, und dem Heil der Bürger zur Vortheile gewesen, wenn die weltlichen Kronen nicht mit dem Pabste gehalten, und seine Satzungen nicht haben kundmachen lassen? Diese Fragen, wenn mir der Verfasser gründlich beantworten wird, dann mag es geschehen, daß ich seiner Meinung beytreten, und anders, als itzt noch zur Zeit, von dem Placetum zu gedenken anfangen werde.

Endlich schreibt noch der Verfasser Seite 13. und 14. Nachdem es der unerforschlichen Weisheit des Erlösers gefällig gewesen, das Regiment seiner Kirche Menschen anzuvertrauen, welche mit Schwachheiten umgeben sind; nachdem er zugelassen hat, daß das Priesterthum zuweilen eigennützigen, herrschsüchtigen, ja so gar feindseligen Menschen zu Theil geworden ist, so wird doch niemand läugnen, daß es an Seite der Regenten, welche ihre Unterthanen gegen alle Gewalt, Unterdrückung und Drangsalen zu schützen, und alle Unruhen von ihren Staaten abzulehnen verpflichtet sind, nothwendig geworden ist, die Handlungen und Anordnungen der Kir-

Kirchenvorsteher zu untersuchen, und zu prüfen, ob darinn nichts enthalten sey, was dem ganzen Staat, oder einzelnen Unterthanen schädlich, oder an ihren Rechten abbrüchig wäre: und hierinn liegt der Grund des Placetums .... So bald es möglich ist, daß die Vorsteher der Kirche Verordnungen machen, welche dem Staate, dem Regenten, oder den Unterthanen schädlich seyn können, so bald ist das Placetum nothwendig, und so bald es nothwendig ist, so ist es auch gerecht; denn der Urheber der Natur, der den Regenten die Macht gegeben hat, ihre Völker zu regieren, und gegen alle auswärtige Bedrückungen zu schützen, hat ihnen auch die Mittel gegeben, und geben müssen, die zu diesem Schutze nothwendig sind: **qui habet jus ad finem, habet etiam Jus ad Media, quæ ad consequendum finem sunt necessaria.**

Bis diese Stunde war ich immer sehr begierig, einmal den Hauptgrund zu wissen, worauf sich das landesfürstliche Placetum in kirchischen Verordnungen fuße. Nun saget es mir endlich der Verfasser gegen alle Erwartung, es

be=

beruhe darauf, weil es möglich ist, daß die Kirchenvorsteher, als mit Schwachheit umgebene Menschen solche Satzungen verfügen mögen, die oder dem Staate, oder einzelnen Unterthanen schädlich, oder auch selbst den Rechten der Regenten abbrüchig seyn dürften. Gut! ich nehme dieß an. Sind aber nicht auch die Monarchen, so wie die Vorsteher der Kirche mit Schwachheiten umgebene Menschen? Gab es unter ihnen noch niemal solche, welche gleich einigen Päbsten und Bischöffen eigennutzig, herrschsüchtig, und feindselig gewesen? Ja weiß man nicht aus der Geschichte zerschiedene Beyspiele von Regenten, die Gesätze gemacht haben, welche nicht nur einzelnen Bürgern, sondern auch ihren Staaten schädlich gewesen? Folget wohl aber hieraus, daß eben darum, weil schon mehrmal die Fürsten ihren einzelnen Unterthanen und Staaten durch ihre Gesetze geschadet, und die, welche wirklich herrschen, gleichfalls durch ihre Verordnungen schaden können; folget wohl hieraus, daß hiemit die Unterthanen und Staaten gegen ihre Landesherren das Recht des Placetums besitzen, um sich gegen alle Bedruckungen ihrer Beherrscher sicher zu stellen? So einen

Satz in die Welt hinaus zu schreiben, wird der Verfasser wohl bleiben lassen. Fließt er aber nicht ganz natürlich aus dem, was er hier meldet? oder hat vielleicht weder der Unterthan, noch der Staat keine so eigenthumliche Rechte, die der Landesherr bekränken kann?

Geradezu aber dem Verfasser zu antworten, sage ich ihm, daß er sehr falsche Begriffe von dem Vertheidigungsrechte hege. Dieses läßt sich allein gegen jene ausüben, welche im Begriffe stehen, uns schaden zu wollen, nicht aber auch gegen jene, von welchen blos **möglich** ist, daß sie uns Nachtheil zufügen können. Denn sonst wurde folgen, daß ich zum Beyspiel mich in alle Gesellschaften eindringen; daß die Gattinn ihren Ehemann verlassen; daß der Unterthan sich von seinem Herrn entfernen; daß die Soldaten nicht mehr ihrem Obersten gehorsamen; und überhaupt ein jeder dem andern in seine Rechte eingreifen dürfte: warum? weil es ja **NB.** gar wohl möglich ist, daß man mir in Abwesenheit meiner übel nachreden; weil es möglich ist, daß der Ehemann seine Gattinn noch grausam halten; daß der Herr seinen Unterthanen

nen das Seinige mit Gewalt wegnehmen; daß die Obersten ihre Kriegsleite geflissen in den Tod liefern, und ein jeder seine innhabende Rechte zum Nachtheil des andern mißbrauchen möge. — Ists nun aber richtig, wie kein Gelehrter zweifelt, und die eben itzt beygefügte Folgen zeigen, daß sich das Vertheidigungsrecht NB. einzig allein gegen jene ausüben lasse, nicht welche nur vermögend sind, sondern welche wirklich in Bereitschaft zu schaden stehen, mit welcher Befugniß mag wohl also aus dem Vertheidiungsrechte ein Regent von den Vorstehern der Kirche die Einsicht ihrer Gesetze verlangen, ja sogar derer Kundmachung bis auf sein Genehmigung verbieten, ungeachtet er jedoch noch keinen wichtigen Grund zu muthmaßen hat, daßselbe, die Vorsteher der Kirche, oder ihn, oder seine einzelnen Unterthanen und Staat in ihren Rechten bedrücken wöllen? Sollte einmal so ein Verfahren gegen die Vorsteher der Kirche gebilliget werden, so läßt sich nimmermehr einsehen, warum nicht aus dem nämlichen Vertheidigungsrechte auch ein Monarch von dem andern die Einsicht ihrer Gesetze begehern, und derer Publikation bis auf ihr vorläufiges Placetum

tum verbieten können: denn ja auch die Gesetze des einen Regenten den Staaten des andern Schaden zuzufügen vermögend sind. Sagen, der Unterschied wäre dieser; weil die Staaten des einen Regenten nicht in den Staaten des andern seyen, ist eine nichts bedeutende Ausflucht. Denn wenn man auch zugeben sollte, welches doch immer nicht wahr ist, daß die Vorsteher der Kirche in diesem Charakter betrachtet sich in dem Staate befinden, bleibet doch allzeit noch richtig, daß ihre Macht in geistlichen Dingen eine höchste, und von dem Staate unabhängige, souveraine Gewalt sey. Sind aber die Vorsteher der Kirche in ihrer geistlichen Gewalt souverain, und gerade so wenig als ein Auswärtiger Monarch von dem Staate abhängig, mit welchem Rechtsgrunde kann der Beherrscher des weltlichen Staates nur ihnen, den souverainen Vorstehern der Kirche, nicht aber andern Souverainen Befehle vorschreiben, daß sie ihre Gesetze seiner Einsichte vorlegen, und diese nicht ehevor kundmachen lässen, bis er selbige nicht genehmiget hätte? Ja da man heut zu Tage den Vorstehern der Kirche immer auf den Text Joh. 18. deutet: **Regnum meum non est de**

hoc

hoc mundo: die Regenten aber allein auf das, was von der Welt ist, ihre Gewalt ausdähnen dürfen; so folget ja von selbst, daß also die Monarchen die Gränzen ihrer Macht unvermerkt überschreiten, als oft sie auf was immer für eine Weise der geistlichen Gewalt Verordnungen geben, oder selbe auf ihr Placetum einschränken wollen.

Diese sind nun die Gründe, die der Verfasser des Werkchens: über das landesfürstliche Recht in Betreff der dogmatischen Bullen: für dessen Bestande anbringet. Der gelehrte Leser urtheile dann itzt, ob sie Gewicht, und welches sie haben. Mich überzeugen sie nicht.

Was

Was hat der

Regent

für ein Recht

über

die päbstlichen Bullen?

Beantwortet von einem katholischen Wiener.

Zweyte Auflag,

1783.

Was hat der

Pabst

für ein Recht

über die

landesfürstliche Verordnungen?

Beantwortet von Attila Ebkerdi einem gut katholischen Ungar.

Erste Auflag,

1784.

Ich halte es für ausgemacht, daß die Gewalt der Kirche in Händen des Fürstens eben so abentheuerlich, und schädlich, als die Gewalt des Staats in Händen eines Bischofs sey. Schriftsteller, die den Fürsten alles zuwinden, verrathen weder Grundsätze, noch Liebe der Ordnung. Sie sind niederträchtige Schmeichler der Despotie, und suchen oft das Resultat von Bürger- und Religionskriegen zum Muster der Nachahmung zu machen. Die Natur der christlichen Religion leidet nicht, das der Fürst zugleich hoher Priester sey. Watteroth für Toleranz: gedruckt in Wien 1781. pag. 47. Der doch sonst viel der Wahrheit und Religion Nachtheiliges schrieb.

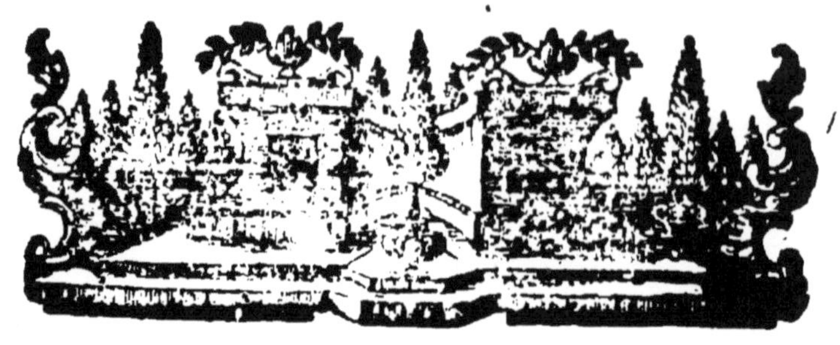

Vorrede.

Unter andern Wienerschriften erschiene auch eine kleine Piece unter dem Titel: Was hat der Regent für ein Recht über die päbstlichen Bullen? Gedruckt in Wien 1781. Der Verfasser führet kurz das Hauptfundament an, auf welches das ganze Placetum regium und Jus circa sacra gebauet ist. Ich will dessen Richtig= oder Unrichtigkeit nicht weitläuftig untersuchen: ich behaupte nur, daß sich alles, was für die weltliche

Ge=

Gewalt angeführet wird, mit ganz gleichem Rechte, und nur mit Veränderung einiger Worte auch auf die geistliche, und päbstliche Gewalt anwenden lasse, also zwar, daß man nur anstatt Regent, und Staat, Pabst, und Kirche, anstatt päbstliche Bullen, und disciplinargeseze, landesfürstliche Verordnungen, und Gesetze setzen dárf.

Ich wundere mich, daß sich sogar unter meinen Landsleuten einer gefunden, der diesen Satz noch näher zu beantworten, und aus dem ungarischen Staats- und Kirchenrechte zu erläutern sich bemühet hat; ich kann es nicht läugnen; er ist ein Ungar; aber ein protestantischer Ungar. Weil aber wir katholischen Ungarn die Ehrerbietigkeit gegen den römischen Pabst noch von unserm ersten

sten heil. König Stephano gelernet, und gleichsam geerbet haben, will ich suchen diesen Schandfleck auszulöschen, und nachdem sich ein lutherischer Ungar, und ein katholischer Wiener beflissen, dem Kaiser zu geben, was des Kaisers ist; wird es bey allgemeiner Preßfreyheit auch mir erlaubet seyn, mich zu bemühen, Gott und dem Pabste zu geben, was Gottes, und des Pabstes ist.

Katholischer Wiener.

Frage

Was hat der Regent für ein Recht über die päbstliche Bullen?

Antwort des Wieners.

Er hat das Recht alle **Bullen** zu untersuchen, ob sie **seinem Staate** nichts Schädliches enthalten, und wenn dieses ist, so kann er, ja er muß sie verwerfen. Ich beweise es.

Gott hat den **Monarchen** gesetzt, damit er **seinen Staat** nach Kräften vertheidige, alle Gefahren, die demselben auch nur von ferne drohen, und mit einem Worte, damit er über dessen Heil mit väterlicher Sorgfalt wache.

Unläugbar ist, daß **die Kirche** durch **ihre Disciplinargesetze**, und Verordnungen den Rechten des **Landesfürsten**, folglich **dem Staate** selbst schaden könne; denn, wie läßt sich eine Sache läugnen, welche so viele Beyspiele bestättigen? Wie oft traten nicht **päbstliche** Verordnungen an das Licht, welche obschon

Katholischer Ungar.

Frage

Was hat der Pabst für ein Recht über die Landesfürstlichen Verordnungen?

Antwort des katholischen Ungars.

Er hat das Recht alle landesfürstl. Verordnungen zu untersuchen, ob sie der Kirche und Religion nichts Schädliches enthalten, und wenn dieses ist, so kann er, ja er muß sie verwerfen. Ich beweise es.

Gott hat den Pabst gesetzt, damit er die Kirche, und Religion nach Kräften vertheidige, alle Gefahren, die derselben auch nur von ferne drohen, abwende, (*) und mit einem Worte, damit er über deren Heil mit väterlicher Sorgfalt wache.

Unläugbar ists, daß der Staat durch seine Gesetze, und Verordnungen den Rechten des Pabsts und der Kirche selbst schaden könne;

 denn,

(*) Hat dieses Recht nicht so gar ein jedwederer Bischof in seiner Kirche?

schon die **Päbste** vielleicht aus den beßten Absichten, aus beßtem Herzen sie haben ergehen lassen, doch dem Wohl **eines jeden Staates** nicht angemessen waren.

Wir ruffen leider auch mehrere Beyspiele in unser Gedächtniß zurück, aus welchen wir ersehen, daß mehrere **päbstliche Bullen** denen **Regenten** Verdrüßlichkeiten, und Unruhen verursachten.

Ich will nur ein einziges Beyspiel der jüngern Zeiten, **eine Untersuchung Klemens des dreyzehnten, des Vorfahrers unsers unsterblichen, und der Kirche zu früh verlornen Ganganelli**, anführen.

Als sich die Könige Frankreichs, Spanien, und Portugals sowohl persönlicher als allgemeiner Sicherheits wegen bemüssiget sahen, die Väter der verloschenen Gesellschaft Jesu verschiedener, mir nur zu gut bekannten Ursachen halber, aus ihren Ländern abzuschaffen, war Pabst Klemens der dreyzehnte über

dieß

denn, wie läßt sich eine Sache läugnen, welche so viele Beyspiele beståttigen? Wie oft traten nicht landesf. **Verordnungen** an das Licht, welche obschon die **Landesfürsten** vielleicht aus den beßten Absichten, aus beßten Herzen sie haben ergehen lassen, doch dem Wohl **der Kirche, und der Religion** nicht angemessen waren.

Wir ruffen leider auch mehrere Beyspiele in unser Gedächtniß zurück, aus welchen wir ersehen, daß mehrere **landesf. Verordnungen** den **Påbsten** Verdrießlichkeiten, und Unruhen verursachen.

Ich will nur ein einziges Beyspiel der jüngern Zeiten, anführen.

Als sich die Könige Frankreichs, Spanien, und Portugals sowohl persönlicher, als allgemeiner Sicherheits wegen bemüssiget **glaubten**, die Våter der Gesellschaft Jesu verschiedener, mir nur zu gut bekannten Ursachen

 hal-

Katholischer Wiener.

dieß, ohne seine vorhergehende Einwilligung, beschehene Unternehmen besagter drey Höfe höchstens aufgebracht, und obschon er als ein kluger, und vernünftiger Mann hätte einsehen sollen, daß er einem Monarchen keineswegs das Recht streitig machen könne, in seinem Staate eine Gesellschaft, die ihn gefährlich dünkt, aufzulösen, und nach freyer Willkur zu zernichten, so ersann er doch ein Mittel auch Monarchen seinen Unwillen über ihr vorgehabtes Unternehmen zu bezeigen: und welches? — Er ließ eine Bulle unter dem Name Apostolikum ergehen, in welcher er die Väter der kurz vorher aus besagten Reichen verbannten Gesellschaft mit ungemeinen Lobsprüchen erhöhte: warum that er das? — — — Der Leser muß es wohl selbst einsehen.

Als aber des Pabstes Heiligkeit vorsah, daß die Könige, derer Gesinnungen dieser Bulle entgegen stünden, keineswegs in die Kundmachung derselben einwilligen werden, so unternahm

Katholischer Ungar.

halber, aus ihren Ländern abzuschaffen, war Pabst Klemens der dreyzehnte über dieß, ohne seine vorhergehnde Einwilligung, beschehene Unternehmen besagter Höfe **höchst** aufgebracht, und **weil** er als ein kluger, und vernünftiger Mann **hatte** eingesehen, daß er einem **nothwendig** das Recht streitig machen **müsse**, in seinem, **der Kirche unterworfenen**, Staateseine Gesellschaft, **deren Aufhebung** ihn gefährlich dünkt, aufzulösen, und nach Willkuhr zu zernichten, so ersann er ein Mittel, auch Monarchen seinen Unwillen über ihr vorgehabtes Unternehmen zu bezeigen: und welches? — Er ließ eine Bulle unter dem Name Apostolikum ergehen, in welcher er die Väter der kurz vorher aus besagten Reichen vertriebenen Gesellschaft mit ungemeinen Lobsprüchen erhöhte: warum that er das? ——— Der Leser muß es selbst einsehen. (*)

Als aber des Pabstes Heiligkeit vorsah, daß

 die

(*) Wäre es nicht ein sehr hartes Begehren, wenn ein Pabst von einem Monarchen fodern sollte 20000. seiner tapfersten und getreuesten Soldaten auf einmal und auf den Sturz abzudanken? ??

Katholischer Wiener.

ternahm sie einen Kunstgriff, der den Ruhm eines Pabstes (wenn er selben anderst nicht gar **verdunkelt**) doch auch gewiß nicht **verherrlicht**: er ließ nemlich mehrere Exemplarien dieser Bulle in Gestalt, als wären sie Briefe, verschliessen, und auf der Post in diese Königreiche gewissen Personen zuschicken, welche, als sie in der beßten Meynung Briefe zu erhalten das Sigill erbrachen, anstatt der Briefe Exemplarien dieser Bulle gefunden haben.

Kann also nun **die Kirche** durch **ihre Disciplinargesetze**, durch **ihre** Verordnungen **dem Staate** schaden? — — Dieß sagen wir — — nun gut; wir wissen auch nicht minder, daß jedem **Landesfürsten** die Pflicht obliege **den Staat, den** ihm die göttliche Vorsicht zu leiten übergab, vor allem Unheile, **von wem immer dasselbe herrühre**, zu schützen: wir müssen also behaupten, daß **jeder Monarch das Recht, alle geistlichen Gesetze und**

Ver-

die Könige, derer Gesinnungen dieser Bulle entgegen stunden, keineswegs in die Kundmachung derselben einwilligen werden; **und daß folgsam kein anderes Mittel mehr übrig wäre**; so unternahm sie einen Kunstgriff, der den Ruhm eines Pabstes (wenn er selben anderst nicht gar **verherrlichte**) doch auch gewiß nicht **verdunkelte**; er ließ nämlich mehrere Exemplarien dieser Bulle in Gestalt, als wären sie Briefe, verschliessen, und auf der Post in diese Königreiche gewissen Personen zuschicken, welche, als sie in der beßten Meynung Briefe zu erhalten das Sigill erbrachen, anstatt der Briefe Exemplarien dieser Bulle gefunden haben.

Kann also nun **der Staat** durch **seine** Gesetze, durch seine Verordnungen **der Kirche** schaden? —— Dieß sahen wir —— nun gut; wir wissen auch nicht minder, daß **dem Pabste** die Pflicht obliege **die Kirche, die** ihm die göttliche Vorsicht zu leiten übergab, vor allem Unheile, **von wem immer dasselbe herrühre**, zu schützen: wir müssen also behaupten, daß **jeder Pabst, das Recht habe**,

 alle

Verordnungen zu untersuchen, ob selbe seinem Staate nützlich, oder schädlich seyn, ob selbe auf die Umstände seiner Monarchie einen Einfluß haben, und ob er mit Gewissen in die Kundmachung dieses Gesetzes willigen könne, in welchem Rechte das sogenannte Jus placeti besteht.

Freylich findet sich der Römerhof über dieses dem Landesfürsten unstreitig gebührende Recht höchstens aufgebracht, doch überschreitet es nicht die Gränzen der Möglichkeit, daß selber einem Rechte entgegen sey, das in der Pflicht den Staat zu vertheidigen enthalten, und eingeschlossen ist, welches doch der Römerhof als die Pflicht eines Monarchen anerkennet? Ist es möglich, daß sich selber über ein Recht beleidiget finde, so ihm in dem seinigen, nämlich für das Seelenheil der gesammten Christenheit zu wachen, nicht den geringsten Eintrag thut?

alle politischen und weltlichen Gesetze und Verordnungen zu untersuchen, ob selbe der Kirche, und der Religion nützlich, oder schädlich seyn; ob selbe auf die Umstände der geistlichen Monarchie einen Einfluß haben, und ob er mit Gewissen in die Kundmachung dieses Gesetzes willigen könne, in welchem Rechte das Jus placeti Pontificii, oder Ecclesiastici besteht.

Freylich finden sich einige Höfe über dieses dem Pabste unstreitig gebührende Recht höchstens aufgebracht; doch überschreitet es nicht die Gränzen der Möglichkeit, daß selbe einem Rechte entgegen seyn, daß in der Pflicht die Kirche, und die Religion zu vertheidigen enthalten und eingeschlossen ist; welches doch die Höfe als die Pflicht eines Pabstes anerkennen? Ist es mögiich, daß sich selbe über ein Recht beleidiget finden so ihnen in dem ihrigen, nämlich für das zeitliche Wohl ihrer Unterthanen zu wachen, nicht den geringsten Eintrag thut?

Ja

Katholischer Wiener.

Sehet nur! man macht uns schon wirklich einen Einwurf, und spricht uns folgender massen an. Johann von Hontheim der trierische Weihbischof, den ihr eben sowohl, als wir für einen gelehrten, und geschickten Mann erkennet, welcher bisher unter der Masque eines Justini Febronii nebst mehrern falschen Lehren auch diese in der ganzen Christenwelt verbreitet hatte, daß der Landesfürst das Recht habe des Pabstes Bullen zu untersuchen; ist nun von seinen Irthümern, die bisher aus Verlassung Gottes seinen Geist umnebelten, überzeugt; er bekehret sich; er wiederrufet durch ein feyerliches Abbittungsschreiben alle seine ausgestreiten falschen Lehren; jene schröckbare Seuche, die schon so viele Seelen mit sich gerissen hatte; er selbst läugnet itzt dem Landesfürsten das Jus placeti ab, und theilt ihm kein anderes Recht, als das Jus canones protegendi & exequendos per media temporalia curandi mit. Wir wollen auch sogar seine Verba formalia anführen. In illis; quæ ad fidem, Sacramenta, & ecclesiasticam disciplinam pertinent

Katholischer Ungar.

Ja so ists, Febronius hat widerrufen. Er hat erkennet, daß er zu weit gegangen: daß er dem Pabste und der Kirche zu wenig und den Regenten zu viel eingeräumet habe. Der grundgelehrte P. Zaccarias hat ihn in seinem Antifebromo, und in seinem Antifebronio vindicato eines bessern belehrt, hätte er der erkannten Wahrheit widerstehen sollen? Die Antifebronianer hatten also Ursach die förmlichen Worte des widerrufenden Febronius anzuführen. Hier hat dann die Retorsion keinen Platz. So ists: man wirft den vom Febronius Verführten vor, daß Febronius selbst (Johann von Hontheim trierischer Weihbischof) in vielen Stücken, besonders was das Placetum betrift, widerrufen habe. Der Vorwurf ist auch billig; und wie sich viele durch die Scheingründe des Febronius haben hinreissen lassen, so sollten sie auch auf den widerrufenden und sich selbst widerlegenden Febronius ein Augenmerk machen. Febronius fand eben in der ersten Kirche kein Beyspiel, daß die rechtgläubigen Fürsten sich dieses Rechts angemaßt haben; als Glieder der Kirche unter-

war-

tinent, potestas ecclesiastica pleno jure decernit *sine concursu potestatis civilis*. Ratione tamen mutuæ protectionis, quam sibi invicem debent, ad hanc spectat, juxta mentem Ecclesiæ, & quantum ipsa optat, ejus *canones protegere, & exequendos curare per media temporalia.* Diese nun, spricht man, sind Hontheims Worte, wodurch, wie ihr selbst klar einsehen müsset, der Regent von diesem sich anmassenden Rechte ganz ausgeschlossen ist.

Wir kennen nur gar zu wohl jene Verehrung, jene Unterwüsigkeit, die wir unserm heiligsten Vater schuldig sind, wir kennen unsere Pflicht selbsten als getreue, und aufrichtige Söhne in Christo zu gehorchen, wir kennen aber auch eine andere Pflicht, die uns die unsers Monarchen schützen, und vertheidigen heißt.

Die=

warfen sich die christlichen Fürsten mit Ehrfurcht den Entscheidungen und Anordnung der Kirche. Sie erkannten vielmehr ihre Pflicht zu seyn die Verordnungen der obersten Kirchenhirten, der Statthalter Christi und Concilien zu handhaben, zu schützen, und durch ihr Ansehen bey ihren Unterthanen in die Uebung zu bringen. Vom Placetum liessen sie sich in den ersten Zeiten nichts zu Sinne kommen. Ein Anton Zaccarias in seinem Antifebronio vindicato, ein Petrus Pellarinius, (a) ein Gregorius Trautwein (b), ein Ladislaus Sappel (c), ein Abt Bergier in seiner obschon kurzen Kritik, und noch mehr andere könnten dem Febronius Gelegenheit geben, noch weit mehr zu widerrufen, als er wirklich widerrufen hat.

Die-

(a) De vi ac ratione Primatus Romanorum Pontificum. Sumpt. FF. Velth. August. Vind.

(b) Vindiciæ adversus Justin. Febronium. Sumpt. Jos. Wolff. August. Vind.

(c) Liber singularis contra Justin. Febron. Sumpt. ejusdem.

Katholischer Ungar.

Diesem aber sey, wie ihm will, so wird allzeit wahr bleiben, daß aus den nämlichen Gründen, die für das Placetum regium stehen, oder stehen können, das Placetum Pontificium oder Ecclesiasticum gleichfals, ja noch weit auffallender, erwiesen werde. Haben die weltliche Regenten das Recht die Verordnungen und Entscheidungen der höchsten Kirchenvorsteher einzusehen, ob nichts darinn enthalten sey, was ihren weltlichen Staaten nachtheilig seyn konnte, so haben auch die Vorsteher und Regenten der Kirche Gottes das Recht, die Dekreten, die Gesetze und Verordnungen der christlichen Regenten zu prüfen und einzusehen, ob nichts darinn enthalten sey, was der Ehre Gottes, der Kirche, ihrer Ruhe, Ausbreitung, und dem Heile ihrer Glieder nachtheilig seyn könnte. Da die Ehre Gottes, das ewige und übernatürliche Heil, das **erste**, letzte und **einzige** Ziel der Menschen, und aller Fürsten und Regenten selbst ist, so kann man den höchsten Kirchenvorstehern um so weniger das Recht des Placetums absprechen. Aus Gelegenlegenheit dieser Retorsion, der man unmöglich ausweichen kann, ließ sich dann fragen: gebührt nicht den Bischöfen und vorzüglich dem obersten Kirchenhirten das **Placet**, oder **non Placet** von sich zu geben, wenn man in der Kirche Abänderung in Kirchengebräuchen, in Kirchenceremonien, mit Ausdähnung der Toleranz, mit Reducirung der Klöster und ganzer Ordensstände, mit Ehedispensen u. s. w. vorzunehmen gedenkt? Ich sehe nicht, wie ein aufrichtiges Glied der wahren Kirche dieß verneinen könne. Die Retorsion ist viel zu auffallend. — Entweder gebührts beyden, oder keinem. Ja, da das, was des Geistes ist, was übernatürlich und ewig ist, was die Fürsten und Regenten eben sowohl, als ihre Unterthanen höchstens interesirt, verdienet aufgelegt vor allem den ersten Vorzug. **Denn was nutzet es den Menschen, wenn er die ganze Welt gewinnt, an seiner Seele aber Schaden leidet?**

Diese so merkwürdige und bedenkliche Frage ist von Christo nicht nur an die Unterthanen, sondern auch an die Großen und Mächtigen die-

 ser

Katholischer Ungar.

ser Welt zur Ueberlegung gestellet worden. Auch sie sind sterblich, wie ihre Unterthanen: leidet die Kirche Gottes und das Heil ihrer Unterthanen aus ihrer Schuld einen Schaden, so werden sie vor einem Richter, der unendlich mächtiger ist, als sie, Rechenschaft zu geben haben, vor einem Richter, der so deutlich gesagt hat. **Quærite primum regnum Dei.** Suchet zuerst das Reich Gottes. **Ist dann die Seel nicht mehr, als die Speis???**

Uebrigens kennen wir nur gar zu wohl jene Verehrung, jene Unterwürfigkeit, die wir unsern **Landesfürsten** schuldig sind: wir kennen unsere Pflicht selben als getreue und aufrichtige Bürger in und wegen Christo zu gehorchen: wir kennen aber auch eine andere Pflicht, nämlich die Rechte unsers heiligsten Vaters des Statthalters Christi, die Rechte der alleinseligmachenden Kirche, deren Glieder auch rechtgläubige Regenten sind, zu schützen. **Imperator intra Ecclesiam, non supra Ecclesiam est. Der Kaiser selbst ist in der Kirche,** nicht

nicht über die Kirche. S. Ambros. Epist. ad Sor.

Ich schliesse diese kurze Abhandlung mit einigen merkwürdigen aus dem ungarischen Rechte gezogenen Stellen.

Ac per hoc, Fili mi! Ferventi studio debes invigilare in sancta Ecclesia de die in diem, ut potius capiat augmentum, quam detrimentum patiatur. Inde etiam inprimis Reges ***Augusti*** **dicebantur,** ***quia augebant Ecclesiam.*** **Hoc & tu facias, ut tua corona laudabilior, & vita beatior, & prolixior habeatur. Decretor S. Stephani L. I. C. 2. in corp. Juris Hungar.**

Darum mein Sohn! mußt du immer mit allem Eifer darauf bedacht seyn, daß die Kirche Gottes vielmehr zunehme, als Schaden leide: darum würden auch die Könige vorzüglich Vermehrer genannt; weil sie die Kirche vermehrten. Dieß sollst auch thun, damit deine Krone lobwürdiger, dein Leben glückseliger und dauerhafter werde. Decretor S. Steph. L. 1. c. 2. in corp. Juris Hungar.

Katholischer Ungar.

Quod falsa impie concedit, negat vera Status Ratio Imperantibus, dispositionem nimirum in materia Religionis. *Religio est extra sphæram potestatis Laicæ:* quia hæc sæcularis, illa spiritualis est: temporales Reges non amplius sunt sacrorum Principes, ut aliquando, (licet non semper) fuere in Gentilismo. Non deerunt Principibus alia media subtrahendi periculo Regna, quam Religio. *Pelzhofer* ein alter Staatist. Lib. I. Arcanorum Status C. VI. qui Liber prodiit sub auspiciis Josephi I. Imp. cui dedicatus est.

Was die falsche Staatskunst unrechtmäßiger Weise den Regenten gestattet, das spricht die wahre Staatskunst ihnen ab; nämlich Verfügungen in Sachen, die die Religion betreffen, zu machen. Die Religion ist ausser den Gränzen der weltlichen Gewalt. Diese ist weltlich, jene geistlich. Die Fürsten werden allzeit andere Mittel haben ihre Reiche zu erhalten, als die Bekrenkung der Kirche. idem L. 1. Arcanorum Status c. VI. Das Buch kam unter dem Schutze Josephs I. in Vorschein, und ward ihm dedicirt.

Ge-

Gespräch

zweyer altmodischen Pfarrer A und B
im Allgeu
über den Satz.
des Hrn. P. Philiperts Obernetter
öffentlichen Lehrer in Kostnitz:

Daß
die Bischöfe kein
Recht haben sollen,
ihre Dioecesanen
wegen was immer für Ausschweifungen
und Sünden mit zeitlichen Strafen
zu belegen.

1784.

Charissimi, nolite omni spiritui credere, sed probate spiritus, si ex Deo sint; quoniam multi pseudoprophetæ exierunt in mundum.

Ihr Liebsten, glaubet nicht einem jeden Geiste, sondern prüfet die Geister, ob sie aus Gott sind; denn es sind viele falsche Propheten in die Welt ausgegangen.

1. Joan. 4. 1.

Pfarrer A.

Nun werden Euer ꝛc. ja mit mir zufrieden seyn, daß ich ihnen die anverlangten Anleitungen zu dem Kirchenrechte P. Philiberts Obernetters auf ihr Begehren eingeschickt habe?

Pfarrer B.

Niemal war ich wegen der etwas verzögerten Ueberschickung mit Euer ꝛc. übel zufrieden; sobald ich aber in dem mir zugestellten Author auf Sätze gerathen bin, die ganz nach der heutigen Aftermode verfasset sind, verlohr ich auf einmal meine gute Laune. Ja ich wurde bey mir selbst über den Author recht bös, daß er als ein Priester und Konventualmönch Sätze vertheidige, die in meinen Augen auch so gar für weltliche Lehrer verwegen genug sind.

Pf. A.

Dörf ich sie auch wissen, diese Sätze?

Pf. B.

Warum nicht? Hielt ich sie doch dem P. Obernetter selbst in das Angesicht vor, wenn ich ihn gelegenheitlich zu sprechen bekäme.

Pf. A.

Ich bin überzeugt, daß sie zu so Etwas Geistesstärke mehr als genug hätten. Glauben sie aber auch, daß sie siegen wurden, wenn sie mit dem Manne in einen gelehrten Wortstreite geriethen? P. Obernetter soll ein Mann von vieler Gelehrsamkeit seyn; und da er anbey schon durch mehrere Jahre bey unsern aufgeklärten Zeiten die Charge eines öffentlichen Lehrers mit Ruhme vertritt, wurde es Mühe kosten, so einem Helden was abzugewinnen.

Pf. B.

Bey unsern aufgeklärten Zeiten? Immer höre

höre ich so reden; und doch weiß ich sehr wenig, was unsere heutigen Gelehrten erfunden haben, das nicht schon auch den Alten bekannt war. Oder hat denn der weise Prediger nicht die Wahrheit gesagt, als er Eccl. 1. 10. 11. sich also ausdrückte: **Es ist nichts Neues unter der Sonne, und Niemand kann sagen, Sieh, das ist neu: denn es ist schon zu den Zeiten gewesen, die vor uns waren. Man ist nur der vorigen Zeiten nicht mehr ingedenk, so, wie auch das, was noch geschehen wird, in Vergessenheit wird kommen.** Dem P. Obernetter nehme ich von seiner Gelehrsamkeit nichts, und lasse ihn seyn, wer er ist. Das aber behaupte ich öffentlich, daß seine Sätze nicht alle gelehrt sind, oder festen Grund haben.

Pf. A.

So nennen sie mir endlich diese Sätze.

Pf. B.

Die mir vor andern auffallend schienen, sind diese: a) Daß P. Oberneter allen weltlichen Regenten, christlichen und heidnischen ohne Unterschied nebst dem regium Placetum auch das Mäßigungsrecht der Kirchengebothe einräumt, Jus determinandi Leges ecclesiasticas, da doch weder in göttlicher Schrift, noch in der Kirchengeschichte der ersten dreyen Jahrhunderte von solchen vielsagenden Rechten die mindeste Spur, sondern gerade das Gegentheil sich finden läßt. b) Daß er wider die deutlichsten Aussprüche der heiligen Väter und allgemeiner Concilien die Kirchengüter Güter des Staates nennet, und also die Regenten berechtiget, diesen kirchischen Gütern oder gänzlich oder zum Theile ihre Freyheiten zu nehmen. c) Daß er den Landesherren das Befugniß beylegt, den Bischöfen befehlen zu können, daß sie die zufälligen Rechte des Pabstes auch gegen dessen Einstimmung sich wieder zueignen, und wenn es das Heil oder der Kirche, oder NB. des Staates erheische, diese, auch ungeachtet alles päbstlichen Widersprechens ausüben sollen: gleichsam als könnte man auch ohne Urtheile des höchsten Kirchenhauptes gesetzmäßig wissen, wann so eine Zurücknehmung der zufälligen Rechte des Pabstes für das Heil der Kirche erforderlich sey,

oder

oder nicht. d) Daß er den Souverainen die Gewalt als richtig zugiebt, auf die Einklage eines Beschwerten nochmal untersuchen zu dörfen, ob die Entscheidung der Hierarchen, NB. auch in blos geistlichen Händeln rechtmäßig geschehen, oder entgegen nur thätlich - Via facti - gehandelt sey worden: gerade als wenn die Vorsteher der Kirche nicht souverain, sondern in Rücksicht auf die weltlichen Fürsten, nur ihre untergeordnete Obrigkeit wären. e) Daß er behauptet, und zwar ohne mindesten Grunde, ja wider die ganze Verfassung des Kirchensystems, die Regenten haben das Recht, die weitschichtigen Bißthümer in mehrere zu theilen; die einfachen Beneficien zu unterdrücken; die Mehrheit der geistlichen Pfründen für eine Person nicht zu gestatten. f) Daß die Bischöfe keine eigene Gewalt besitzen, die Verbrechen der Christen, heißen sie auch, wie sie immer nur wollen, mit zeitlichen Strafen zu strafen ꝛc. Mehrere dergleichen ungesegnete Sätze fallen mir wirklich nicht bey, die ich in den obernetterischen Einleitungen fand: ich glaube aber, schon diese entschuldigen mich hinlänglich, daß ich darüber in Eifer entbrann.

Pf. A.

Pf. A.

Sie denken gerade wie ich: denn auch mir schienen diese Sätze für einen Priester und Mönch gar nicht anständig zu seyn; nicht zwar, als wenn Priester und Mönche keine Pflicht hätten, die Wahrheit zu lehren, sondern weil diese Sätze, wie ich von ihnen urtheile, der Wahrheit entgegen, und nicht einmal nur im untersten Grade wahrscheinliche sind.

Pf. B.

Aus allen den Sätzen, die ich ihnen hergesagt habe, schmerzt mich recht sonders der letzte von der Herabsetzung der Bischöfe Gewalt. Begehet etwan ein Sohn oder Tochter, die noch unter der Macht ihrer Aeltern stehen, einen merklichen Fehler, oder Ausschweifung, wird Niemand läugnen, daß der Vater oder Mutter das Recht haben, solche ausschweifende Kinder zu straffen, sie auf einige Täge in ein Zimmer zu versperren; an Speise und Tranke ihnen Abbruch zu thun; gewisse Lustbarkeiten nicht zu gestatten u. s. w.

Aergert aber ein Christ mit leichtfertigen Leben die gläubige Gemeinde, verletzt er die Gebothe der Kirche oder die göttlichen selbst schon auf die gräulichste Weise, da hat der Bischof, wenn es dem P. Obernetter nachgeht, kein anderes Recht, als so einen Christen zu seiner Verbesserung und Strafe, oder für immer, oder auf eine zu bestimmende Zeit aus der Kirche zu stössen, oder ihm die geistlichen Heilsmittel zu entziehen, nicht aber gewisses Fasten, Bethen und andere Bußwerke anzubefehlen. Ich gestehe, dieser neugebackene Satz macht mich wider den Mann nicht wenig entrüstet.

Pf. A.

P. Obernetter führt aber doch für seine Sache die göttliche Schrift, und mehrere Stellen aus den heiligen Vätern an, und saget dreist weg, daß diese Strafegewalt der Schrift schnur gerade entgegen sey.

Pf. B.

Ich weiß, diese ziehet er an §. 880. aber so elend und unglücklich, daß ich nicht fasse, wie es ihm möglich gewesen, seinen unrichtigen Satz auf selbe zu gründen.

Pf. A.

Damit wir nicht irren, wollen wir immer den Author selbst aufschlagen ... Sein erster Schrifttext steht bey Matth. 18. 18. Was ihr auf Erden binden werdet, das wird auch im Himmel gebunden seyn, und was ihr auf Erden auflösen werdet, wird auch im Himmel aufgelößt seyn.

Pf. B.

Was folgt nun aber hieraus? Daß die Bischöfe, weil sie die Gewalt die Sünden zu vergeben, oder zu behalten erlanget haben, keine zeitliche Strafen für die Sünden außer dem Bußgerichte auflegen können? Nicht einmal im Traume hätte ich so gefolgert.

Pf. A.

Sein zwoter Schrifttext ist wieder aus dem Matth. 28. 19. genommen: Gehet hin, und lehret alle Völker; taufet sie im Name des Vatersters, des Sohnes, und des heiligen Geistes. Ist nicht hierauf der richtige Schluß: Ergo dürfen die Bischöfe den Sündern keine zeitliche Strafen auflegen?

Pf. B.

Gerade so richtig ist, dieser Schluß, als wenn ich so schloß: Der Heiland hat die Apostel zu lehren und zu taufen geschickt: Ergo dürfen sie nicht mehr Fleisch essen, nicht mehr Wein trinken, nicht mehr in einem Federbette schlafen. So wenig der Gottmensch in der angeführten Schriftstelle das Letzte verbothen, so wenig verboth er auch ihnen in selber die Sünder zeitlich zu strafen.

Pf. A.

Den dritten Schrifttext führt er aus Johan. 20. 21. an Ich sende euch, wie mich der Vater gesandt hat ... nehmet hin den heiligen Geist, denen ihr die Sünden werdet vergeben, und welchen ihr sie werdet behalten, denen sind sie behalten. Wo stehet nun da eine einzige Sylbe von der Gewalt, die Sünder mit zeitlichen Strafen belegen zu dürfen? Oder hat

viel-

vielleicht der himmlische Vater seinen göttlichen Sohn auf die Erde gesandt, die Sünde zeitlich zu strafen, nicht selig zu machen? So fragt P. Obernetter.

Pf. B.

In dieser Schriftstelle meldet der Heiland auch nichts von der Gewalt **geistlich** zu strafen: oder hat vielleicht der himmlische Vater seinen göttlichen Sohn auf die Erde gesandt, die Sünder geistlich zu strafen, nicht selig zu machen? Gebührt nun deßwegen die Gewalt geistlich zu strafen den Aposteln und ihren Nachfolgern den Bischöfen nicht? Noch niemal hat ein Theolog so wiedersinnig gelehrt, daß sich aus jedem Schrifttexte **alle** Rechte der Bischöfe erweisen lassen. Ja, es wäre so ziemlich protestantisch gesprochen, wenn ich so spräche: Dieses bischöfliche Recht finde ich nicht in der Schrift, also kömmt es den Bischöfen sicher nicht zu. Katholiken sehen noch neben der Schrift, was ihnen die Väter, die Tradition und Concilien sagen.

P. A.

Hat nicht aber der Heiland, fährt Obernetter in seinen Zitationen fort, Matth. 10. 16. & seqq. zu seinen Aposteln ausdrücklich gesagt: Sehet,

Sehet, ich sende euch wie die Schafe mitten unter die Wölfe? ... und wenn euch die Leute in einer Stadt werden verfolgen, so fliehet in eine andere? Also sanftmüthig seyn, und Verfolgung ausweichen, nicht aber mit Strafen über die Bösewichte herfahren, ist das von Christus seinen Aposteln und Bischöfen hinterlassenes Erbe.

Pf. B.

Und doch lassen sich nicht wenige Stellen aus den Sendschreiben des Paulus aufweisen, in denen er vom Strafen ausdrücklich meldet, z. B. 1. Korinth. 4. Wollet ihr, daß ich zu euch komme **mit der Ruthe**, oder mit Liebe und Sanftmuth. 2. Korinth. 10. Wir haben in Bereitschaft **allen Ungehorsam zu strafen.** 2. Korinth. 13. Ich schreibe euch dieses abwesend, damit ich nicht etwan, wenn ich gegenwärtig seyn werde, Ursache habe, nach der Gewalt, die der Herr mir gegeben, **strenger mit euch zu verfahren**, 1. Timoth. 5. welche öffentlich sündigen, **diese Strafe auf so eine Weise**, daß die übrigen daran erschrecken. Tit. 2. **Strafe**, ermahne, drohe. Die Auslegung also des Textes Matth. 10. 16. & seqq. giebt sich von selbst, daß er allein für jene Fälle Platz habe, wenn entweder die Strafen mehr würden schaden, als nützen, oder wenn die Verfolger nicht Christen, sondern Ungetäufte, die nicht unter den Gerichtsstab der Hierarchen gehören, seyn sollten.

Pf. A.

Noch eine wichtige Stelle führt der Author wider die Strafegewalt der Bischöfe an aus Luk. 21. 12. & seqq. da sagt er, heißt es also: Sie werden ihre Hände an euch legen, euch in die Synagogen und Kerker überantworten, und vor Könige und Landpfleger hinschleppen. . . durch eure Geduld werdet ihr eure Seelen erhalten. Könnte was klärer gesagt werden, daß die Apostel und Bischöfe nicht strafen, sondern Geduld den Religionsfeinden entgegen setzen sollen? Zudem, als Pilatus den Erlöser gefragt, ob er der König der Juden sey, was gab er zur Antwort? Nicht wahr: Mein Reich ist nicht von dieser Welt? Ist aber Christus Reich nicht von dieser Welt, so hat er ja seinen Aposteln auch keine weltliche Macht hinterlassen.

Ha-

Haben sie, die Apostel keine weltliche Macht von dem Heilande erhalten, wie können sie weltliche Strafen auflegen? Der Pater raisonirt halt doch nicht gar so ungeschickt.

Pf. B.

So geschickt, daß sie kaum selbst das Lachen zurückhalten können. Religionsfeinden müssen freylich die Bischöfe nur Flucht und Geduld entgegen setzen, wenn sich was anders vernünftiger Weise nicht thun läßt. Ja die Könige selbst müssen diese zwey Mittel ergreifen, wenn es geschieht, daß wider sie gähling eine Aufruhr entsteht, die sie zu dämpfen außer Stande gesetzt sind. Haben deßwegen die so übermannten Könige keine Gewalt die Aufrührer zu strafen? Kräften genug haben sie nicht, Gewalt aber, und Recht haben sie ganz richtig. Eben so muß man von den Bischöfen gedenken. Verfolgen sie christliche oder unchristliche Regenten, denen sie nicht an Kräften gewachsen, da fodert es Klugheit, nicht mit Strafen herumwerfen noch mehr Oel in das Feuer zu gießen, sondern mit standhafter Geduld das Verhängniß großmüthig aushalten, ja so gar selbst, wenn es die

Umstände erheischen, sich flüchtig zu machen. Dadurch verlieret die Strafemacht der Hierarchen an Richtigkeit nichts, wie es die Kaiser Theodosen Leonen, Isauren, Henrichen und Friederichen erfahren. Die Antwort des Heilandes auf die Frage des Landpflegers Pilatus: Mein Reich ist nicht von dieser Welt: hat gar nichts zu sagen; denn damit wollte er nicht mehr anzeigen, als daß er das weltliche Reich, welches ihm zwar als einem Abstämmlinge aus dem Haus Davids rechtmäßig gebührte, durchaus nicht suche, wie ihn die Juden anklagten. Folget nun aber hieraus: so hatte denn Christus keine Gewalt, aus geistlicher Absicht die Sünder zeitlich zu strafen? Ich dächte, so wenig folge das, als wenn ich so folgern sollte: der Vater des Sohnes Andreas besitzet kein weltliches Reich; so kann er demnach gegen demselben weder Ruthe noch Stecken oder zur Besserung oder zur Strafe der verübten Mißtritte gebrauchen, weil die Ruthe und Stecken was Zeitliches ist.

Pf. A.

Ja, hätte weder der Heiland noch seine

Apo-

Apostel eine Gewalt gehabt, aus geistlicher Absichte zeitlich zu strafen; wie ist dann geschehen, daß selbst der Erlöser eine Geisel aus Stricken geflochten, und mit dieser die Verkäufer und Käufer aus dem jerosolimitanischen Tempel ausgepeitscht hat? Wie ist es geschehen, daß Petrus den Ananias und seine Hausfrau Saphyra mit dem gählingen Tode gestraft; Paulus aber den Blutschänder zu Corinth zum Untergange des Fleisches dem Satan überantwortet, und den Zauberer Elymas mit der Blindheit geschlagen hat? Sind diese nicht alle nur zeitliche Strafen?

Pf. B.

Das waren Miracke1, giebt P. Obernetter zur Antwort. Aus Mirackeln läßt sich aber nichts schließen.

Pf. A.

Daß die Auspeitschung der Verkäufer und Käufer ein Mirackel gewesen, habe ich noch niemal in einem heiligen Vater gelesen. Ja, da selbsten die Juden Johan. 2. 18. in dem nämlichen Zeitpunkt den Erlöser gefragt: durch was

 für

für ein Zeichen — oder Wunder — beweisest du uns, daß du diese Dinge thun dörfst: muß alles so ziemlich natürlich hergegangen seyn: denn sonst mit welcher Vernunft hätten sie nochmal ein Wunder können verlangen, wenn schon die Auspeitschung selbst ein Mirackel gewesen wäre? Auch den Aposteln fiel bey diesem ganzen Hergange nicht das geringste von einem Mirackel, sondern dieses einzige bey: der Eifer für das Hause Gottes hat ihn ergriffen. Was ersinnt man nicht aber alles, wenn man nicht Wahrheit, sondern nur Neuigkeit liebt?

Pf. B.

Was aber Petrus und Paulus gethan, das werden sie doch für wahre Mirackel selbst halten?

Pf. A.

Ja, das halte ich für wahre Mirackel. Was folgt nun daraus?

Pf. A.

Daß also aus ihrer mirakulosen Gewalt sich zu Gunste anderer Bischöfe nichts lasse schließen, als

als welchen der Heiland nicht, wie den Aposteln, die Macht Wunder zu wirken gegeben.

Pf. A.

Mit dieser Ausflucht ist gar nichts geholfen: denn ich frage: Nützen die zeitlichen Strafen zu dem geistlichen Endzwecke der Bischöfe, oder nützen sie zu ihrem geistlichen Entzwecke nichts? Nutzen sie nichts, wie konnte geschehen, daß ungeachtet dessen Gott selbst den Aposteln die Wundermacht gab, zeitliche Strafen über die Sünder zu verhängen? Giebt Gott etwan die Kraft Miracklel zu wirken nur eitel zum Spaß und unnützen Dingen? Nutzen aber die zeitlichen Strafen zu dem geistlichen Endzwecke der Kirchenvorsteher, wie läßt sich noch wahrscheinlich behaupten, daß nicht der weiseste Gott den Bischöfen diese Gewalt zeitlich zu strafen, wenigst wenn es keiner Wunder bedarf, eingeräumt habe? Ist vielleicht der allgemein richtige Grundsatz nur in Rücksicht auf die Hierachen nicht wahr: Qui habet Jus ad finem, habet etiam Jus ad Media pro consequendo fine proficua?

Pf. B.

Ich mache also aus allem, was wir bisher mit einander gesprochen haben, diesen richtigen Schluß: Es ist demnach nicht wahr, daß die göttliche Schrift den Vorstehern der Kirche die zeitliche Strafemacht absprechе; ja sie redet vielmehr das Wort für diese Gewalt.

Pf. A.

Wie stehet es aber mit den heiligen Vätern, auf welche sich P. Obernetter weiters bezieht?

Pf. B.

Wie es mit diesen stehe? Sehr gut: denn die Stellen, die er aus ihnen angeführt, beweisen nur gar nicht, daß die Bischöfe keine Gewalt haben, aus geistlicher Absichte zur Strafe der Sünden kein Fasten, kein Wachen, kein Almosen, und andere dergleichen leibliche Werke auflegen zu können. Oder wie, folgt wohl aus den Worten des heiligen Athanas Apol. 2. **Der Religion steht eigenthümlich zu, nicht zu zwingen, sondern nur zu bereden**: folget, sage ich, aus diesen Worten,

daß

daß wenn einer die Pflichten der schon anerkannten Religion muthwillig übertritt, die Bischöfe diesen Böswicht auf keine Weise strafen dörfen? Hat doch Christus selbst, und die Apostel, wie wir oben angemerkt haben, dergleichen bosartige Leute hart gestraft, und zwar am Leibe gestraft. Wußten sie vielleicht nicht, was der Regent eigenthümlich sey? Gleichfalls beweisen auch wider die zeitliche Strafemacht der Bischöfe nichts die Worte des heiligen Chrysostomus Hom. 4. de Verb. Isai. **Dem Könige sind die Leiber, dem Priester die Seelen zu besorgen übergeben. Jener zwingt, dieser ermahnet allein. Der König hat sinnliche Waffen, der Priester die geistlichen.** Denn daß dem Könige die Leiber, und dem Priester die Seelen übergeben sind, daß zeiget mehr nicht an, als daß der Regent das Weltliche, der Priester aber das Geistliche der Menschen besorgen muß; nicht aber, daß der Priester, wenn er es zum Heile eines Sünders für gut erachtet, diesem zur Strafe seiner Uebertretungen keine Fasten, keine Almosen, und andere dergleichen Werke auflegen könne. Oder mit welcher Sylbe sagt wohl dieses Chrysostomus? Wieder, daß der König sinnliche, der Priester geistliche Waffen habe, beweiset nur, daß der Priester die Vollziehung seiner aufgelegten Strafen nicht wie der König aus irdischen Absichten; sondern allein aus geistlichen betreiben könne; daß der Priester oder Bischof aber kein eigenes Recht besitze, solche Strafen auf die Vergehungen der Christen aus geistlicher Absichte zu schlagen, die dem Leibe beschwerlich sind, behauptet abermal der heilige Vater mit keinem Worte. Endlich daß der König zwinge, der Priester nur ermahne, als lange durch das alleinige Ermahnen die Verbesserung eines Sünders zu hoffen ist, bin ich gänzlich einverstanden. Daß aber der Bischof immer nur ermahnen, niemal strafen und den Uebertreter zu der Strafe mit geistlichen Zwangsmitteln anhalten müsse oder könne, ist der Gesinnung des Chrysostomus ganz entgegen; weil er ja selbst in seinem Schreiben an Pabst Innocenz inständig bittet, daß er diejenigen, die mit ihm wider alle Gerechtigkeit verfahren, zur strengen Strafe anhalten möchte: Illi autem, qui inique egerunt, *pœnis* Legum ecclesiasticarum subjaceant. Was der heilige

lige Lehrer (in epist. ad Tit.) weiters noch anführt: **Wird ein Bischof verachtet, ist seine Rache Weinen und Seufzen allein**: heißt mehr nicht, als daß keinem Bischofe sich zu rächen erlaubt, auch wenn er äußerst verachtet würde. Ist aber Strafen und Rächen ein Ding?

Pf. A.

Eben so unbedeutend ist auch die Stelle aus dem heiligen Gregor von Nazianz Orat. 1. in Julian. Imp. **Endlich hat die göttliche Güte durch die Zäher der Christen bewogen der Grausamkeit des Kaisers ein Ende gemacht. Wider einen Verfolger sind die Zäher zu Gott das einzige Mittel.** Denn weil ja Gregor diese Worte nur zu dem Volke geredet, was läßt sich daraus wider die Strafegewalt der Bischöfe schließen? Hat vielleicht das christliche Volk die nämliche Macht, die ihre Bischöfe haben? Zudem redet auch Gregor nur von den Verfolgern allein, nicht überhaupts von was immer für fehlenden Christen. Ists aber nicht wider alle Regeln der gesunden Logik, die Worte, welche blos auf

gewisse

gewisse Personen und Umstände eingeschränket sind, gleich auf alle ohne Ausnahme ausdähnen? Helfe aber, was helfen kann. Wenn man einmal einen verworrenen Handel zu schützen sich in Kopf gesetzet hat, da raft man gemeiniglich Gerades und Krummes zusamm.

Pf. B.

Das abgeschmackteste, was noch bisher P. Obernetter vorgebracht, scheinet mir die Folgerung zu seyn, die er aus den Worten des H. Ambrosius heraus zu schmieden sucht. Der Heilige sagt Orat. in Auxent. Ich weiß nicht zu widerstehen. Trauern kann ich, weinen kann ich, seufzen kann ich **wider die Waffen** ... meine Waffen sind meine Zäher .. anders kann ich nicht, und därf nicht widerstehen : ergo, folgert der kostanzische Kanonist, ergo weil Ambrosius selbst gesteht, daß er **wider die Waffen** nur seufzen und weinen dörfe, haben eben darum die Bischöfe keine Gewalt, nicht einmal den gemeinsten Sünder vom Pöbel zur Strafe seiner Vergehungen, zum Fasten, zum Wachen, zum Almosengeben, und andern dergleichen Bußwerken anzuhalten. Die ganze gelehrte te Welt rufe ich hier zum Richter an, ob nicht diese Consequenz mehr als tausend Meile Wegs von ihrem Vodersatz entfernet sey. Neben dem hat dann der heilige Ambros immer nur über die Ungerechtigkeiten und verübte Laster getrauret, geseufzet und geweinet? Hat er nicht auch den Ernsthaften und Strafenden gemacht? z. B. Da er auf das ungestimmste Begehren des Kaisers nicht eine einzige Kirche den Arianern abtrat; da er immerhin fest **auf die körperliche Bußgesetze der Kirche** hielt; da er so gar dem Kaiser Theodos selbst zur Strafe seiner verübten Blutvergießung zu Thessalonik den Eingang in die Kirche versagt, bis er nicht sich **zu der öffentlichen Buße** bequemet hat? Wer den ernsthaften, nicht immer nur seufzenden Ambros was näher zu kennen verlangt, der lese den vierzehnten Brief an seine Schwester Marcellina, und die Lebensgeschichte des Kaisers Theodos, wie es Bellarmin de Offic. Princip. L. 3. beschreibt.

Pf. A.

Daß aber P. Obernetter mit dem heiligen Augustin und Gregor dem Grossen so schnell durch-

durchmacht, nnd nur aus ihnen die minder bedeutenden Stellen Einwendungweise gegen sich anzieht?

Pf. B.

Das läßt sich leicht errathen. Sie taugten nicht in seinen Kram. Denn weil Augustin Epist. 133. ad Marcellin. viel zu deutlich von sich selbst erzählt, daß er aus jenen Donatisten-Klerikern, die die Priester Innocenz und Restitut ermordet hatten, durch die einzigen Ruthenstreiche das Bekänntniß ihres Verbrechen ausgebracht habe, welche Strafe bey den Gerichten der Bischöfe nicht selten vorgehe; fand er für gut, diese Anektote gänzlich wegzulassen. Welches sicher auch die Ursache ist, warum er ein zweifelhaftes Privilegium von Gregor dem Großen anzog, aber ganz schlau ververschwieg, daß eben dieser Pabst, wie es Johannes Diaconus L. 1. c. 31. in ejus vita bezeugt — einen Subdiakonen mit Streichen habe abstrafen lassen. Hätte Obernetter diese Geschichten auf die Bahne gebracht, wer würde nicht so geschlossen haben: hiemit ist ja ausgemacht, daß die Bischöfe auch zeitlich zu strafen

die

die Gewalt innehaben müssen. Bey solchen Umständen ist immer besser einen Ignoranten machen, als mit gezwungenen Verdrehungen sich viel den Kopf zerreissen.

Pf. A.

Mir fällt noch weiters bey, daß auch schon der heilige Pabst Syricius vor Augustin und Gregor in seinem Dekretalschreiben an den Bischof Himerius zu Tarracona unter andern verordnet habe, jene Mönche und Nonnen, die sich nach ihrer Profeßion verehlichet haben, einzusperren, folgsam körperlich zu strafen. So richtig= und wichtige Alterthümer nun vertuschen steht es schön für einen öffentlichen Lehrer?

Pf. B.

Mit den Kirchenversammlungen nimmt Obernetter gleichfalls den kurzen Weg: und ob ihm schon als einem belesenen Manne nicht unbekannt seyn kann, daß der erste Kirchenrath zu Macon 581. can. 8. der zu Orleans im Jahre 511. can. 13. der zu Tarracona im Jahre 516. can. 1. der Epaonensische im Jahre 517. can.

15. 22. 29. der zu Trient Seff. 25. cap. 3. und noch andere viele ausdrücklich zeitliche Strafen auf zerschiedene Verbrechen verordneten, führt er nur allein den zweyten zu Macon Einwendungsweise an, und sagt: da sie Verordneten die Uebertreter des Sonntags **mit Streichen abzustrafen**, dieß von den Bischöfen nicht aus eigener Gewalt, sondern aus Begünstigung des Königs Guntrame geschehen sey. Allein wer die Worte Guntrames: **Deßwegen wollen wir in Kraft dieses Dekrets, und allgemein beliebten Verordnung** des Conciliums nämlich — 2c. unbefangen liest, muß nothwendig schließen, daß König Guntram den Bischöfen die Gewalt zeitlich zu strafen nicht aus Gnade überlassen, sondern diese Gewalt selbst an den Bischöfen anerkannt, und was sie beschlossen, er nur befolget, und mit seiner weltlichen Macht unterstützet habe. Denn **in Kraft einer Kirchenverordnung** weltlicherseits etwas befehlen, was heißt das anders, als die Kraft, die Gewalt, das Recht der Kirchenversammlung annerkennen, und was diese beschlossen hat, vollstrecken? Doch dem P. Obernetter nicht gar zu stark zu Leibe

zu gehen, wollen wir annehmen, das König Guntrame auch **mitgebilliget** habe, was die Väter zu Macon beschlossen hatten. Folget wohl hieraus, daß er ihnen dadurch die Gewalt zeitlich zu strafen nur zu gelassen habe? Ich dächte nicht: denn **mitbilligen**, **miteinstimmen** heißt ja doch nicht delegiren, oder seine Gewalt einem andern verleihen.

Pf. A.

Selbst Fleury **Instit. J. E. Part. 3. cap. 8. de** ***pœnis*** **canonicis**, den man gewiß nicht einer Partheylichkeit gegen die Bischöfe beschuldigen kann, läugnet den Hierarchen die Gewalt nicht ab, daß sie die Uebertreter der Göttlich- oder Kirchengesetze **zeitlich** bestrafen mögen. Denn am angezogenen Orte sagt er in der Hauptsache also: Sowohl die geistlichen Strafen z. B. die Excommunication und Deposition, **als jene, die etwas weltliches** in sich schließen z. B. die Verurtheilung **zum Kerker**, **zum Almosengeben**, **zum Fasten** 2c. waren **von allen Zeiten** her in der Kirche gegen die Sünder üblich. Dieß sagt Fleury, der große Fleury, der bey vielen aus den heutigen Modegelehrten wo nicht grösseres, doch gewiß gleiches Ansehen mit jedem heiligen Vater hat, wenigst wenn es auf die Geschichte ankömmt.

Pf. B.

Was mag doch also die Grundursache seyn, daß Obernetter wider die Schrift, wider die Thatsachen der Väter, wider die Concilien, wider die Geschichte und immerfortdaurende Ausübung der Kirche, mithin, wie ich urtheile, wider die liebe Wahrheit in den hellen Tag hineinschreibt, daß die Bischöfe kein eigenes Recht haben, den fehlenden Christen zeitliche Strafen auflegen zu können? Ist etwa Ursache, oder gefallen zu wollen, oder Ruhm sich zu erwerben, oder sich höher zu schwingen?

Pf. A.

Immer wollen wir von unserm Mitpriester, wie überhaupts von jedem Mitmenschen das Bessere glauben; Gott aber allein die Prüfung des Herzens heimgestellet lassen. Nonne si bene egerit, recipiet; sin autem male, statim in foribus peccatum aderit?

Pf. B.

Pf. B.

Ich danke für die gute Erinnerung; denn schier hätte mich der Eifer zu weit getrieben.

Pf. A.

So was ist geschwind geschehen, wie ich selbst nicht nur einmal an mir erfahren habe. Uerigens thut gewiß auch mir innerst wehe, daß man heut zu Tage die ersten Minister und Sachwalter des Gottmenschen auf Erden sogar unter die Dorfschulmeister, die doch ihre Kinder noch immer abstrafen mögen, herabzuwürdigen sich bemühet.

Pf. B.

Und zwar aus dieser offenbar falschen Ursache sich bemühet, als wären die zeitlichen Strafen zu dem geistlichen Endzwecke der Bischöfe nicht angemessen, und tauglich; da man doch aus göttlicher Schrift bis zur Ueberzeugung weiß, daß Gott selbst nicht selten die Sünder zeitlich strafe, damit sie in sich gehen und gebessert werden.

Pf. A.

Ja, wenn das wahr seyn sollte, daß die zeitlichen Strafen zu dem geistlichen Endzwecke oder Seelenheile nichts beytragen, warum gebrauchte denn sich dieser die Kirche theils zur Züchtigung, theils zur Heilung der Sünder von allen Zeiten, wie wir vorher aus Fleury gehört? Und mit welcher Vernunft legen noch heut zu Tage wir Priester in dem Bußgerichte den Sündern Almosen, Fasten, Wachen und andere körperlich beschwerliche Werke auf, wenn sie nichts zum Heile der Seelen wirken? Zu dem, wenn die Lehre des P. Obernetters §. 882. von der Unnützlichkeit zeitlicher Strafen oder Peinlichkeiten zum geistlichen Endzwecke richtig wäre, würde nothwendig folgen, daß uns also der allgemeine Kirchenrath zu Trient übel betrogen, und wider alle Billigkeit gehandelt hätte, da er Seff. 14. can. 13. 14. 15. eben diese Strafen als **Genugthuungen** für die begangene Sünden, als **gottesdienstliche Werke**, und als Werke, die selbst **der Heiland zur Buße** bestimmet habe, mit den deutlichsten Ausdrücken angerühmet; jenen aber, die das Gegentheil

theil behaupten, das fürchterlichste Anatheme spricht.

Pf. B.

Auch selbst die Regenten **als Advokaten der Kirche**, mithin in diesem Betrachte **zum geistlichen Entzwecke** setzten nicht selten die geschärfesten zeitliche Strafen auf die Uebertretungen der Gesetze der Kirche: nützen nun aber diese zeitlichen Strafen zu dem geistlichen Entzwecke der Kirche nichts, wie können die Fürsten zu diesem nämlichen Ende zeitliche Strafen verordnen? Nothwendig aus zweyen muß man also eines zugeben: entweder daß die Regenten, wenn sie mit zeitlichen Strafen die Gebothe der Kirche betreiben, despotisch und heuchlerisch handeln, oder daß die zeitlichen Strafen **zum geistlichen Endzwecke der Kirche** etwas beytragen. Das erste wird Obernetter nicht sagen. Sagt er aber das zweyte, daß die zeitlichen Strafen **zum geistlichen Endzwecke der Kirche** beytragen, dann ist seine Lehre §. 882. & seqq. grundfalsch, und scheint von selbsten zu folgen, daß also die Vorsteher der Kirche auch zeitliche Strafen auflegen können, quia, qui Jus ha-

 bet

bet ad finem, etiam Jus habet ad Media pro consequendo fine proficua.

Pf. A.

Schulgerecht geschlossen! und in der That sehe ich nicht, wie ihre Schlußrede mit Grunde möge aufgelößt werden. Nur also eines sagen sie mir noch: kömmt den Bischöfen die Gewalt zeitliche Strafen über die Sünder zu verhängen aus dieser Ursache zu, weil diese Gewalt ihrem Amte anhängt, oder weil sie ihnen der Heiland aus Gnade gegeben hat?

Pf. B.

Ich weiß, so raisonirt P. Obernetter in seinen Anleitungen §. 883. Ohne aber hierüber ängstig zu werden, antworte ich, daß sowohl selbsten der Heiland den Aposteln und ihren Nachfolgern den Bischöfen die Gewalt zeitlich zu strafen mitgetheilet habe, als daß diese Gewalt dem geistlichen Amte der Bischöfe anhange. Das erste erhellet aus der heiligen Schrift, aus den Vätern der Kirche, aus den Concilien, und beständiger Ausübung der Kirche, wie wir bisher

her dargethan haben. Das zweyte aus dem, weil die zeitlichen Strafen, wie wir gleichfalls erwiesen, zum geistlichen Endzwecke der Bischöfe **mittelbar** dienen. Wie nun aber jedem Amte das alles zukömmt, was zu seinem Endzwecke **mittelbar** dienet, so läßt sich dem bischöflichen Amte die Gewalt zeitlich zu strafen unmöglich absprechen, weil nämlich die zeitlichen Strafen zum geistlichen Endzwecke der Bischöfe mittelbar dienen.

Pf. A.

Könnte man aber hierüber nicht sagen, daß auch hinwieder die geistlichen Strafen zum zeitlichen Wohlstande **mittelbar** dienen; folgsam daß auch die Regenten geistliche Strafen aus weltlicher Absichte auflegen mögen?

Pf. B.

Nein, das läßt sich nicht sagen; weil ja das Geistliche nicht wegen dem Zeitlichen ist, das Höhere wegen dem Niedern: hingegen ist aber das Zeitliche wegen dem Geistlichen, oder das Leibliche wegen der Seele, wie es Vernunft und weise Ordnung erheischt.

Pf. A.

Mit dieser Antwort bin ich gänzlich zufrieden; ja daß sie wahr sey, finde ich in meinem Herzen geschrieben: denn wenn ich mich frage, warum hat dir dein Gott einen vollkommen Körper, eine starke Gesundheit, zeitliche Mittel &c. gegeben? Höre ich allzeit diese Stimme inner mir: das du dich ihrer **als Mittel** gebrauchest, deinem Gotte auf Erden zu dienen, und dermaleinst selig zu werden. Frage ich aber weiters: Seele! du unsterblicher Geist! du schönstes Ebenbild des Unendlichen! zu welchem Ende habe ich dich durch den Hauche des Allmächtigen empfangen? Damit du für meinen Leibe **als deinen Herrn** Sorg tragest? Ihm niedliche Speise, Getränk, Kleidung und alle Bequemlichkeiten verschaffest, und in diesen Glückseligkeit suchest? Fühle ich mich innerst beschämt, daß ich von so edlem Geschöpfe, wie meine Seele ist, so niederträchtig gedenke, und sie bis zur der Thierklasse herabsetze. Wie also die Seele nicht wegen dem Leibe und das Geistliche nicht wegen dem Zeitlichen ist, so läßt sich nicht sagen, daß jemal die geistliche Macht der weltlichen mit-

tel-

telbar dienen, wohl aber diese der geistlichen, wenn es die Umstände erheischen, dienstbar seyn müsse: weil ja nur das, was wegen des andern ist, diesem andern dienen muß.

Pf. B.

Ich bin mit ihnen vollkommen verstanden.

Zweytes Gespräch

der

zween altmodischen Pfarrer A und B

im Allgeu

über

nachstehende

drey Gegenstände:

I.

Ob der christliche Regent als Regent in der Kirche sey?

II.

Ob es wahr, daß, was dem Staate nützt, der Religion nicht könne schädlich seyn?

III.

Ob die Verordnungen der Kirche, welche wahrhaft das geistliche Beßte des Staates zum Endzweck haben, schon allein darum von dem Regenten dörfen verworfen werden, weil er sie für das Zeitliche seiner Unterthanen schädlich hält?

1784

Videte, ne quis vos decipiat per Philosophiam, & inanem falaciam. secundum traditionem hominum, secundum elementa Mundi, & non secundum Christum.

Colossens. 2. 8.

Sehet zu, daß euch Niemand betrüge durch falsche Vernünsteleyen und eitle Trugschlüsse nach der Uebergabe der Menschen, nach den unrichtigen Grundsätzen der Welt, und nicht nach der Lehre Christi.

Pfarrer A.

Ist es wahr, daß Euer ꝛc. unser vor einem Monathe gehabtes Gespräch **von der Gewalt der Bischöfe in Rucksicht auf zeitliche Strafen** zu Papier genommen, und dem öffentlichen Drucke anvertrauet haben?

Pfarrer B.

Wirklich so ist es. Meine Absicht war aber keine andere, als vorzüglich unsere noch gutdenkende Allgeuer von jenen niderträchtigen, und falschen Begriffen zu bewahren, welche die heutigen Modegelehrten und Schartekenschreiber dem mindereinsichtigen Volke von der bischöflichen

chen Gewalt beyzubringen sich alle Mühe geben. Vielleicht lief doch auch nebenbey diese Absicht mit, daß ich gewissen Splitterrichtern unsers Vaterlandes in dem Werke erweise, daß wir allgeuischen Pfarrer nicht blos zum eiteln Zeitvertreibe, sondern auch solcher Ursachen willen, die unseres Berufes würdig sind, einander Visite abstatten.

Pf. A.

Glauben sie wohl aber, daß P. Obernetter, wenn er unser Gespräch im Drucke lesen wird, den Gleichgüligen machen, und nichts dagegen schreiben werde? mir scheinet es nicht; denn öffentliche Lehrer sind nicht gewöhnt, sich von gemeinen Landpfarrern das Argument unterstreichen zu lassen, weil ihnen insgemein das Poit honeur sehr stark am Herzen liegt.

Pf. B.

P. Obernetter mag wegen meiner eine Widerlegung unseres Gespräches schreiben, wenn immer es ihm beliebt, darüber erschrecke ich nicht. Mit Gottes Hilfe werde ich ihm gewisse Probe machen, daß auch ein gemeiner Landpfarrer und

ein

ein Dummkopf zwey sehr zerschiedene Dinge seyn.

Pf. A.

Ziemlich stolz, Herr Nachbar!

Pf. B.

Der Himmel bewahre mich vor Stolze! Ohne diesen sage ich noch einmal: auch ein gemeiner Landpfarrer und ein Dummkopf seyn zwey zerschiedene Dinge; besonders heut zu Tage, wo unsere hochwürdigsten Bischöfe alle ihre Wachtsamkeit darauf verwenden, daß nicht nur auferbauliche, sondern auch gelehrte Hirten auf dem Lande seyn . . . Daß wir Landpfarrer eben nicht, wie viele der heutigen Witzlinge mit gestrecktem Halse und spannischen Schritten einhertretten; daß wir unsere Haare nur gerade und und ungekräuselt über den Nacken herabhangen lassen; daß wir endlich auch nicht verlangen, Rabbi genennet zu werden, hieraus folget noch lange nicht, daß unsere Hüte nur Dummköpfe bedecken, in derer Hirnschaale nur leeres Stroh verborgen liegt.

Pf. A.

Lassen wir das. Sagen sie mir vielmehr, waß sie von diesem Satze halten, den ich erst vor wenigen Tagen in einer öffentlichen Gesellschaft von einem Mönche behaupten gehört habe: **Der christliche Regent als Regent sey nicht in der Kirche?**

Pf. B.

Diesen Satz haben sie von einem Mönche und zwar in einer öffentlichen Gesellschaft behaupten gehört? Ich glaube, sie spassen mit mit mir, weil ihnen bekannt ist, daß ich die Wahrheit lieb habe.

Pf. A.

Nein, ich spasse nicht. Das aber muß ich doch ihnen zum Troste auch beyfügen, daß der Mönch eben noch jung war, und die dreyßig Jahre noch nicht auf sich hatte; weßwegen ich mich auch mit ihm nicht einlassen wollte, und zu allem schwieg, was er sagte.

Pf. B.

Die übrigen Anwesenden, was sprachen aber sie?

Pf. A.

Immer lächelten sie auf einander hin, und sahen sich mit wechselseitigen Blicken an, die ich aber nicht weiß, ob sie Hohn oder wahres Gefallen zeigten. Weltleute sind so leicht nicht zu ergründen.

Pf. B.

Sogar also vor Weltleuten behauptete der Mönch den angeführten Satz? Welch eine Unbescheidenheit?

Pf. A.

Freylich Unbescheidenheit! Allein bey wie vielen kömmt kluges und bescheidenes Betragen vor vierzig Jahren? Ich selbst, wenn ich mich auf mein noch feuriges und nicht sattsam genug ausgereiftes Ater zurückgedenke, welche Aftermeinungen schützte ich nicht, ohne zu sehen, vor wem, um nur für einen Menschen von feinerm Schrote gehalten zu werden? Gar gerne verzeihe ich also dem Mönche seine Jugendsünde, und ich wünsche, daß es auf gleiche Weise auch Gott seinem Obern verzeihen wolle, auf dessen Rechung fast alle Fehler der Religiosen kommen. Denn wo immer ein Klosteroberrer streng auf gute Sitten hält, zumal kernhafte Uuterrichte giebt, wie sich seine Leute vor den Auswärtigen zu verhalten haben, da wird man gar selten bey einem seiner Mönche Vergehung wahrnehmen.

Pf. B.

Hierinn bin ich wieder durchaus mit ihnen einverstanden. Sagen sie mir itzt aber, was dann auch der Mönch für Gründe zum Beweise seines Satzes vorgebracht habe.

Pf. A.

Der erste war dieser: Man ließt in der ganzen Schrift des neuen Bundes nich eine Sylbe einiges Unterrichtes für die Regenten: gehörten aber die Regenten **als Regenten** auch in die Kirche, würde ihnen gewiß entweder der Heiland, oder seine Apostel, eine Vorschrift vorgelegt haben, nach der sie ihre Regierung einrichten sollten.

Pf. B.

Daß weder der Heiland, noch ein Apostel für die Regenten besondere Regeln geschrie-

ben,

ben, läßt sich nicht läugnen. Allein warum thaten sie dieß nicht? Das weiß kein sterblicher Mensch. Und doch soll aus dem, was Niemand weiß, warums nicht geschehen, der richtig gewisse Schluß folgen; ergo sind die Regenten als Regenten nicht in der Kirche. Ueber so eine elende Folgerung wer muß nicht von Herzen Mitleiden tragen? Welcher getauft ist, und rechtmäßig glaubt, ist ein Mitglied der Kirche mit all seiner Moralität, Gesetz, Zucht, und leitungsfähigen Eigenschaften. Wenigst nahm der Heiland die Regenten als Regenten mit keiner Sylbe aus, als er seinen Jüngern befohlen hat: Gehet hin in alle Welt, taufet alle Völker, und lehret sie, in was immer für einem Range und Würde sie sind, alles halten, was ich befohlen habe. Mit welchem Scheingrunde also läßt sich behaupten, daß die Regenten als Regenten, wenn sie getauft sind, nicht gleich andern Getauften an das Gesetz Christ gehalten, und seine Kirche zu hören verbunden seyen? Zudem sagt nicht ausdrücklich Ambrosius (*): Die

 grö-

(*) Quid honorificentius, quam ut Imperator Ecclesiæ filius esse dicatur? ... Imperator bonus

größeste Ehre eines Kaisers ist diese, daß er ein Sohn ist der Kirche? Und wieder: Ein guter Kaiser ist in der Kirche, nicht über die Kirche; bey dieser suchet er Hilf, und verachtet sie nicht? Saget nicht gleichfalls Gelasius der römische Pabst (*): Zwey Dinge sind, Durchlauchtigster Kaiser, durch welche vorzüglich diese unterirrdische Welt regieret wird, das Ansehen der Päbste und Bischöfe, und die königliche Gewalt. In diesen hat aber die Macht der Priester um so größeres Gewicht, als sie sogar auch für die Könige selbst vor dem göttlichen Gericht werden müssen Rechenschaft geben. Wären nun aber die christlichen Regenten als Regen-

bonus intra Ecclesiam est, non supra Ecclesiam. Bonus Imperator auxilium quærit Ecclesiæ, non repudiat. Ep. 33. ad Marcellinam Sororem.

(*) Duo sunt, Imperator Auguste, quibus principaliter hic Mundus regitur: Authoritas sacra Pontificum & regalis Potestas. In quibus tanto gravius est pondus Sacerdotum, quanto etiam pro ipsis Regibus in divino sunt reddituri Examine rationem. Can. 10. dist. 96.

genten nicht in der Kirche, warum sollten die Päbste und Bischöfe vor Gottes Gericht für sie Rechenschft geben, da doch Paulus ausdrücklich geschrieben hat: was gehen jene mich an, die sich außer der Kirche befinden? 1. Corinth. 5. 12. Johannes VIII. einer der gelehrtesten Päbste, der dabey nicht wenig nachgiebig und furchtsam auf die Regenten war, drücket also sich aus (*): Ist der Kaiser katholisch, so ist er **ein Sohn**, nicht aber ein Vorsteher der Kirche.. Denn der Herr hat es geordnet, daß die weltlichen Mächte, wenn sie Gläubige sind, **den Priestern der Kirche unterthan seyen**... Christliche Kaiser müssen in dem, was sie zu vollstrecken gedenken, und eine Sache ist, welche die Vorsteher der Kirche angehet, **gegen diese sich ge-**

 hor-

(*) Si Imperator catholius eft, filius eft, non Præſul Eccleſiæ.. Ad Sacerdotes enim Deus voluit, qnæ Eccleſiæ diſponenda ſunt, pertinere, non ad ſæculi Poteſtates: quas, ſi fideles ſunt, Eccleſiæ ſuæ Sacerdotibus voluit eſſe ſubjectas... Imperatores chriſtiani ſubdere debent executiones ſuas eccleſiaſticis Præſulibus, non præferre. Can. 11. diſt. 96.

horsam erzeigen, nicht aber sich ihnen vorziehen. Endlich sprach auch Possuet zu Ende des verflossenen Jahrhunderts in einer Rede, die er an die französische Geistlichkeit gehalten hat, folgende Worte: Alles ist den Schlüsseln, die Petrus erhalten hat, unterworfen; alles, meine Brüder! Könige und Völker, Hirten und Heerden ꝛc. Wie könnte man deutlicher sagen, daß die christlichen Regenten **als solche** **betrachtet** zu der Kirche gehören?

Pf. A.

Das zweyte Argument lautet also: Der christliche Regent hat seine weltliche Macht nicht von der Kirche, sondern von dem nämlichen Gott, von welchem die Kirche ihre geistliche hat. Hat aber der christliche Regent seine Macht nicht von der Kirche, so gehört auch diese Macht und **er als Machtträger** nicht in die Kirche; ausser man wollte nur behaupten, daß auch alle Wiesen und Aecker, alle Buden und Kaufläden, alle Dörfer und Städte zur Kirche gehören, wenn diese christliche Bauern, Handels- und Kaufleute, christliche Herren und Fürsten besitzen.

Pf. B.

Auch weder das zeitliche Leben, noch der zeitliche Tod der christlichen Menschen kömmt **von der Kirche**: folgt wohl aber hieraus, daß also die christliche Menschen oder **als lebendige**, oder **als todte betrachtet** nicht zu der Kirche gehören? Gewiß keine vernünftige Seele wird diese abgeschmackte Folgerung zugeben. Ist sie nicht aber durchaus derjenigen gleich, die der Mönch in seinem Argumente also vorträgt: Die christlichen Regenten haben **ihre Macht nicht von der Kirche**, folgsam gehören sie auch **als Regenten** nicht zu der Kirche? Es kömmt nicht darauf an, **von wem** die Regenten ihre Gewalt empfangen, damit man wissen könne, ob sie in die katholische Kirche gehören, oder nicht; sondern diese Frage muß aus diesem entschieden werden, ob sie getauft seyn oder nicht. Sind sie nicht getauft; dann hat mit ihnen die Kirche nichts zu thun, weil man durch den Tauf allein in die Kirche eingehet, und ihr Mitglied wird. Haben aber die Regenten den Tauf einmal empfangen, dann machen sie gleich allen andern Getauften einen Theil der Kirche aus,

 und

und werden dieser in dem, was das Geistliche und Heil der Seelen belanget, durchaus unterthan. Oder wo steht wohl die Ausnahm für die Regenten? Daß weder die Aecker und Wiesen, weder die Buden und Kaufläden, noch die weltliche Macht (in abstracto) betrachtet, zu der Kirche gehören, hat noch niemand verneinet, weil alle diese Dinge noch zur übernatürlichen Seligkeit, noch zum Empfange einiger Sittenregeln eine Fähigkeit haben: haben wohl aber die Bauern als Bauern, die Kaufleute als Kaufleute und die Regenten als Regenten auch keine Fähigkeit, oder selig zu werden, oder Sittenlehren zu empfangen? So widersinnig glaube ich nicht, das der Mönch denke. Viel besser für seine Ehre hätte er also gethan, wenn er so unpassendes Wirrwarr nicht vorgebracht hätte.

Pf. A.

Der Regent ist nicht getauft als Regent, sondern nur als ein Abstämmling von Adam: wie kann er also als Regent zur Kirche gehören? So raisonierte der Mönch drittens, und gleichsam schon siegend.

Pf. B.

Auch der Mönch ist nicht als **Mönch**, der Priester nicht als **Priester**, der Bischof nicht als **Bischof**, der Pabst nicht als **Pabst** getauft, sondern blos als sündhafte Abstämmlinge vom Adam: läßt sich deßwegen behaupten, daß folgsam auch weder der Mönch, weder der Priester, weder der Bischof, noch der Pabst unter diesen Eigenschaften zur Kirche gehören? Den, der getauft ist, unterwirft der Heiland der Kirche mit allen seinen Standes- Amtes- und Rangeszufälligkeiten; weil sonst nothwendig folgen würde, daß die nämliche Person des Menschen zugleich selig und zugleich verdammt seyn könnte; selig **als ein Getaufter**, verdammt **als ein Regent**, der nach dem Systeme des Mönches, unter dieser Eigenschaft nicht getauft ist.

Pf. A.

Endlich war noch das vierte Argument des Mönches dieses: Der Regent hat **als Regent** seine eigenen souverainen Rechte, so, wie die Kirche ihre eignen hat. Niemand, ausser

Gott ist er schuldig von seiner Regierungsart Rechenschaft zu geben. Gehörte nun der Regent **als Regent** zu der Kirche, so wären ja seine Rechte der Kirche, wie er selbst, unterworfen, folgsam nicht souverain. Ja er könnte eben darum auch von der Kirche über seine Regierungsart belanget werden. Nothwendig muß man also oder von den Regenten sich andere Begriffe machen, als die heut zu Tage angenommen sind; oder man muß zugeben, daß sie **als Regenten** nicht zu der Kirche gehören.

Pf. B.

Daß die christlichen Regenten eigene Rechte besitzen, die, wenn sie **nach der Vorschrift des natürlich- und göttlichen Gesetzes** ausüben, ihnen die Kirche weder einschränken, weniger wegnehmen darf, ist bey allen Gelehrten eine richtige Sache. Mißbrauchen aber die christlichen Regenten ihre Rechte und Macht oder gegen das Gesetz der Natur, oder gegen die Kirche, dann hat die Kirche nicht nur Gewalt, sie hierüber zu mahnen, sondern wenn keine Ermahnung verfängt, sie auch zu strafen, wenigst mit geistlichen Strafen: wovon uns die

achsteächtesten Kirchengeschichten in den Theodosen, Heinrichen, Friederichen, und mehrer anderer die unverwerflichsten Beyspiele liefern. Dieser Satz also: Die Regenten haben eigene **souveraine** Rechte, ist allein wahr in diesem Verstande, daß sie ihnen die Kirche nicht wegnehmen kann: daß aber die Regenten auch **wegen des Mißbrauches** ihrer **souverainen** Rechte von der Kirche nicht können bestraft werden, ist falsch, und eitle Schmeichelen. Aus welchem dann mir der weitere Schluß sehr richtig zu seyn scheinet, daß eben darum, weil die christlichen Regenten wegen sündhafter Regierung von der Kirche bestraft werden können, sie zu der Kirche auch **als Regenten** gehören; weil ja die Kirche niemand strafen kann, welcher ihr Mitglied nicht ist.

P. A.

Ja, wenn die christlichen Regenten **als Regenten** keine Mitglieder der Kirche seyn sollten, welche abscheuliche Folgen müßte man nicht in diesem Systeme zugeben? Nur eine und andere, wie sie gerade mir einfallen, will ich bemerken

Erst-

Erstlich würde folgen, daß die Regenten jene Sünden, die sie **als Regenten** begehen, zu beichten keine Pflicht hätten; weil niemand seine Sünden in dem Bußsakrament anzuklagen verbunden, der nicht oder wirklich zu der Kirche gehört, oder doch ehemal ihr Mitglied gewesen ist. Zweytens, daß auch die besten Handlungen, die die Regenten **als Regenten** ausüben, vor Gottes Augen verdienstlose wären: indem es **ausser der Kirche** keine verdienstliche Werke in dieser Vorsehung giebt. Drittens, daß die Regenten **als Regenten betrachtet** von allen Gesetzen der Kirche frey wären, z. B. von dem Kirchengesetze, zu gewissen Zeiten zu fasten, bey dem heiligen Meßopfer an gebothenen Tägen sich gegenwärtig zu stellen, die Feyertage zu halten, und sich in gewißen Graden der Sippschaft nicht zu verheurathen 2c. 2c. Viertens endlich würde auch folgen, daß, wenn die christlichen Regenten nicht **als Regenten** zu der Kirche gehören, sie eben darum oder zu gar keiner gehörten, oder aber nur zu solcher, die Gott nicht gefällt, und zu Erlangung des Himmels nicht hinreichend ist. Welcher noch rechtschaffene Katholik kann diese Folgen ohne Schauder anhören?

Pf. E.

Pf. B.

Ich einmal nicht. Ja ich hoffe gewiß, daß, wenn immer dem Mönche diese Folgen beyfallen sollten, er nicht mehr länger seinen elenden Satz werde behaupten, daß die christlichen Regenten **als Regenten** nicht zu der Kirche gehören: besonders wenn er noch weiters hören sollte, daß fast alle Regenten Europens sich **als Regenten** zu einer gewissen Religion mittels feuerlichstem Eyde bekennen müssen.

Pf. A.

Das gebe Gott! Allein bey heutiger Aufklärung ist Mode, nicht mehr, von jenem, was man behauptet hienach wieder zu weichen; sollte auch schon die Falschheit des behaupteten Satzes gänzlich erwiesen und die fühlbarste seyn.

Pf. B.

Heißt das nicht aber, der erkannten Wahrheit fürsetzlich widerstreben, und folglich eine Sünde begehen in den heiligen Geist; das ist, so eine Sünde, welche schwerlich weder in dieser, noch in der andern Welt wird Vergebung

erlan-

erlangen? Matth. 12, 32. Es kömmt noch dazu, was in unsern Tagen nur gar keine Seltenheit ist, daß man den erkannten Irrthum auch unter andere verbreite; daß man ihm Anhänger anwerbe: Himmel! wer mag es erklären, welch eine erschreckliche Rechenschaft dergleichen verführerischen Irrgeistern bevorstehe; besonders wenn es Sätze betrift, welche entweders für die Regenten schmeichelhaft sind, oder der Saame seyn können, daß zwischen ihnen und der Kirche Spaltung entstehe?

Pf. A.

Unter den Sätzen, von denen sie melden, die für die Regenten schmeichelhaft sind, und der Saame seyn können, daß zwischen der Kirche und den Regenten Spaltung entstehe, scheinet mir dieser nicht der letzte zu seyn, den viele unserer Modegelehrten den Großen der Erde als richtig vorspiegeln: **Das, was dem Staate im Zeitlichen nutzet, der Religion nicht könne schaden.** Denn giebt einmal der Regent diesem Satz Beyfall, so ist es fast nimmermehr möglich, daß die Rechte der Kirche ungekränkt

kränkt bleiben, und in der Folge zwischen der geistlich- und weltlichen Macht nicht Uneinigkeit entstehe.

Pf. B.

Sicher und gewiß. Denn weil die Regenten nicht alle gleiche Gesinnungen hegen, und der einte die Abschaffung dieses, der andere eines andern Kirchengesetzes z. B. der Fasten, der Feyertäge, der Ehehindernisse u. s. w. für staatnützlich ansehen dörfte, so würde unfehlbar geschehen (wenn die Regenten einmal den Satz: Was dem Staate im Zeitlichen nützt, kann der Religion nicht schaden: als richtig annehmen sollten) daß wirklich der einte die Fasten, der andere die Feyertäge, der dritte die Ehehindernissen, den verlobten ehelosen Stand abschaffen, folgsam in die Rechte der Kirche eingreifen würden. Gleichwie nun aber die Kirche so empfindliche Eingriffe nicht gleichgiltig ansehen könnte, so giebt sich von selbst, daß eben darum zwischen ihr und den Regenten nothwendig Zwiespalt entstehen, und also die Einigkeit scheitern müßte.

Pf. A.

Pf. A.

Schon dieser einzige Umstand ist in meinen Augen ein sehr starker Beweis, daß der angezogene Satz mit der Wahrheit nicht eintreffe; weil immer die Wahrheit nur gute, nicht böse Früchte hervorbringt. Was ist aber schlimmer, als Spaltung und Uneinigkeit zwischen der Kirche, und den Großen der Welt, welche, wie sie ganz gründlich erkläret, nothwendig müssen entstehen, sobald die Monarchen einmal den Satz als richtig annehmen, daß keine Verordnung der Religion einigen Schaden könne verursachen, welche den zeitlichen Nutzen der Staaten befördert.

Pf. B.

Unsere Modegelehrten raisoniren aber also: Was die Religion nicht verbeut, oder ihren Gesetzen nicht widerspricht, kann ihr nicht schaden: nun verbeut aber nirgends die Religion die Beförderung des zeitlichen Nutzens der Staaten, noch widerspricht diese Beförderung den Gesetzen der Religion: so kann folgsam ihr solche Beförderung unmöglich schaden. Wie? ist dieses Argument

gument nicht überzeugend, und wichtig genug, daß ihm die Regenten mit guten Gewissen beyfallen mögen?

Pf. A.

Mir scheint es nur gar nicht. Denn, ob es schon wahr ist, daß die Religion die Beförderung des zeitlichen Nutzens der Staaten nirgends verbiethe, NB. **so lange diese Beförderung geschieht ohne Nachtheil der größern Ehre Gottes, der Erreichung der christlichen Vollkommenheit, und mehrerer Sicherheit des ewigen Heils**; so verbeut sie doch besagte Beförderung, sobald es **gesetzmäßig gewiß ist**, daß die Ehre Gottes, die Erreichung der christlichen Vollkommenheit, und die mehrere Sicherheit des ewigen Heils was anders erfodern. Folgsam kömmt immer bey der Beförderung des zeitlichen Nutzens der Staaten die Hauptfrage darauf an: Wer hat zu bestimmen, ob diese und jene zum zeitlichen Nutzen der Staaten gemachte Verordnung, **weder zum Nachtheil der größern Ehre Gottes, weder der Erreichung der christli-**

chen

chen Vollkommenheit, noch der mehreren Sicherheit des ewigen Heils gereiche? Nach meinen, und wenn ich nicht irre, aller gutdenkenden Katholiken Systeme steht dieses Befugniß nicht weltlichen Regenten, sondern den geistlichen Vorstehern Ausschließungsweise zu; weil der Heiland nicht Fürsten, sondern ausdrücklich Bischöfe über geistliche Gegenstände zu urtheilen gesetzt hat. Akt. 20. Nun, was folgt wohl hieraus? geradehin dieses, daß also alle jene zum zeitlichen Beßten der Staaten gemachte Verordnungen als wirklich der Religion schädliche anzusehen seyn, welche die geistli- Vorsteher der Kirche oder der größern Ehre Gottes, oder der Erzielung der christlichen Vollkommenheit, oder der mehreren Sicherheit des ewigen Heils nachtheilig erklären: hiemit daß eben darum für alle Fälle kein Regent mit gutem Gewissen so folgern könne: Nirgends verbeut mir die Religion die Beförderung des zeitliche Beßten der Staaten: so kann ich dann ohne Verletzung der Religion alles befehlen, was immer zur Beförderung des zeitlichen Beßten meiner Staaten beyträgt.

Pf. B.

Ich wünschte nicht, daß diese ihre Antwort der freymüthige Freyburger hörte. Sicher würden sie nicht ohne Schnautze durchkommen.

Pf. A.

Das dörfte geschehen. Was achtet aber ein kaltblütiger Landpfarrer im Allgeu eine Schnautze? Er liebet die Wahrheit, und sucht eben nicht zu gefallen; quoniam Deus dissipavit ossa eorum, qui hominibus placent: confusi sunt, quoniam Deus sprevit eos. Oder sieht etwan der Herr Nachbar selbst meine Antwort für zu geringhaltig an?

Pf. B.

Nein, das dünkt sie mich keineswegs: denn weil ich fest glaube, daß **nach dem Endzwecke der Religion** immer der geistliche Wohlstand der Staaten vor dem blos zeitlichen müsse befördert werden, denke ich gerade, wie sie; daß nämlich die Beförderung des zeitlichen Nutzen der Staaten nur alsdann von der Religion gebilliget werde, **wenn nicht dadurch** das geistliche Beßte gehindert wird. Da nun aber nicht den Regenten der Erde, sondern den Vorstehern der Kirche das Befugniß zukömmt, gesetzmäßige Erklärung zu geben, was dem geistlichen Wohlstande der Staaten zur Hinderniß sey, so folget von selbst, daß allezeit die Regenten wider den Endzweck oder Absicht der Religion sich vergreifen, als oft sie die Beförderung des zeitlichen Nutzens der Staaten auf so eine Weise betrieben, welche die Vorsteher der Kirche für den geistlichen Wohlstand oder nachtheilig, oder hinderlich zu seyn erklären. Vergreifen sich aber die Regenten wider den Endzweck oder die Absicht der Religion, wenn sie zum zeitlichen Beßten der Staaten solche Gesetze oder Verordnungen machen, die nach dem Urtheile der Vorsteher der Kirche für den geistlichen Wohlstand der Bürger hinderlich sind, so sehe ich nicht, wie sie bey diesem Umstande ihr Gewissen hinlänglich und nach den Regeln der gesunden Moral beruhigen können.

Pf. A.

Von der nämlichen Gattung ist meines Erachtens auch der zweyte Beweis, den man zu

Behöc

Behörtung des Satzes : **Was dem Staate nützt, kann der Religion nicht schaden:** heut zu Tage vorbringt. Es heißt; die christliche Religion hat den Regenten der Welt nicht das geringste an ihren ehemaligen Rechten benommen : bey unsern Zeiten vermögen sie also eben jenes zum zeitlichen Nutzen ihrer Staaten zu verordnen, was sie vor Annehmung der christlichen Religion vermocht hatten. Wer weiß nun aber nicht, daß die Rechte der Regenten in Beförderung des zeitlichen Nutzens ihrer Staaten ehemal **ganz unbegränzt** gewesen.

Pf. B.

Sie sagen sehr recht, daß dieser zweyte Beweis von der nämlichen Gattung, wie der erstere sey; das ist, ohne Gewicht, und standhaften Grunde. Denn, ob man schon zugeben sollte, daß die christliche Religion den Regenten der Welt nichts an ihren Rechten habe benommen, so hat doch allezeit die Religion ihre sichere Vorrechte gehabt, welche bekränken zu dörfen bis diese Stunde noch keinem Monarchen zukam. oder nenne man mir jenen Beherrscher, dem die

Macht zustand, mit **Nachtheile**, oder **Hinderniß der größern Ehre Gottes**, der **Erreichung der Vollkommenheit in der Tugend und des ewigen Heils seiner Staatsbürger**, Gesetze zu machen? Ja, hat nicht der Schöpfer mit unauslöschlichen Buchstaben in aller Herzen geschrieben, daß wir ohne Ausnahme des Ranges und Standes, sowohl der Regent als der Unterthan, **zuerst und vor allem** die Ehre Gottes befördern, in der Tugend uns immer vervollkommnen, und dem Ewigen vor dem Zeitlichen nachstreben sollen? Dem christlichen Regenten kann besonders diese göttliche Anordnung nur gar nicht unbekannt seyn; weil sie der Heiland mit diesen deutlichsten Worten bey Matth. am 6. Kap. verkündiget hat: **Suchet zuerst das Reich Gottes und seine Gerechtigkeit.** Je nun; hat noch niemal ein Regent auf Gottes Erdboden das Recht innegehabt, mit Nachtheil oder Hinderniß der größern Ehre Gottes, der Erreichung vollkommener Tugend und des ewigen Heiles zeitliche, staatsnützliche Gesetze zu machen; wie läßt sich vernünftig behaupten, daß die Macht der Regenten, ehe noch die christliche Religion eingeführt führet worden, oder ohne Gränzen gewesen, oder daß sie, die Regenten, die Freyheit besessen, ohne Rücksicht auf die Religion für das zeitliche Beßte der Staaten gerade hin alles zu verordnen, was sie hierzu fürträglich erachtet haben? Mit Händen kann man also dann greifen, daß so eine Lehre anders nichts, als eitle Schmeicheley niederträchtiger Wohldiener sey.

Pf. A.

Gerade wie wir, denkt auch der berühmte und ausnehmend gelehrte Gregorius Zallwein, wenn ich nicht irre, Tom. 1. q. 1. cap. 7. §. 4. Seine Worte, wie ich sie noch innehabe, sind in der Hauptsache diese: **Die erste Pflicht aller Menschen ist die Religion; nach dieser als der vorzüglichen Richtschnur müssen nicht nur die Private ihre Unternehmungen, sondern auch gleichfalls die Regenten ihre Regierungsform einrichten** (*). Wer weiß nun aber nicht, daß

 die

(*) **Obligatio Religionis est primaria; ad hanc præ-**

die Religion diese drey unnachsehliche Pflichten allen erschaffenen Menschen vorschreibe: 1. den innern und äußerlichen Dienst Gottes. 2. Die immerfortgesetzte Vervollkommung seiner selbst. 3. Die Bestrebung um das ewige Heil? Muß aber der Regent nach diesen drey unnachläßlichen Pflichten der Religion, als nach der vorzüglichen Richtschnur seine Regierungsform einrichten; so fließt ja die natürlichste Folge, daß die Macht des Regenten in Beförderung des zeitlichen Nutzens seiner Staaten selbst von der Religion eingeschränkt sey, und er selben mit gutem Gewissen immer dörfe betreiben, sobald er solche Mittel einschlägt, entweder Verordnungen macht, durch welche oder der göttliche Dienst, oder die Vollkommung der Menschen und deren ewiges Heil gehindert wird.

Pf. B.

Was sie da aus Gregorius Zallwein anführen, das nämliche erinnere ich mich, auch in dem grundgelehr-

---

præcipue tanquam Cynosuram æque Principibus in Regimine Reipublicæ ac hominibus privatis in suis actionibus & officiis erit respiciendum.

gelehrten Eusebius Amort. Vind. Jurisd. eccl. Part. 3. und in seiner besondern Abhandlung, die er betittelt: Reflexiones & Principia meliora de Jurisdictione ecclesiastica opposita Principiis Poloni nobilis: nicht gar unlängst gelesen zu haben. Nur zu bedauren ist, daß man dergleichen gründliche Schriften entweder vor den Augen der Regenten verbirgt, oder sie ihnen so verächtlich entwirft, daß sie selbe ihrer Durchlesung unwürdig achten: denn eben hiedurch geschieht sodann unseliger Weise, daß die Regenten ihre Rechte niemal richtig erkennen, und von falschen Vorspieglungen geblendet, nicht selten ihre Hände bis in das Heiligthum ausstrecken.

Pf. A.

Gesetzt aber; es mache die Kirche, oder ihre Vorsteher da und dort gewisse Gesetze, die der Regent für das Zeitliche seiner Staaten und Unterthanen schädlich hält, die zumal aber wahrhaft das geistliche Beßte der christlichen Bürger zum Endzweck haben; mag nicht schon allein darum der Regent dergleichen Gesetze verwerfen, und ihre Vollziehung nicht für sich gehen lassen?

Pf. B.

Mich dünkt es aus mehrerer Gründen nicht. Denn 1. lauft ja wider alle gesunde Menschenvernunft, daß wenn zwo zusammentreffende Schädlichkeiten nicht zumal können vermieden werden, man in diesem Falle die geringere vor der größern vermeiden müsse (Damnum minus præ majori) Je nun; ist nicht aber jene die größere Schädlichkeit, welche den Menschen an der Seele als die nur ihnen an ihren zeitlichen Gütern zugeht? Hieran glaube ich nicht, daß ein wahrer Katholik auch nur zweifeln werde: weil ja der Heiland selbst gesagt hat: **Ist dann die Seele nicht mehr als die Speis, und der Leib nicht mehr als die Kleidung** (*) Und wieder: **Was nützt es den Menschen, wenn er auch die ganze Welt gewinnen, am Ende aber an seiner Seele Schaden leiden**

(*) Nonne anima plus est quam esca, & Corpus plusquam Vestimentum? Matth. 6. 25.

leiden sollte (*). Setzen wir also, daß die Vorsteher der Kirche so eine und andere Verordnung ergehen lassen, die zu sicherer Erzielung des ewigen Seelenheils der Christen, oder höchst fürträglich oder etwan gar menschlicher Weise (moraliter) nothwendig sind: soll wohl in dieser Hypothese der Regent solche Verordnungen unter dem Vorwande einigen zeitlichen Schadens abwürdigen, und also in der Folge gegen alle Vorschrift der Vernunft, und deutlichste Ausdrücke des Evangeliums, ohne Verletzung seines Gewissens machen dörfen, daß seine Unterthanen eher an ihren Seelen, als an ihrem Zeitlichen Schaden leiden? 2. Ist nach meinem Begriffe ein wahrhafter Schaden nichts anders als eine **Bekränkung des Rechtes, so Jemand besitzt (Læsio Juris alieni)** Nun möchte ich wissen, wessen Recht verletzet werde, wenn die Kirchenvorsteher Gesetze machen, die zwar ohne einigen Verlurst im Zeitlichen nicht mögen beobachtet werden, aber dabey zu

(*) Quid prodest homini, si Mundum universum lucretur, animæ vero suæ detrimentum patiatur? Matth. 16. 26.

zu sicherer Erzielung des ewigen Heils, oder höchst fürträglich oder gar etwan menschlicher Weise nothwendig sind? Muß denn nicht nach dem Gebothe sowohl der Natur als des Evangeliums immer das **Ewige** vor dem **Zeitlichen** befördert werden? Eher die Speis als die Seele Schaden leiden? Ja eher der Gewinn aller zeitlichen Güter der Welt weggelassen werden, als daß man die Seele einbüße? Läßt sich aber nicht erweisen, wessen Recht die Vorsteher der Kirche verletzen, wenn sie Gesetze machen, die zwar nicht ohne einigen Verlurst im Zeitlichen mögen beobachtet werden, aber dabey zu sicherer Erzielung des ewigen Heils oder höchst fürträglich, oder gar etwan menschlichen Weise (**moraliter**) nothwendig sind; wie kann jemal mit Grunde der Wahrheit ein Regent dergleichen Gesetze für dem Staate schädlich ansehen, und sie unter diesem Vorwande verwerfen? 3. Wenn die Regenten berechtiget sind, jene Gesetze der Kirche zu verwerfen, die sie als staatschädlich ansehen, so kann auch das nämliche ein jeweder einzelner Christ für seine Person thun.

Denn

Denn so wenig nach dem Systeme heutiger Modegelehrten die Kirchenvorsteher ganzen Staaten zu schaden von dem Heilande ein Recht haben erhalten, eben so wenig können sie eines aufweisen, daß es dem Hierarchen erlaubt sey, einzelnen Personen schädlich zu seyn. Oder wo steht dieses ausnehmende Recht? Läßt man nun aber zu, wie man zusammenhangend zu lehren unmöglich läugnen kann, daß auch der Privat jene Gesetze für seine Person verwerfen und nicht beobachten dörfe, die er für sich schädlich hält, welch eine elende Macht würde jene der Kirche seyn? Ich dächte, daß bey diesem Verhältnisse für sie weder Petrus, noch die übrigen Apostel vielen Dank dem Erlöser schuldig gewesen wären. 4. Muß ich fragen: Sind die Christen in den ersten dreyhundert Jahren die Gesetze ihrer Kirchenvorsteher zu erfüllen verflichtet gewesen, oder nicht? Das erstere glaube ich nicht, daß ein guter Christ auch heut zu Tage widersprechen werde. Giebt man aber zu, daß die ersten Christen dazu verbunden gewesen, dann frage ich weiters: wie könnten sie aber wissen, daß die ihnen gegebene Gesetze nicht dem Staate schädlich waren, da doch in diesem Stücke (nach den

heu-

heutigen Grundsätzen) die Regenten allein und Ausschließungsweise zusprechen haben? Ja waren sie nicht im Gewissen verpflichtet, besagte Kirchengesetze vor ihrer Erfüllung den Regenten anzuzeigen, um nicht etwan durch die Beobachtung bemelter Gesetze dem Staate schädlich zu werden? Hätten unsere heutigen Aufgeklärten zu jenen ersten Zeiten des Christenthums gelebt, würden sie sicher einer zu dem andern gesprochen haben: Die Gesetze unserer geistlichen Vorsteher verbinden uns so schlechter Dingen nicht; zuerst muß sie der Regent z. B. der Kaiser Nero, Domitianus auch einsehen, sie begnehmigen, und daß sie dem Staate unschädlich seyn, erklären. Großer Gott! wie weit geht man in unsern Tagen von den Gesinnungen und Betragen der ersten Christen hinweg, und doch stellet man sich an, als wenn man alles wieder nach dem altem Fuß einrichten wolle. Wehe euch Gesetzgelehrten! denn ihr habt den Schlüssel der Erkanntniß weggenommen; ihr selbst seyd nicht hineingegangen, und habt noch dazu andern gewehrt, die hineingehen wollten (*) 5. So lange man rückwerts

(*) Væ vobis Legisperitis, quia tulistis legem Scien-

werts von errichteten Staaten weiß, findet man auch immer, daß bey allen Völkern auf die Religion, das ist, auf die gottesdienstlichen Handlungen, auf die Tempel, auf die Opfer und Priester fast unsägliche Geldsummen verwendet worden, wie dieses der hochwürdigste Abt Anselm Desing Benedektinerordens in dem zweyten Theile seiner Abhandlung von den Gütern und Einkünften der Geistlichkeit, (gedruckt zu München 1769.) weitläuftig erweiset. Doch fiel bis auf unsere aufgeklärten Zeiten keinem Regenten ein, dergleichen zur Ehre besonders des wahren Gottes, gemachten Aufwand für staatschädlich anzusehen. Ja, wem die Theokratie der Jüden nicht ganz unbekannt ist, was Gott selbst diesem Volke von den Erstlingen, von den Zehenden, von den Opfern, von den Feyertagen, von dem Gerichte der Aussätzigen, von den Reinigungen, von den Gaben, von den Gelübden, von der Seelenlösung, und von dem Unterhalt des Tempels für Gebothe gegeben habe, der muß mit Händen greifen, daß nach

Scientiæ; ipsi non introistis, & eos, qui introibant, prohibuistis.

nach den Gesinnungen Gottes immer die Religion prächtig und kostbar seyn müsse.

Muß sie aber dieses seyn, mit welchem Rechte kann ein Regent jene Gesetze der Kirche als staatschädliche verwerfen, welche gerade zu die Ehre Gottes und das Heil der Seelen, hiemit die Religion zu ihrem einzigen Endzwecke haben, und zwar fast allemal nur mit unbeträchtlichem Nachtheile des Zeitlichen?

Von Unruhen läßt sich nicht einmal gedenken, daß solche durch die zweckmäßige Gesetze der Kirche entstehen werden, wenn anders ein Regent sich seiner Macht mit Ernste bedienen will: denn vermögen die Regenten ihre weltlichen Gesetze immer ohne Unruhe und allgemeine Zerrüttung in die Uebung zu bringen, warum sollen sie nicht das nämliche in Rüchsicht auf die Kirchensatzungen vermögen? 6. Ist aus der Kirchengeschichte offenbar bekannt, daß sowohl die Apostel als ihre Nachfolger in den drey ersten Jahrhunderten Gesetze gemacht, die eitel politisch betrachtet dem zeitlichen Nutzen mehr nachtheilig, als vortheilhaft waren; z. B. da sie die vierzigtägige Fasten eingesetzt, und alle Sonntäge

das

das Jahr hindurch zu feuren, das ist, von aller Handarbeit sich zu enthalten befohlen haben; da sie den Klerikern verbothen, für keinen Burger des Staats Bürgerschaft zu leisten. (*) Sich keiner weltlichen Geschäfften anzunehmen. (**) Kein Geld auf den Zins, wem immer außer, oder in dem Staate anzuleihen. (***) In keinem öffentlichen Gasthause, außer den Reisen; einige Speisen sich bereiten zu lassen. (****) Die christlichen Mädchen, ob sie schon wegen ihrer Menge nicht alle an rechtgläubige Män-

(*) Clericus fidejussionibus inserviens abjiciatur. Can. Apost. 20.

(**) Episcopus aut Presbyter, aut Diaconus nequaquam sæculares Curas assumant; sin autem, eijciantur. Ibid. can. 7.

(***) Episcopus aut Presbyter aut Diaconus usuras a Debitoribus exigens aut desinat, aut damnetur. Ibid. can. 44.

(****) Si quis Clericus in Caupona Cibum capere deprehensus fuerit, communione excluditur, excepto tamen eo, qui necessario in Itinere in commune diverterit hospitium. can. 53. ibid.

Männer getraut werden könnten, weder an Heyden, noch an getrennte zu verheurathen. (*) Kein Magistratamt zu versehen. (**) ꝛc. ꝛc. Hier frage ich nun, haben die Apostel und ihre nächsten Nachfolger das Befugniß gehabt, dergleichen Gesetze zu machen, oder nicht? Haben sie das Recht nicht gehabt: so haben sie unstreitig eine Sünde begangen, und fremde Rechte verletzt; welches doch ein Katholik zu behaupten sich nicht vermessen wird. Und wie oft wünschen die Neuerer die alte Kirchendisciplin zu rück? Hatten sie aber das Recht, angeführte vorgeblich staatschädliche Gesetze wegen des geistlichen Beßten zu machen, so können auch noch heut zu Tage die Kirchenvorsteher das nämliche, als oft es das geistliche Beßte erheischt. Können aber dieses mit Rechte die heutigen Vorsteher der Kirche, so haben ja eben

(*) Propter copiam puellarum minime dandæ sunt Virgines christianæ gentibus, neque Hæreticis, concil. Eliberit. can. 14. 16.

(**) Magistratum vero gerens anno, quo agit Duumviratum, prohibere placet, ut se ab ingressu Ecclesiæ cohibeat. Ibid. can. 56.

chen darum die weltlichen Regenten kein Recht, **unter dem Vorwand eines zeitlichen Schadens**, dergleichen vorgeblich staatschädliche Kirchengesetze zu kassiren; weil ja ein offenbarer Widerspruch ist, das Recht Gesetze zu machen besitzen, nicht aber zugleich auch das Recht innehaben, zu der Gesetzvollstreckung verbinden zu können.

Pf. A.

Nach meinen Begriffe ist alles sehr gründlich gesagt. Allein unsere heutigen Gelehrte sprechen dagegen also: Die Vorsteher der Kirche haben keine Gewalt von Christo erhalten, etwas, was dem Staate im Zeitlichen Verlurst bringet, zu verordnen. Was aber dem Staate Verlurst bringe, oder nicht, habe der Regent Ausschliessungsweise zu entscheiden: entscheidet er also nach gewissenhafter Ueberlegung, daß diese oder jene Verordnung dem Staate im Zeitlichen Verlurst bringe, so giebt sich von selbst, daß dergleichen Verordnungen der Kirchenvorsteher ohne Verbindlich- oder Gültigkeit sind.

Pf. B.

Was dem Staate im Zeitlichen Verlurst bringet, können freylich die Vorsteher der Kirche so lang nicht verordnen, NB. als nicht eine solche zeitlichen Verlurst bringende Verordnung das geistlich- und ewige Beßte erheischet. Erheischt aber das geistlich- und ewige Beßte eine solche Verordnung, welche zufälliger Weise einen zeitlichen Verlurst nach sich zieht, denn haben die Vorsteher der Kirche das Recht, dergleichen Verordnung ohne Bedenken ergehen zu lassen; weil ja das geistlich- und ewige Beßte, welches die Kirchenvorsteher zu besorgen, die Macht und die Pflicht haben, immer dem zeitlichen Vortheile vorgehen darf. Wie nun aber der Regent niemal mit Rechte urtheilen kann, welche Verordnung das geistlich- und ewige Beßte erheische, so kann er auch eben darum niemal gesetzmäßig entscheiden, daß diese oder jene Kirchenverordnung, welche zufälliger Weise einen zeitlichen Verlurst nach sich zieht, nicht mehr verbinde und gelte. Mit einem Worte: wenn es sollte geschehen, daß die Vorsteher der Kirche aus Erheischung des

geist-

geistlich = und ewigen Beßtens Verordnungen machten, welche nicht ohne Verlurst im Zeitlichen könnten beobachtet werden; folgte deßwegen nicht gleich, daß diese Verordnungen keine Verbindlichkeit haben; weil ja immer, wie schon mehrmal gemeldet ist worden, das Zeitliche dem ewigen Beßten, der Leibe und das Leibliche der Seele und dem Geistlichen nachgehen muß, und selbst die Apostel und ihre Nachfolger in den ersten Jahrhunderten des Christenthums dergleichen Gesetze gemacht, die mit gewissem Verlurst im Zeitlichen verbunden gewesen: in solchem Falle sind die Vorsteher der Kirche zu hören, ob und in weit sie wollen verbinden; gerade so nämlich, wie man den Regenten muß hören, wenn etwan ein Zweifel entstehet, ob sein Gesetz auch diesen und jenen Umstand begreife. Und dieses solle genug seyn für heut. Fällt uns ein andermal was mehreres ein, wird es schon wieder Gelegenheit geben, auch solches einander eröffnen zu können.

Pf. A.

Nur das erlauben sie mir noch zu unserm heutigen Gespräche beyzusetzen, welches mir diesen Augenblick beyfällt: Der weltliche Regent hat kein Recht, **unter was immer für einem Vorwande** ein giltiges Kirchengesetz zu machen; also hat er auch kein Recht, **unter was immer für einem Vorwande** ein gültiges Gesetz der Kirche zu verwerfen. Oder ist dann in unserm achtzehnten Jahrhunderte nimmermehr wahr: **Per quas Causas res nascitur, per easdem dissolvetur?** Kann anbey kein König des andern Königs seine Gesetze kassiren, wie sie auch immer aussehen mögen, mit welchem Befugniß soll ein Regent die Kirchengesetze, denen er doch selbst, wie jeder Christ gehorchen muß, aufheben können? Ist vielleicht die Kirche als Kirche erst in unsern aufgeklärten Zeiten unter die Gewalt und Bothmäßigkeit des weltlichen Regenten gekommen?

Etwas

an

Hrn. P. Philipert Obernetter,

öffentlichen Lehrer

der

geistl. Rechte und Kirchenzeschichte

auf

dem K. K. akademischen Lyzäum

in Kostnitz,

von einem steifen Liebhaber der Wahrheit

im Allgem.

1784.

Hujus nec Gloria nobis
Causa, nec Utilitas, sed fuit Officium.

Ovid. de Ponto.

Weder Eigennutz, noch Ehre, sondern Pflicht - gegen die Wahrheit - befahl mir dieß zu schreiben.

Hochgelehrter Herr P. Professor!

Warum es ihnen erst in diesem laufenden Jahre gefallen, Anleitungen zu dem Kirchenrechte in das Publikum hinauszuschicken, da sie doch schon mehrere Jahre die Ehre haben, ein öffentlicher Lehrer zu seyn, will ich eben nicht von ihnen fodern, daß sie gegen mich einen Vertrauten machen sollen. Sie werden schon selbst wissen, was sie zurückgehalten, oder welcher etwan gar der Stein des Anstosses gewesen sey? Mir sind sie diese Dinge zu eröffnen nur gar nicht verbunden. Daß sie aber in der Vorrede ihres Werkes das ungebethene Geständniß machen, daß sie zu dessen Herausgabe jenes sehr bedenkliche Vorurtheil der Welt verleitet habe, als wenn von Ordensleuten, und insbesondere von Mendikanten, von derer Stande sie selbst Profeßion machen, keine gesunde kirchische Rechtsgelehrsamkeit zu erwarten wäre, scheinet mir den Werth ihres Werkes eben darum um ein Merkliches herabzusetzen, weil es ihrer eigenen Sage nach, weder aus einer Wahrheitsliebe, noch aus der Absicht gemeinnützlich zu werden, sondern nur dem ungegründeten Präjuditz Gränzen zu setzen, in den Druck gegeben worden.

Ich bin, wenn ich mich anders kenne, nur gar kein Splitterrichter, oder wie man diese Leute mit anderm Name zu nennen pflegt, ein verdrüßlicher Wörtchenfänger, sondern ein schon grauer, geradweg denkender Allgeuer. Dessen ungeachtet machte mich ihre selbst geäusserte Absicht in etwas schüchtern, ob nicht etwan diese ihnen da und dort das Concept verrückt, und das sehr heickle Wahrheitslicht vor ihren Augen möchte verdunkelt haben. Ich las daher ihre Anleitungen mit ganz besonderer Aufmerksamkeit, und, so viel ich mir bewußt bin, auch mit so unbefangenem Gemüthe, als sie immer von einem ihrer Leser sich wünschen mögen:

Auf=

Aufrichtig aber ihnen zu melden, fand ich in ihrem Werke eben das, was ich bey ihrem Anfange besorget habe, nicht allemal die Wahrheit. Auf einmal dürfte es ihnen zu lange werden, wenn ich in einer Liste gleich nacheinander alle Verstösse vor ihre Augen hinlegen sollte, die sich in ihren Anleitungen antreffen lassen; nach und nach mag es schon geschehen, daß ich ihnen alle jene Sätze in Freundschaft bezeichne, die ihnen nach meinem Urtheile wenigst gewiß nicht die Wahrheit, sondern entweder ihre zu große Ehrliebe gegen dem eignen Orden, oder etwan gar das reitzvolle Est aliquid, digito monstrari, & dicier, hic est, ganz unvermerkt abgedrungen hat. Für diesmal nehme ich also nur einen ihrer Sätze zum Augenmerk, einen solchen aber, der heut zu Tage von äußerster Wichtigkeit ist.

Sie schreiben S. 600. §. 807. so ganz dreist hin: Das Genehmhaltungsrecht des Monarchen in Bezug auf die kirchischen Verordnungen — Jus placiti regii — erstrecket sich auf alles, was immer die Kirche oder in Dogmatisch- oder Disciplinarsachen verfüget. Denn weil

weil

jede dieser Verfügungen für den Staat schädlich seyn kann, dem Regenten aber oblieget, alle Gefahren von seinem Staate zu wenden — §. 205. — Warum soll nicht der höchste Landesfürst das Recht haben, das, was immer die Kirchen verordnet, mit seinem Jaworte, oder genehm zu halten, oder nicht für sich gehen zu lassen? Nur Leuten, fahren sie §. 808. fort, mag die Ausübung dieses fürstlichen Genehmhaltungsrecht eine Neuigkeit scheinen, denen die Kirchengeschichten nicht weiters bekannt sind, als weit sich unser Jahrhundert rückwärts verbreitet. Geht man aber in die ältern Zeiten, da stellen sich gleich so gar allgemeine Kirchenräthe vor Augen, die selbst über das, was sie verfüget, das Gutheissen der Regenten anverlangt haben, z. B. der I. zu Constantinopel von Theodosius dem Großen; der zu Ephesus von Theodosius dem II.; der zu Chalcedon von Marcian; der II. zu Nicäa von Constantinus und dessen Mutter Irene; der I. zu Nicäa, dessen Verordnungen Constantin der Große nicht nur seine Gutheissung nicht entzogen, sondern so gar selbe selbst verkündiget hat; der III. zu Constantinopel,

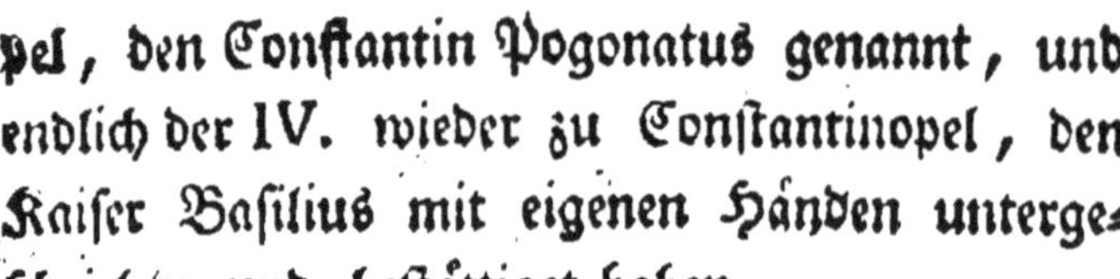

pel, den Constantin Pogonatus genannt, und endlich der IV. wieder zu Constantinopel, den Kaiser Basilius mit eigenen Händen unterge- schrieben und bestättiget haben.

Da aber, so drücken sie sich §. 809. noch ferner aus, jene bekannten Jahrhunderte einfielen, wo alles unselige Unwissenheit war, hörte auf einmal auch die Ausübung des fürstlichen Placetums auf, bis endlich wiederum ein schimmerndes Licht die Thronen bestrahlet, und die finstern Wolken zerstreuet hatte. Damit ich von Spanien und Frankreich nichts melde — diese sind immer noch ihre förmlichen Worte — haben die frömmsten Kaiser Ferdinand der III. und Leopold folgende Verfügungen in Rücksicht auf das Placetum gemacht: Jener zwar im Jahre 1641. dieses Innhalts: Kaiserliche Majestät begehren gnädigst, er Bischof — zu Wien — wolle in allen begebenden Fällen die Publikationen päbstlicher Bullen, was Gestalten auch dieselben gesucht werden möchten, nicht fürgehen lassen, er habe dann zuvor J. R. K. Maj. genugsame und umständliche Anzeizeige gethan, und Dero weitern Willen darüber

ver-

vernommen. In dem Kaiser Leopoldischen Dekret aber lese ich also: Da der Herr Officialis eine päbstliche Bulle ohne beschehene vorgehende Anmeldung affigiren, und die Regierung darauf wegen solcher unterlassener alten Observanz selbige herabnehmen lassen: welches dann J. K. Maj. in Ansehung des von unendlichen — vielleicht undenklichen — Jahren gebräuchigen Herkommens nicht unbilligen können. Nachdem aber J. K. Maj. gedachte Bull ersehen, und deren Innhalt auf eine **Materiam pure ecclesiasticam** gerichtet zu seyn befunden, worinn sonsten J. K. Maj. einiger geistlichen Obrigkeit, wann nur die vorigen Formalitäten observiret worden, die geringste Hinderung nicht, sondern vielmehr alle erspriesliche Beförderung zu thun geneigt seyn ꝛc. ꝛc.

Wenn ich nicht irre, sind diese alle die Gründe, aus denen sie den Regenten das Genehmhaltungsrecht — Placitum regium — in Betref kirchischer Entschlüßungen einräumen; denn mehrere fand ich in ihren Anleitungen nicht, so genau ich auch immer nachsuchte. Erlauben sie also, daß ich diese Gründe was schärferes prüfe,

und

und daß sie das Placetum nur gar nicht erweisen, ihnen bis zur Ueberzeugung darthue. Der erste fußt sich auf das Staatsrecht. Dem Regenten, sagen sie, liegt ob, alle Gefahren von seinen Staaten zu wenden: Nun können aber alle sowohl die dogmatisch, als disciplinar Verfügungen der Kirche für die Staaten gefährlich aussehen, und seyn: Der Regent hat also das Recht, dergleichen Verfügungen alle mit seinem Placetum oder genehm zu halten, oder nach Verhältniß der Sache nicht für sich gehen zu lassen. (*)

Daß der Regent die schwere Pflicht trage, alle Gefahren von seinen Staaten abzuwenden,

NB.

(*) Jus placiti regii se extendit ad omnia ea, ex quibus periculum Civitati imminet: Princeps enim ex jure regio cavendi ejusmodi periculum, undecunque immineat, *tenetur* pro viribus avertere. Ex antedictis autem patet, *nullum esse decretorum ecclesiasticorum*, unde mali civilis periculum non sit timendum. Quidni igitur jus placiti regii ad quæcunque decreta ecclesiastica sese exporrigat? §. cit. 807. in Not.

NB. wenn diese Gefahren oder schon nahe, oder vernünftig zu vermuthende sind, will ich nicht läugnen; sind sie aber nur **möglich**, und annoch entfernt, dann ist der Regent eben so wenig solche zu heben verbunden, als wenig ich Obliegenheit habe, immer nur auf die Erde zu sehen, weil es sonst könnte geschehen, daß mich meine Augen mittels Anblicke fremder Gestalten auf Sündenwege führten. Nur die nächsten oder nahen Gefahren muß der Regent von seinen Staaten ableinen: für die entfernten, und welche blos mögliche sind, hat er nicht Ursach, ja gar oft nicht einmal das Recht, besonders mit Nachtheile des Dritten, besorget zu seyn. Wo aber ist nun die nächste oder nahe Gefahr, daß, was immer die Kirche oder ihre Vorsteher verordnen, all dieses für die weltlichen Staaten gefährlich, oder gar nachtheilig seyn dürfte? Hierauf geben sie zwo Antworten §. 810. Litt. c. Für das erste, sagen sie, können die Bischöfe nicht wissen, was nach Umstand der Sachen für die Staaten vorträglich, oder schadbringend ist; und so hat ja der Landesfürst vernünftig zu sorgen, ob ihre Verordnung nicht staatschädlich seyn möchte. Für das zweyte liefern ja die

Kir-

Kirchengeschichten eine Menge unseliger Beyspiele, daß die Bischöfe, besonders die Päbste die Gränzen ihrer Gewalt nicht ohne größesten Nachtheil der Staaten überschritten haben. Der Regent hat folgsam die billigste Ursach, auf ihre Verfügungen aufmerksam zu seyn, und ehe er sie nicht begnehmiget hat, nicht vorgehen zu lassen.

Ich verstehe alle Worte, hochgelehrter Herr P. Professor! Allein sagen sie mir, folgt wohl aus dem, weil nicht alle Bischöfe Staatskluge sind, daß eben darum eine nächste und nahe Gefahr obwalte, sie möchten staatsschädliche Dinge verornen? Die Apostel waren gewiß keine Staatsmänner, welche Einsicht in das Publizum hatten — oder wer hat ihnen das Staatsrecht gelehrt? — Ungeachtet dessen machten sie viele, recht viele Verordnungen, aus welchen allen jedoch nicht eine bezeichnet kann werden, die dem weltlichen Staate wäre schädlich gewesen. Die unmittelbare Nachfolger der Apostel waren wieder die wenigsten an der Zahl, die die Staatskunde besassen: doch übten sie immer, wie Niemand kann läugnen, ihre gesetzgebende Macht, und zwar ohne Anfrage und Placetum der Fürsten ohne geringste Staatsschädlichkeit aus. In denen uns nähern, und gegenwärtigen Jahren, welche waren jene Pabste und Bischöfe, oder welche sind dermal, auf die die Regenten mit Grunde ein Mißtrauen gesetzt, oder itzt wirklich zu setzen Ursache finden? Fanatismus ist also, so schliessen: Die Bischöfe wissen nicht, was nach Umstand der Sachen dem Staate oder vorträglich, oder nachtheilig ist: der Regent hat folgsam Ursache genug zu besorgen, sie möchten verfügen, was dem Staate schädlich seyn dürfte.

Die Kirchengeschichte ist aber voll von dergleichen unseligen Beyspielen, schreiben sie zweytens, daß die Päbste und Bischöfe schon mehrmal dem Staate recht merklich geschadet. Welche Päbste und Bischöfe? warum nennen sie diese nicht bey ihren eigenen Nämen? gilt schon das Anklagen statt des Beweises, sagen die Herren Juristen, welcher aus uns wird mehr der Unschuldige seyn? Vor persönlichen Fehlern spreche ich weder alle Päbste, noch Bischöfe frey; sie waren Menschen gleich den andern.

Wel-

Welche sind aber, die oder in Synoden, oder außer diesen Gesetze gemacht, die wahrhaft dem Staate, und merken sie wohl, gewiß widerrechtlich schädlich gewesen sind?

Doch wir wollen es setzen, daß einige Päbste und Bischöfe zu finden, die in vergangenen Zeiten dem Staate recht merklich geschadet. Verändern sich aber nicht Zeiten und Umstände? Oder sind etwan gar alle Päbste und Bischöfe, sammt ihren geistlich und weltlichen Dicasterien, für die Staaten gefährliche Leute? Auch die, welche wirklich die Kirche regieren, verstehen sie gar nichts, was den Staaten schaden könne? Ey! sagen sie doch nicht, daß die Gefahr allgemein sey — **Periculum adesse generale.** — Denn eine allgemeine Gefahr ist nur jene allein, an welcher es selten geschieht, daß man ohne Verletzung durchkömmt. Je nun! ists aber was Seltnes, daß Päbste und Bischöfe nicht den Staaten geschadet, oder nicht wirklich zu schaden gedenken? So vermessen glaube ich nicht, daß sie seyn werden, diesen Satz zu behaupten. Fällen sie selber demnach das Urtheil, ob noch kein Regent, auch zu unsern Zeiten auf Päbste und Bischöfe, wenn sie was immer in der Kirche verfügen, mit vernünftigem Grunde können mißtrauisch seyn, da doch weder eine allgemeine, weder nächste, noch nahe Gefahr ist, daß sie den Staaten schädlich seyn werden? Ist aber kein Grund zu vernünftigen Mißtrauen vorhanden, wie? fällt nicht eben darum das **Jus cavendi**, oder besser zu sagen, dessen Ausübung hinweg, und gerade mit diesem das Placetum regium auch, welches allein auf jenes sich fußt? Sollte ich ihnen anbey ihr ganzes Argument zurückgeben, und gegen sie anwenden, was Gründliches könnten sie mir darüber antworten? Gewiß ist aus der Geschichte, daß die Regenten schon vielmal, recht vielmal wider Private, wider ihre eigenen Staaten, und wider die Kirche Gottes ihre Gewalt mißgebraucht haben, ja auch in Zukunft noch mißbrauchen mögen. Sie wissen auch nicht, und könnens nicht wissen — die Regenten — weil sie hierzu von Gott nicht bestimmt sind — was der Kirche vorträglich, oder nachtheilig ist. Ich frage sie also im Ernste: haben darum die Private, die Staaten, die Kirche auch das Genehmigungsrecht über das, was die Regenten verordnen? Sagen sie

ja?

ja; so bin ich wohl, recht wohl zufrieden. Sagen sie nein; dann sehen sie zu, wie ihr Lehrgebäude zusammenhange. Schwer wird es gewiß halten, bis sie diesen Knoten gründlich und nicht wider sich selbst, und ihr Systeme auflösen werden.

Ihr zweyter Beweis für das Placetum ist wie der erste, nur gar nicht stichhaltend. Sie lehren §. 808. selbst die allgemeinen Kirchenräthe hätten das Placetum von den Regenten verlangt, und einige der Monarchen hätten so gar mit eigner Hand das unterschrieben, was von jenen beschlossen worden ist. Aus der Kirchengeschichte der ältern Zeiten sey es also richtig genug, daß das Placetum den Regenten zustehe.

In der Kirche Christi sind außer den apostolischen noch andere achtzehen allgemeine Concilien gehalten worden. Das I. Nicänische im Jahre 325, das I. Constantinopolitanische im Jahre 381., das Ephesinische im Jahre 431., das Chalcedonische im Jahre 451., das II. Constantinopolitanische im Jahre 553., das III. Constantinopolitanische im Jahre 680., das II.

zu Nicäa im Jahre 787., das IV. zu Constantinopel im Jahre 869., das I. II. III IV. im Lateran. im Jahre 1122, oder 23. 1139. 1179. 1215. das I. II. zu Lion im Jahre 1245. 1274. das zu Wien in Frankreich im Jahre 1311., das zu Kostnitz im Jahre 1414., das zu Florenz im Jahre 1438., das V. im Lateran im Jahre 1512, welches doch einige mit Bossuet anstreiten. Endlich das letzte zu Trient im Jahre 1545 bis 63. Diese nun, wie sie selbst wissen, sind die allgemeinen Kirchenräthe, die bis auf unsere Zeiten in Orient und Occident gehalten worden sind. Zum Behuf des Placetumsrechtes führen sie aus allen denen mehrere nicht an, als sieben. Warum aber so wenige nur, wenn den Regenten das Placetum als ein Majestätsrecht zuständig ist? Höchste Monarchen lassen ja sonst nicht so leichtlich die Ausübung ihrer Kronrechte zurück: besonders wenn ihren Staaten daran liegt, und nahe Gefahren vorhanden sind, daß dieselben möchten beschädiget werden? Ja, da es nach ihrem Systeme Pflicht ist, daß die Regenten alle Gefahren abwenden müssen, die immer ihren Provinzen zugehen dörften: alle Verfügungen der Kirche aber diese Eigenschaft haben, daß ohne Ausnahme von ihnen mit Grunde die Gefahr bürgerlichen Nachtheils besorget werden kann; §. 801. in Not. müssen sie nothwendig aus zweyen eines zugeben; entweder daß mehrere Regenten pflichtvergessen gehandelt, da sie nur siebenmal den allgemeinen Kirchenverordnungen ihr Placetum aufgedrückt haben; oder daß ihr Genehmigungsrecht nur etwas in jüngern Zeiten Ersonnenes sey. Behaupten sie meinetwegen aus diesen zweyen, was ihnen mehr beliebt; ich dächte indessen ganz sicher, was sie werden erwählen, dürfte ihrem Charakter schlechte Ehre machen.

Erlauben sie aber itzt auch auf die Concilien selbst mit einem Starrauge zu blicken, aus denen sie das angebliche Placetum schon von Urjahren her herleiten wollen.

Das erste, so sie hierüber anführen, ist das zu Constantinopel im Jahre 381., nach dessen Vollendung sich unter andern die Väter gegen Kaiser Theodos dem ältern in einem synodischen Schreiben also erklären: nothwendig berichten wir euer Frömmigkeit von allem, was von uns in unsrer Versammlung abgehandelt ist worden. Erstens zwar, daß, als wir zu Constantinopel zusammen gekommen, wir untereinander die wechselseitige Einigkeit erneuert haben. Sodann und zum zweyten, daß wir alles ins Kurze gefaßt, wodurch wir das nicänische Glaubensbekenntniß bestättiget, und die wider dieses entstandenen Kezzereyen verdammt haben. Endlich und drittens, daß wir zu guter Einrichtung der Kirche gewisse Verordnungen gemacht haben, die wir auch wollen, daß sie geltend seyn sollen. Wir wünschen also von euch leutseligst- und frömmster Kaiser, daß, was uns zu entscheiden und zu verfügen gefallen, auch ihr mittels öffentlichen Patentes bekräftigen, und mit eurer Handunterschrift noch weiters wollet bestärken (*).

In

(*) Necessario, quæ in sancta Synodo gesta sunt, ad pietatem tuam referimus. Primum, quod, cum evocati Litteris tuis Constantinopolim convenissemus, mutuam inter nos Concordiam renovavimus. Deinde etiam breves Canones edidimus, quibus fidem Patrum, qui in Concilio Nicæno interfuerunt, confirma-

In allen diesen Worten wo läßt sich nur die geringste Spur eines Placiti regii antreffen? Oder heißt vielleicht, nur die Besestigung; Bestärkung sich wünschen, actorum confirmationem tantum, & munitionem cupere — eben so viel, als um dem Consens, Gutheissung, oder was eines ist, um das Placetum anhalten? Ich glaube gewiß, weder in Orient, noch in Occident halte man diese Dinge für eines: besonders da sich die Väter sogar gegen dem Kaiser ausdrücklich erklären: Canones, quos fecimus, valere volumus, es sey ihr ernstlicher Wille, daß alles, was sie zu guter Einrichtung der Kirche verfüget, geltend,

firmavimus, & exortas contra eam hæreses improbavimus. Postremo etiam pro recta Ecclesiæ institutione certos Canones fecimus, quos & *valere volumus*. *Cupimus* igitur abs te humanissime & pientissime Imperator, *diplomate tuo* Synodo Sententiam *confirmari*, ut, quemadmodum Litteris, quibus nos convocasti, Ecclesiam honorasti, ita etiam placita Synodi ad finem prædicta subscriptione tua *munias*. M. Lud. Bail. Summa Concil. Edit. Patav. fol. m. 201.

verbindend seyn sollte. Ey! so eine Sprache ist nur gebietender Mächte, nicht aber um Gutheissung anhaltender Leute. Hätten sie theuerster Herr P. Professor, für ihre Sache nicht weit besser gethan, wenn sie den Kirchenrath zu Constantinopel gar nicht berührt hätten.

Die andere allgemeine Kirchenversammlung, die für das Placetum das Wort sprechen soll, sagen sie §. 808. sey jene zu Ephesus im Jahre 431. unter Regierung Kaisers Theodosens des Jüngern. Denn da hätten sich die Bischöfe gegen eben bemelten Monarchen in einem Synodbriefe also geäußert: Wir bethen euer Majestät auf das nachdrücksamste, allerhöchste Befehle ergehen zu lassen, daß die verkehrte Lehre des Nestorius aus allen Kirchengemeinden verbannt, und seine Bücher durch die Hände des Scharfrichters öffentlich verbrennt werden möchten. Würde sich aber sodann wer immer vermessen, die höchsten Befehle zu verachten, der solle die Ungnade euer Majestät nach aller Schärfe empfinden (*). Ueber

(*) Vestram Majestatem rogatam cupimus, ut Ne-

Ueber diese Worte rufen sie nun §. 461. in Not. gleichsam als hätten sie wirklich alle Verkenner des fürstlichen Genehmigungrechtes — Placiti regii — zur Erde gestreckt, mit der Jubelstimme eines Siegenden auf: En! Patres petunt placitum regium :. Sieh! wie selbst die Väter der Kirche das fürstliche Placet von dem Kaiser erbethen.

Hochgelehrter Herr P. Professor! nach ihrer eignen Erklärung §. 207. ist das Placetum regium Consensus Principis in promulgationem Constitutionum ecclesiasticarum, die Bewilligung und Erlaubniß des Fürsten, daß die Gesetze der Kirche dürfen verkündiget werden. Nun bethe ich sie um alles in der Welt, wo stehet in allen angezogenen Worten der ephesinischen Väter nur eine einzige Sylbe von einer Bitte oder Ansuchung an den Kaiser, daß er ihnen

Nestorii doctrinam e sanctis Ecclesiis submoveri, ejusdemque libros . . flammis jubeat absumi . . Quodsi quis vestras sanctiones compertus fuerit, ille vestræ Dominationis Indignationem non absque formidine sentiat.

nen erlaube, oder es gutheisse, das, was sie beschlossen, öffentlich kundmachen zu dörfen? Glauben sie doch, ein bischen Latein verstehe ich auch: Daß aber der Ausdruck: **Vestram Majestatem rogatam cupimus, ut Nestorii doctrinam e S. Ecclesiis submoveri, ejusdemque Libros flammis jubeat absumi**: zu deutsch eben das nämliche andeuten solle, als hätten die Väter geschrieben: Wir bethen Euer Majestät, uns zu erlauben, und dero allerhöchsten Consens zu vergönnen, daß wir unsere Schlüsse in den Gemeinden der Kirche kundmachen mögen: stehe ich ihnen Bürge dafür, daß sie nicht einmal nur einen Halblateiner werden bereden. Sie hätten also schon wieder für ihre Ehre kluger gehandelt, wenn sie zur Probe des Placitum regium von dem ephesinischen Kirchenrathe gar keine Meldung hätten gemacht, als da sie diesen so unpassend, will nicht sagen verführerisch angeführt haben.

Der II. allgemeine Kirchenrath zu Nicäa im Jahre 787. auf den sie sich weiters, und als auf den dritten Beweis des Placetums berufen, enthält abermal nicht den mindesten Vortheil für

sie.

sie. Ihre eigenen Worte sollen meine Aussage wahrmachen. §. 532. schreiben sie also: Als sich die Kirchenversammlung — zu Nicäa — geendiget hatte, begaben sich die Väter aus Geheiße der Kaiser nach Constantinopel. Da sie nun in dem kaiserl. Pallast eine Sitzung gehalten, welche die griechischen Auflagen die achte Handlung benennen, wurde auf Befehl des Kaisers die Glaubensentscheidung gelesen, die dann Tarasius den Kaisern darreichte mit Verlangen, sie zu versiegeln, und mit eigner Handunterschrift zu bestärken. Die Kaiserinn — Irene — war die erste, die sich unterschrieb: worauf sie selbe auch ihrem Sohne, der Mitregent war, mit dem Beysatze hingab, damit er sich gleichfalls unterschreibe. (*)

Aus

(*) Finita Synodo Patres Imperatorum jussu Constantinopolim petierunt, ibique habito consessu in palatio imperali, quem Codices græci actionem octavam dicunt, ad Mandatum Imperatorum lecta est fidei definitio: quam Tarasius Imperatoribus obtulit, postulavitque, ut *consignaretur*, *muniretur que* piis eorum Subscriptionibus. Et accipiens Imperatrix

Aus diesem Hergange nehmen sie Anlaß, ganz dreisthin zu fragen: Nonne hoc est petere placitum regium in Constitutionibus dogmaticis: heißt dieses nicht, das fürstliche Placetum sich ausbitten auch in solchen Verordnungen der Kirche, die Dogmen betreffen? In Not. ad §. cit. 532. Ohne sie lange auf eine Antwort warten zu lassen, sage ich eilfertig, nein. Nein, dieses heißt es wohl gar nicht. Denn weil ja nach ihrer eignen Beschreibung §. 207, wie ich schon einmal gemeldet, das Placetum regium eine Bewilligung der Regenten auszeichnet, die Verfügungen der Kirche kund machen zu dörfen; nun aber die nicänischen Väter mit keiner Sylbe solche Bewilligung, sondern allein die Versieglung und Bestärkung der Kaiser über die schon entschiedene Dinge begehrt haben: Postulavit Tarasius, ut consignaretur, munireturque: kann ihr Begehren unmöglich eine Bitte um das Placetum regium seyn, außer man wollte behaupten, das versiegeln und etwas mit seiner Handunterschrift noch

ratrix subscripsit, dabatque simul regnanti filio, ut & ipse subscriberet.

noch weiters bestärken, das nämliche anzeige, was promulgiren, und die Gesetze kundmachen heißt. Wie? besitzen sie wohl als ein Gelehrter so viele Stärke des Geistes, das von ihrem Katheder ohne Entfärbung zu lehren?

Haben nicht aber, so sprechen sie §. 878. die Väter des chalzedonensischen Conciliums im Jahre 451. da sie den alexandrinischen Bischof Dioscorus seiner Würde entsetzt, ausdrücklich an den Kaiser und die Kaiserinn geschrieben: Dieses wollten wir nun Euer ꝛc. zu wissen machen, damit ꝛc. sowohl die Bosheit des Dioscorus, als unser wider ihn aufrichtig gefälltes Urtheil beherzigen möget. Denn wir glauben, daß auch Euer ꝛc. mit uns übereinstimmen werden (*) Und wieder: (**) Wir insinuiren Euer

(*) Hæc autem pium vestrum docemus Imperium, ut & Dioscori Malitiam & in eum prolatæ sententiæ nostræ Sinceritatem consideretis. Credimus enim & vos nobis consonos fie[illegible].

(**) Vestro insinuamus Imperio, ut illum pro suis erroribus execretur, nostram vero Sententiam probet.

Euer ꝛc. die Entsetzung des Dioscorus zu dem Ende, damit Euer ꝛc. dessen Irrlehren verfluchen, und was wir beschlossen, gutheissen. Ueber diesen Hergang machen sie nun cit. §. Lit. b. folgende Anmerkung: En! iteratam petitionem Placiti regii! Sieh! der Väter zweymaliges Ansuchen um das Placitum regium.

Daß die chalzedonischen Väter eines und anders, was sie hier melden, an den Kaiser und die Kaiserinn ergehen lassen, streite ich keineswegs an; daß aber die Worte: **Wir glauben,** daß Euer ꝛc. auch mit uns übereinstimmen werden: **Und wir insinuiren** Euer ꝛc. daß, was wir beschlossen, Euer ꝛc. gleichfalls gutheissen: eine Ansuchung um das Placetum regium sey, ist grundfalsch, ausser es wollte einer behaupten, daß Glauben und Insinuiren das nämliche sey, was Bitten, und Ansuchen. Oder wie? ich bestelle sie selbst unerschrocken zum Richter: wenn ich ihnen zuschreiben sollte: **Ich berichte,** daß ich dieses gegen den Cajus gethan; **und ich glaube ganz sicher,** daß auch sie mit mir hierinnfalls übereinstimmen, und was ich

gethan,

gethan, gutheissen werden: wäre wohl diese Zuschrift eine Ansuchung und Bitte für ihre Gutheißung? Zum voraus bin ich vergewißt, daß sie was solches nicht zugeben werden. Belieben sie also auf ihr angebrachtes Argument selbst die Anwendung zu machen.

Zudem, da die chalzedonensischen Väter an die Kaiserinn Pulcheria schrieben: Wir insinuiren Euer ꝛc. NB. nicht, daß ihr gutheissen wollet, sondern daß ihr gutheisset, in einem so ziemlich dicktatorischen Tone; könnte man nicht mit billigem Grunde auf den Gedanken verfallen, daß die Kirchenversammlung die Kaiserinn blos an ihre Pflichten erinnern, und zu was sie verbunden, ihr haben andeuten wollen?

Endlich da sie selbst im angezogenen §. 378. die förmlichen Worte des chalzedonensischen Ausspruches Akt. 3. anführen: Der Erzbischof Leo zu Rom hat durch uns (seine Gesandten) und durch gegenwärtigen Synod samt dem Apostelfürsten Petrus den Dioscorus seiner priesterlich = und bischöflichen Würde entsetzt (*). Wie können sie wohl im Ernste es glauben, daß die Väter noch über den Ausspruch des Petrus auch die Genehmigung des Kaisers und der Kaiserinn für nothwendig gehalten haben? Ich dächte, was einmal Petrus in blos kirchischer Sache geurtheilet hat, sey nicht blos Interlocut, sondern ein solches Urtheil, daß einer weitern Gutheissung von Menschen nur gar nicht bedärfe.

Daß überhaupts aber Kaiser Martian an kein Placetum über kirchische Dinge jemal gedacht, erhellet ganz deutlich aus seinem eigenen Schreiben an den Pabst Leo dieses Innhals: **De studio & ordinatione nostra Sanctitas tua non dubitet; quoniam veram Christianorum Religionem, & Apostolicam firmam fidem volumus permanere, & ab om-**

(*) Archiepiscopus .. Leo per nos & per præsentem Synodum sanctam unacum beato Petro Apostolo .. nudavit eum tam Episcopatus dignitate quam etiam ab omni sacerdotali alienavit Ministerio.

omni populo pia mente ſervari. Denique Sollicitudinem noſtræ Potentiæ in recta Religione & propitiatione Salvatoris noſtri conſiſtere, non ambigimus, quapropter Reverendiſſimos Viros, quos ad noſtram Pietatem Sanctitas tua direxit, libenter (ſicut decebat) & grato animo ſuſcepimus. Supereſſet, ut ſi *placuerit* tuæ Beatitudini in has partes venire & Synodum celebrare, hoc facere Religionis affectu dignetur. Noſtris utique Deſideriis veſtra Sanctitas ſatisfaciet, & ſacræ Religioni, quæ ſunt utilia, *decernet*. Si vero hoc oneroſum eſt, ut tu ad has Partes advenias, hoc ipſum propriis literis tua Sanctitas manifeſtet, quatenus & in omnem Orientem, & in ipſam Thraciam, & Illyricum noſtræ Litteræ dirigantur, ut ad quemdam deſtinatum locum, ubi vobis *placuerit*, omnes ſanctiſſimi Epiſcopi debeant convenire, & quæ *chriſtianæ Religioni*, & fidei proſint, ſicut Sanctitas tua ſecundum eccleſiaſticas regulas *definierit*, ſua diſpoſitione declarent.

Hat nun nach dem Innhalt dieses kaiserlichen Briefes der Pabst **zu bestimmen**, ob und in welchem Orte ein Concilium gehalten soll werden, hat er weiters auch **das Nützliche** für den Glauben und die Religion **zu bestimmen**, zu was ein regium Placetum? Oder muß vielleicht nicht der Regent nothwendig befolgen, was rechtmäßig von der Kirche Gottes bestimmt wird?

Aus dem, was sie §. 445. von Constantinus dem Großen; 520. von Constantinus pogonatus; und §. 536. von Kaiser Basilius erzählen, daß nämlich der erste mittels zweyer eigener Sendschreiben die nicänischen Schlüsse kundgemacht habe; der zweyte die Glaubensbekanntniß in der dritten allgemeinen Kirchenversammluug zu Constantinopel begnehmiget, und Kaiser Basilius die Verordnung des vierten constantinopolitanischen Kirchenrathes mit den Worten: **Legimus & consensimus**: mit seinem Placetum gebilliget habe, glaube ich nicht, daß sie hieraus im Ernste folgern wollen: Also kömmt dem Regenten unverneinlich das Genehmnehmhaltungsrecht über alles das zu, was die Kirche verordnet. Denn ja weder ein Theolog noch ein Lehrer der geistlichen Rechte bis auf unsere Zeiten, in Zweifel gezogen, daß nicht die Fürsten auch die Gesetze der Kirche kundmachen dörfen, oder daß sie das Befugniß nicht haben, mit der Kirche einstimmig zu seyn. Vielmehr ist das einte und andere ihre Pflicht.

Was antworte ich ihnen aber auf das, was sie §. 809. anziehen, daß die zween frömmsten Kaiser aus dem Hause Oesterreich, Ferdinand III. im Jahre 1641. und Leopold im Jahre 1681. in dem Werke gezeigt, daß sie die päbstlichen Bullen nicht anzunehmen gehalten, ehe sie nicht diese mit ihrem Placetum gebilliget hätten? Was ich ihnen antworte, ist gründlich und kurz. Kaiser Ferdinand, merken sie wohl, befahl es dem Bischofe zu Wien nicht, sondern **begehrte es nur von ihm allergnädigst**, das ist, suchte blos darum an, daß er keine päbstliche Bulle ohne vorgehenden kaiserlichen Consens verkündigen wolle. Kaiser Leopold aber billigte das Verfahren seiner Regierung mit diesem allein: weil es von undenklichen Jahren observanzmäßig sey, in dem Bisthume Wiens ohne allerhöchste Gutheißung keine Bulle des Pabstes kundmachen zu lassen. Wer anders von keinen Vorurtheilen befangen ist, kann aus dieser leopoldischen Aeußerung mehrer nicht schliessen, als höchstens, daß das Haus Oesterreich hergebracht habe, in dem Bisthume Wiens ohne Placetum keine Verkindung päbstlicher Bullen vorgehen zu lassen. Was dient aber das ihnen zur Sache, hochgelehrter Herr P. Professor? Ihnen, sage ich, die das Placetum regium nicht in der Observanz gründen, sondern in Not. ad §. 208. als ein unablegliches Kronrecht der Regenten ausgeben? Zudem werden sie nicht übel nehmen, wenn ich ihnen auf alle Thatsachen der Großen der Welt das nämliche überhaupts antworte, was sie auf die Thatsachen der Päbste Seite 653. zu antworten beliebten: Non quæritur, quid in Austria, Gallia, Hispania &c. vel alibi factum sit, sed *quo jure factum sit*, quæritur.

Weil

Weil sie denn sehen, ja aus allem, was ich ihnen geantwortet habe, einsehen müssen, daß ihre Gründe für das Placetnm jene sowohl, die sie aus dem weltlichen Staatsrechte, als die andern, die sie aus den Concilien hergeholt haben, nur gar nicht Stich halten; so wissen sie als ein Gelehrter schon selbsten die Pflicht, die ihnen ihr wirklich aufhabendes Lehramt und die Wahrheit gebeut. Augustin, der große Augustin, machte sich eines der größesten Geschäffte daraus, das, was er besorgt war, irrig geschrieben zu haben, vor aller Welt öffentlich zu wiederrufen: und sie werden in so wichtiger Sache, als das Placetum ist, sich noch können besinnen, ebenfalls öffentlich ihre Meinung zu ändern? Zum Ende vernehmen sie noch, was der gelehrte Mabillon in Apol. sua geschrieben: Fieri non potest, quin Historici (Professoris) Mendacia (errores) vergant in præjudicium multorum, qui verbis ejus fidem adhibentes decipiuntur, dum errorem pro Veritate amplectuntur. Non levis proinde ejus est Culpa, quæ tot alias secum eum trahit. Diese Worte, ich bitte recht sehr, überlegen sie wohl; von mir aber sind sie immer versichert, daß ich mit geziemender Hochachtung vor alle Zeiten seyn werde

Ihrer Person

aufrichtigster Freund

Ihrer Lehre

Erzfeind

N. steifer Liebhaber der Wahrheit.

Zugab

zu dem

Etwas

des steifen Allgeuers

an

Titl. den Hrn. P. Philipert Obernetter

öffentlichen Lehrer ꝛc.

in Kostnitz

1784.

In Judicio plurimorum non acquiesces sententiæ, ut a vero devies.

Lasse dich nicht von der Menge hinreissen, daß du von der Wahrheit abweichest. *Exod. c.* 23. *v.* 2.

Erst vor wenigen Tagen wurde mir die neuest gedruckte Piece : Etwas an den hochgelehrten Herrn P. Philipert Obernetter öffentlichen Lehrer der geistlichen Rechte und Kirchengeschichte auf dem kaiserl. königlichen akademischen Lyzeum in Kostnitz von einem steifen Liebhaber der Wahrheit in Allgeu 1782. in die Hände geliefert. Weil sie so ziemlich kurz abgefaßt, fand ich wenige Mühe, sie mit gehöriger Bedachtsamkeit zu durchlesen. Zwey Stücke gefielen mir an dieser Schrift ganz besonders gut; erstens weil sie dem Herrn Gegner sehr zu Leibe gehet; zweytens weder Spöttereyen, noch nur die gerüngste Beleidigung dessen, mit dem sie anbindet, in sich enthält. Eines wünschte ich allein, daß der Herr Verfasser auch positive Argumente, und nicht nur blos widerlegende Antworten, daß das Placetum regium nicht gegründet sey, beygefügt hätte. Doch er dachte vielleicht, der Unbestand des Placetums wäre re eben darum erwiesen genug, wenn er die Richtigkeit der Gründe, auf die sich das Placetumsrecht fußet, würde gezeigt haben, zu Folge dem, was die Philosophen lehren: **Nihil sine Causa sufficiente.** Sey dem, wie ihm wolle, was der Herr Verfasser aus seinen Ursachen nicht hat berührt, wage ich zu ersetzen, um aller Welt richtige Probe zu machen, es sey weder sündhafter Stolz, noch aus der alten Schullehre anklebendes Vorurtheil, wenn sich heut zu Tage schon noch viele finden, die das so sehr berufene Placetumsrecht den Regenten absprechen. Von dem gelehrten Leser fodere ich allein unbefangenes Gemüth, Liebe zur Wahrheit, und gesetzte Ueberlegung von dem, was ich beybringen werde; dann hoffe ich sicher, er werde es mir, und andern verzeihen, daß wir den Placetumsverfechtern unsern Verstand nicht so leichtweg gefangen geben.

Niemand, der sich zur Religion der Katholiken bekennt, hat jemal geläugnet, daß die Apostel nach empfangenem heiligen Geist alle Gerechtigkeit erfüllet, und Gott, was Gottes ist, dem Kaiser aber, was des Kaisers ist, gegeben

haben.

haben. Nicht nur predigten sie es mit Worten, daß man die weltlichen Regenten ehren, für sie bethen, und ihnen in allem, was nicht den göttlichen Gesetzen entgegen ist, gehorsamen solle, auch wenn sie, die Regenten schon für ihre Personen lasterhaft wären: sondern sie waren immer die ersten, und eifrigsten, die den Mächtigen dieser Erde mit Ehrfucht begegnet sind, für sie ihre Hände gegen Himmel gehoben, und die gerechten Gesetze vollstrecket hatten. Ungeachtet nun dessen läßt sich die geringste Spur weder in ihren Schriften, noch in ihren Handlungen finden, daß sie den weltlichen Beherrschern oder in Dogmatisch= oder Disciplinarsachen einiges Placetnm zuerkannt haben. Ja ihr äußeres Betragen erweiset bis zur Ueberzeugung, daß sie in Sachen der Kirche ganz alleine, und ausschliessungsweise — privative — sich das Recht zu verordnen, und Gesetze zu machen — gewiß nicht aus Stolz — sondern aus der ihnen von Christo ertheilten Gewalt, zugeeignet haben. Also z. B. sagten sie ohne Anfrage, und ohne Placetum des Kaisers zu erwarten, eine allgemeine Kirchenversammlung zu Jerusalem an. Akt. 15.

Sie

Sie gebothen in dieser, ob es gleich schon ihrem physikalischen Gegenstand nach, in die Polizeyordnung und Accisweſen einen Einfluß gehabt, daß die Glaubigen künftig weder Blut, noch Fleisch, so schon in dem Götzenhaus gelegen, noch erstickte Thiere zur Speise nehmen sollten. Sie liessen zumal diese ihre Verbothe, schon wieder ohne Vorwissen und Gutheissen des Kaisers, durch Judas und Silas nach Antiochien übertragen, und öffentlich kundmachen. Weiters verordneten die Apostel noch viele andere Dinge, und verkündigten sie ohne alle Erwartung des Regentenplacetums, z. B. daß die dortmaligen Glaubensneulinge ihre Streitigkeiten auszumachen nicht heydnische Richter, sondern unter sich selber Schiedrichter sollten erwählen; daß sie Almosengelder zusammenschiessen; daß die Weiber in der Kirche nicht lehren, und auf dem Haupte Schleyer aufhaben sollen 2c. 2c. Sogar pflegten die Apostel, ohne bey dem Landesherrn ihr Glaubenssymbolum vor die Augen zu legen — ob sie schon in den Staaten tausend Zerrüttungen, und Verfolgungen vor-

vorsahen — ihre Lehre vorzutragen, Bischöfe, Priester und Diaconen aufzustellen, und einen Staat im Staate aufzurichten. Mit welchem Gewissen konnten nun aber ohne Anfrage die Apostel so wichtige Dinge vornehmen, wenn den Regenten der Welt das vorgebliche Recht des Placetums zuständig wäre?

Ja hätten sie nicht für alle künftige Zeiten unverantwortliches Aergerniß hinterlassen, da sie die ersten mit dem Beyspiele den Vorgang gemacht, über die Verordnungen der Kirche das Placetum von den Monarchen nicht zu begehren? Vielleicht hatten aber die Apostel von dem Heilande besondere Freyheiten erhalten? Mir wird es lieb seyn, wenn ich hievon durch gute Beweise überzeuget werde. Allein solang ich keine gründlichen Argumente wird hören, beharre ich immer darauf, daß weder die Apostel, noch ihre Nachfolger im Amte, die Päbste und Bischöfe in kirchischen Sachen von einem Placetum der Regenten abhangen. Wollte man aber zur Antwort ertheilen, daß, wenn die Päbste und Bischöfe sich immer auf so unschädliche Weise, wie die Apostel gegen den

Staa-

Staate hätten verhalten, auch die Regenten gewiß nicht ihr Recht des Placetums auszuüben gedacht hätten, noch heutiges Tages selbes auszuüben gedenken; so wäre mit diesem nicht mehrers gesagt, als von welchem eben die Frage ist, die Antwort wäre Petitio principii.

Die Apostel erkannten es wenigst nicht: auch ihre Nachfolger nicht bis in das vierte Jahrhunderte. Ob sie schon weder in Dogmatisch- noch Disciplinardingen in Rucksicht auf das zeitliche Staasbeßte mehrere Einsicht und Unfehlbarkeit, als die nachkommende Päbste und Bischöfe hatten, übten sie ungeacht dessen ihre von Christo erlangte Gewalt souverainmäßig aus, machten Gesetze, und verkündigten diese, ohne von einem landesregentlichen Placetum sich das geringste beyfallen zu lassen, auch ob sie schon vorsehen konnten, daß ihr Betragen ihren Amtesnachfolgern zur Nachahmung seyn dürfte.

Dieses Argument wider das regium Placetum scheint mir so ziemlich entscheidend; und wer es mit Grunde auflösen wird, dem werde ich Dank wissen. Herr Professor Obernetter hat sich

sich daran nicht gewagt, vielleicht weil er zum voraus schon wußte, daß, was er immer antworten sollte, die Lücke nicht ausfüllen würde.

Doch wir wollen setzen, noch bis diese Stunde sey noch alles ein tiefes Geheimniß, was die Apostel gethan, und wie sie ihre gesetzgebende Macht ausgeübt haben, mit, oder ohne vorläufig erlangte Genehmhaltung weltlicher Regenten. Ist dann nicht aber schon ein überzeugender Beweis, daß das Placetum in Rucksicht auf die kirchischen Verordnungen den Mächtigen dieser Erde nicht zukomme, daß wir es wissen, und unfehlbar gewiß wissen, daß Gott der heilige Geist die Kirche zu regieren nicht die weltlichen Fürsten, sondern allein und ausschliessungsweise die Bischöfe bestimmt hat? Denn, haben die Bischöfe privativ den Regimentstab über die Kirche in Handen, so folgt ja von sich selbst, daß sie ebenfalls privativ für die Kirche Gesetze zu machen berechtiget seyn; weil privativ oder einzel regieren nach der ächten Idee so eine Regierung andeutet, welche alles Mitregiment, was immer für anderer Herrschaften ausschließt. Gut! die Bischöfe haben ausschliessungsweise das Recht, für die Kirche Gesetze zu machen: was soll also sie hindern, daß sie diese ihre Gesetze, auch ohne Anfrage und Gutheissung der Regenten den Kirchengemeinden kundmachen dörfen? Ist wohl eine gesetzgebende Macht in der Welt, die zwar privativ Verordnungen zu machen die Gewalt hat, doch aber diese ohne Genehmhaltung anderer Mächte an ihre Untergebenen zu bringen nicht befugt ist? Ja da es sogar eine Unmöglichkeit ist, sich ein wahres, und verbindendes Gesetz auch nur zu gedenken, ehe es verkündiget wird; ist es nicht Widerspruch, den Vorstehern der Kirche, Päbsten und Bischöfen die Gewalt Gesetze zu machen zwar einräumen, zumal aber ihnen selbe ohne fremdes Placetum verrufen zu dörfen, die Befugniß absprechen?

Wenn es weiters wahr ist, daß die weltlichen Fürsten keine mehrere Rechte sich mit Grunde beylegen können, als welche zu nützlicher Beherrschung ihrer Staaten nothwendig sind; möchte ich einmal recht gerne einen gesetzten Beweis von den Herren Placetumsverfechtern hören, daß ohne dieses Rechts nicht möglich sey, das zeitliche Beßte der Staaten

zur

zur Aufnahme zu bringen. Ungebethen will ich es zugeben, daß es möge geschehen, daß etwan die Vorsteher der Kirche Verordnungen dürften kundmachen lassen, welche den Staaten nicht nützlich, sondern nachtheilig sind. Was folget hieraus? Ist schon darum der Schade auch wirklich? läßt er sich nimmermehr wenden? Immer bin ich beglaubt, die Sache wäre so böse noch nicht, und wenn anders mit Ernste der Landesherr will, habe er allezeit noch der kräftigsten Mittel genug, das Unheil zu heben. Denn für das erste werden die kirchischen Vorsteher selbst ihre Gesetze sogleich nicht mehr betreiben, ja auch widerrufen, sobald der Regent die Gründe vorlegen wird, daß, was sie verordnet, zum Schade der Staaten, oder auch nur gegen die hergebrachten Freyheiten laufe. Sollten sie aber, die Vorsteher der Kirche von ihrem Entschlusse widerrechtlicht nicht weichen; hat er, der Regent zum zweyten nicht Zwangmittel in Handen, die unbilligen Verfügungen der Bischöfe rückgängig zu machen?

Drohe er ihnen z. B. mit Abnehmung ihrer weltlichen Würden; mit der Sperre ihrer eigenen Temporalrennten; mit Entziehung der Freyheiten, die sich allein auf zeitliche Gegenstände beziehen, allemal wird er glücklich, und ohne Anstande durchsetzen. Begehre endlich zum dritten der Regent von den Päbsten und Bischöfen, aber nicht als ein Majestätsrecht begehre er es, sondern als der Erstgebohrne der Kirche, daß ihm ihre vorhabenden Verordnungen zur vorläufigen Einsicht möchten zugestellt werden; auch da für diesen Umstand stehe ich gut, daß sich die höchsten Hierarchen bereitwillig erzeigen, und was sie zum Nuzen ihrer Christengemeinde zu verfügen vorhaben, recht gerne mit dem Monarchen gemeinschäftlich, wie zu Zeiten Karls des Großen, abhandeln werden. Ich mag mich dann hinwenden, wohin immer ich will, finde ich nirgends eine Nothwendigkeit, um das zeitliche Beßte der Staaten mit Nachdrucke und Ruhe befördern zu können, daß man den Regenten das Placetum zueigne. Und wie? warum fodern nicht auch die Souveraine, einer vom andern das Genehmhaltungsrecht über ihre Gesetze? Ist es nicht ebenfalls möglich, daß sie einander mittels ihrer Gesetze können Schaden zufügen?

Ja ist es nicht eine schon mehrmal geschehene Sache, daß sie wirklich einander geschadet? Haben also die Regenten aus der Ursache das Rechte, gegen die Kirchensouverainen das Placetum zu üben, weil ihnen diese mit ihren Gesetzen schädlich seyn können, sehe ich nicht, warum sie nicht gleichfalls dieses nämliche Recht des Placetums gegen einander fodern mögen? Wird man diesen Unterschied geben, weil die Vorsteher der Kirche, und selbsten die Kirche in dem Staat sind, die Regenten entgegen in ihrem eigenen Staate allein herrschen: ist mit dieser Antwort der Knoten nur gar nicht gelößt.

Denn ich frage im Ernste: wie sind die Hierarchen, und die Kirche als Kirche betrachtet im Staate? In diesem Betrachte hangen sie ab von den Gesetzen der Monarchen, oder machen sie so einen besondern Staat aus, der kein Bestandstheil des weltlichen Staats ist? Das erste läßt sich ohne Irrthum nicht sagen, weil nicht die Regenten, sondern die Bischöfe allein, ausschliessungsweise die Kirche zu regieren gesetzt sind. sagt man also das zweyte, wie man muß sagen, so sind ja die Bischöfe als Bi-

 schöfe,

schöfe, und die Kirche als Kirche betrachtet in effectu, oder Sache selbst nicht anders im Staate, als wenn sie in diesem nicht wären, nämlich unabhängig und frey von der gesetzgebenden Macht der Regenten, so wie diese selbst von einander nicht abhangen. Sind aber die Hierarchen der Kirche als solche betrachtet von der gesetzgebenden Macht der Regenten unabhängig und frey, so wie ein Souverain gegen dem andern ist: mit welchem Scheinrechte mögen sie, die Regenten, sich allein in Rücksicht auf die Verordnungen der Bischöfe das Placetum zueignen, da es indessen gewiß ist, daß sie selbst gegen einander nicht haben, ungeachtet sie doch mittels ihrer Gesetze nicht minder, als die Souverainen, oder Hierarchen der Kirche den gegenseitigen Staaten größessen Schaden zufügen können? Diese Nus aufzukrachen, wird gute Zähne brauchen.

Noch eins irret mich immer, und recht sehr irret es mich, daß ich der Meinung einiger heutiger Placetumsbehaupter nicht beyfallen kann. Was würde folgen, denke ich nämlich, und ich bringe diesen Gedanken nicht aus dem Kopfe:

te: was würde folgen, wenn zur Verkündigung der Kirchengesetze die Genehmhaltung der Fürsten erfoderlich wäre? Außer den katholischen Herrschern wäre fürs erste oder gar niemal oder nur selten zu hoffen, daß ungläubige, oder von der allein seligmachenden Kirche getrennte Regenten diese Kundmachung der Kirchengesetze gutheissen würden. Wenigst stund es immer in ihrer Willkuhr, die gemachten Kirchenbefehle zu vereiteln, und unverbündlich zu machen, weil kein Gesetz ohne Kundmachung verbindet. Herr Professor Obernetter sieht zwar diese Folge mit gleichgiltigem Gewissen an, indem er §. 310. Litt. a. ohne Schüchternheit schreibet: Auch den ungläubigen Fürsten ist in Rücksicht der christlichen Religion der Katholiken das Placetnmsrecht, als ein Recht der Majestät nicht abzusprechen. (*) Ob er aber, der Herr Professor, durch diesen Satz seinem Orden Ehre mache, und nicht bey guten Katholiken sich unsäg-

(*) Principibus etiam infidelibus respectu Religionis christianæ & Acatholicis respectu Religionis catholicæ Jus placiti regii, utpote majestaticum, denegandum non est.

lich herabsetze, wird jeder Gesetzte ohne mich urtheilen mögen.

Für das zweyte, weil man weiß, daß die katholischen Regenten wie andere nicht alles selbsten durch sich zu thun pflegen, sondern insgemein auch ihre Minister und Räthe um Gutachten befragen: die ersten Minister und Räthe aber nicht allemal, wie ein engländischer Reichskanzler Thomas Morus gebildet sind; was hätte sich die Kirche zu versprechen, wenn die Kundmachung ihrer Gesetze auf das Gutachten weltlicher Minister und Räthe ankäme? z. B. wenn sie, die Kirche schärfere Fasten ansagte; strengere Haltung der Sonn- und Feyertäge geböth; in der Kirche den Kleidertracht ordnete; die alte Bußzucht erneuern, und andere dergleichen für die Seele zwar nützliche, für den untern Menschen aber beschwerliche Dinge anordnen sollte? Ist wohl was anders zu glauben, als das man dem höchsten Regenten tausend politische Vorspieglungen von der Schädlichkeit dergleichen Kirchengebothe in Ruckſicht auf das Beßte des Staates vormahlen, und also die Kundmachung zurücktreiben würde? Kurz: die gesetzsetzgebende Macht der Kirche würde durch das Placetum regium eitel ein in der Theorie, oder in Concavo Lunæ, zwar noch bestehendes Ding, in der Ausübung aber und in der Wirkung in effectu ein nichtssagendes Nonens auswerfen, gewiß nicht zur Ehre ihres göttlichen Stifters.

Und dieses ist nun, was ich zu dem Etwas des steifen Allgeuers an Herrn Professor Obernetter noch zugeben wollte, in Worten zwar weniges, aber in Gründen, glaube ich, vieles genug.

Zweytes Etwas

an

Hrn. P. Philipert Obernetter,

öffentlichen Lehrer

der

geistl. Rechte und Kirchengeschichte

auf

dem K. K. akademischen Lyzäum

in Kostnitz,

von einem steifen Liebhaber der Wahrheit

im Allgeu.

1784.

Relinquamus noxiam Sapientiam, discamus laudabilem Fatuitatem.

S. Greg. M. L. 27. Moral. c. 27. post medium.

Hochwürdiger, Hochgelehrter Herr P. Professor!

Verzeihen sie, daß ich schon so lange ihr Schuldner bin — In meinem Etwas, das ich allbereit vor einem halben Jahre an sie abgegeben hatte, versprach ich ihnen, und nach und nach alle jene Sätze zu bezeichnen, die so wohl mir als andern in dem Allgeu in ihren Einleitungen zum Kirchenrechte auffallend schienen. — Mehrmal griff ich unter dieser Zeit nach der Feder, um mein Versprechen in Erfüllung zu bringen. Allein verschiedene Berufsgeschäfte, die ich ohne Beleidigung nicht zurück lassen konnte, hinderten immer, daß ich mein Vorhaben bis daher nicht zu Stande brachte. Selbst sie, Hochwürdiger, legten auch mir mit ihrer deutsch gedruckten Antwort auf das, was ich wider sie geschrie-

geschrieben habe, die Pflicht auf, eine Gegenantwort zu verfassen, die Zeit und Weile gefoderet hat. — Nun da ich endlich Muse bekam, und mich wirklich von allen Hindernissen frey sehe, wird es ihnen nicht unangenehm fallen, wenn ich mein gegebenes Wort als ein redlicher Biedermann halte, und abermal einige ihrer Lehrsätze freundschaftlich zu meinem Augenmerke nehme, die sie in ihren Institutionen J. E. nach meinem Urtheile, sehr dunkel behandeln, oder nicht gründlich genug vertheidigen. — Daß ich aber schon wieder die Muttersprache, nicht jene der Gelehrten wähle, ist die Ursache, weil die erste zum Theile mir geläufiger, zum Theile gemeinnützlicher ist, wenn man in einer Sprache schreibet, die nicht nur die Lateiner, sondern auch unsere deutschen Landsleute verstehen. — Wegen Grobheiten, die sie mir in ihrer Antwort auf mein erstes Etwas vergeblich angeschuldet, dürfen sie in Durchlesung dieser Schrift unbekümmert seyn; noch weniger aber haben sie zu besorgen, daß ich sie aus heiligem Eifer vor dem Publikum als einen Ketzer zu verdammen oder zu verschwärzen gedenke.

S. 76. §. 148. beliebt ihnen in der Hauptsache also zu schreiben: Weil der Endzweck der Kirche nur die Seligkeit ist, diese aber **allein** durch geistliche Güter oder Mittel befördert wird, so erhellet von selbst, daß auch also allein die geistlichen Güter zu Erreichung des kirchlichen Endzweckes gedeihen (*). Hieraus ziehen sie die weitere Folge in der beygesetzten Note: Wie demnach die **einzigen** geistlichen Güter zu Erreichung des kirchlichen Endzweckes als Mittel beytragen; eben so sind auch **allein** die geistlichen Uebel die Hindernisse, daß der Endzweck der Kirche nicht erreicht werden möge. Die zeitlichen Uebel können daher eben so wenig das Heil der Kirche verhindern, als wenig die zeitlichen Güter selbes befördern können. (**)

Ver-

(*) Cum finis Ecclesiæ sit beatitas hominum, quæ solis bonis spiritualibus acquiri potest: dilucide patet, non alia Media, nisi spiritualia ad obtinendum Ecclesiæ finem conducere. L. cit.

(**) Sicuti sola bona spiritualia sunt Media ad finem Ecclesiæ consequendum: ita a contraria

Verstehen sie, Hochwürdiger, den Satz mit der stillen Einschränkung, daß der Endzweck der Kirche nur allein durch geistliche Güter und Mittel gerade zu (**directe**) unmittelbar (**immediate**) und aus innerer Kraft (**ex vi intrinseca**) beförderet werde; dann stimme ich ihnen selbst bey, und glaublich auch alle Dekretalisten. Sprechen sie aber den zeitlichen Gütern gar alle Kraft weg, und geben nicht zu; daß sie zur Beförderung des geistlichen Endzweckes der Kirche auch nur beyhülflich, seitwerts oder anlaßlich dienen: werden sie niemal mit hinreichenden Gründen aufkommen, diese ihre Lehre geltend zu machen. Denn die Worte des Buches der Weisheit K. 13. 5. V. Aus der Grösse und Schönheit der Geschöpfe läßt sich der Schöpfer erkennen: und wider die Worte des Apostels zu den Römern K. 1. 20. V. Das Unsichtbare an Gott wird durch die Erschaffung der

rio sola mala spiritualia sunt impedimenta, quo minus Ecclesiæ finis obtineatur. Itaque mala temporalia tam nequeunt impedire salutem Ecclesiæ, quam promovere eandem bona temporalia non possunt. L. cit.

der Welt erkannt, und gesehen; endlich die Parabeln von den Talenten bey Matthäus K. 25. Und bey Lukas K. 19. von den zehen Pfunden sind viel zu überzeugende Beweise, daß zeitlich und sichtbare Dinge zum Heile der Seelen sehr vieles beytragen.

Die nämliche Beschaffenheit hat es mit den zeitlichen Uebeln. Gerade zu, unmittelbar, und aus innerer Kraft verhindern sie freylich nicht das Heil der Kirche; seitwerts aber und anlaßweise ꝛc. haben sie, wie die tägliche Erfahrniß und die göttliche Schrift in mehrern Stellen handgreiflich lehret, bey tausend und tausend Menschen die Schuld, daß sich diese auf Irrwege hinreissen lassen, und ewig verlohren gehen. Aus welchem ich dann diesen Schluß mache: Die Kirche hat unstreitig die gebiethende Macht, das zu verordnen, was zum geistlichen Endzwecke ihrer Mitglieder gedeihet, oder dessen Erreichung verhindert: Nun gedeihen aber zum geistlichen Endzwecke der Mitglieder der Kirche, nicht nur allein die pur geistlichen Güter, sondern auch, obschon nur seitwerts und anlaßweise, jene Güter, die wir zeitliche nennen: Folgsam hat auch die Kirche die gebiethende Macht, nicht nur über pur geistliche Güter und Uebel, sondern auch über entgegen gesetzte zeitliche Uebel und Güter Verordnungen zu machen: gerade so nämlich, wie etwan ein Vater die Macht, und das Recht hat, seinem Sohne nicht nur das zu befehlen oder zu verbiethen, was unmittelbar oder sein Heil oder das Verderben seiner Seele bewirket, sondern was auch nur seitwerts und anlaßweise beyträgt, daß dieß oder jenes Sündhaftes von ihm geschieht. — Ja da sie selbst an schon angezogenem §. 148. ausdrücklich lehrten, „daß der sittlich „gute Gebrauch der zeitlichen Güter ein Mittel „sey, durch welches das Heil, das ist, der „Endzweck der Kirche befördert werde: und „dieser sittlich gute Gebrauch unter die geistli„chen Güter gehöre (*). So dann §. 179. „gleich-

(*) Bonorum temporalium usus moraliter bonus Medium quidem est, quo salus Ecclesiæ promovetur: at hic ipse usus, quatenus est moraliter bonus, inter Bona spiritualia locum habet.

„ gleichfalls auch selbsten der Kirche über die in„ nerlichen Handlungen, welche zu ihrem geist„ lichen Endzwecke beytragen, die Gewalt ein„ räumen, im Gewissen verbindende Gesetze zu „ machen: „ so sehe ich nicht, wie sie in ihrem Systeme der Kirche auch über blos zeitliche Güter und Uebel, so viel diese eines sittlich guten Gebrauches fähig sind, wenigst eine seitwerts gebiethende Macht (**Potestatem indirectam in temporalia**) absprechen können.

Endlich weil ich nicht zweifle, daß sie als ein katholischer Lehrer mir gerne zugeben werden, daß die Kirche aus geistlicher Absicht gewisse Fästtäge verordnen, die Enthaltung von knechtlicher Arbeit zu gewissen Zeiten gebiethen, und den unnöthigen Umgang mit Ketzern gesetzmäßig abschaffen könne, welche Dinge alle nach ihrer Natur pur zeitlich sind, folgsam in ihrem Systeme und im engen Verstande keine Mittel zum geistlichen Endzwecke sind: so möchte ich wissen, aus welchem Gewalt(**an ex Potestate directa? an indirecta?**) die Kirche vermöge, über besagte pur zeitliche Dinge Gesetze zu machen? So dann, warum nicht die Kirche aus der nämlichen Macht (ex Potestate sive directa, sive indirecta) überhaupts über alle zeitliche Güter möge verordnen, wenn sie dabey nur zu der Absicht die Erreichung des geistlichen Endzweckes hat?

§. 200. Lit. a. behaupten sie: „jene sey „nicht die wahre Religion, welche bürgerlich bö„se, das ist, staatschädliche Handlungen oder „gebiethet, oder zuläßt: aus welchem auch fol„ge, daß jene die wahre Kirche nicht sey, die „sich zu solcher Religion bekenne (*).„

Schon mehrmal hörte ich diesen Satz von den heutigen Modegelehrten als richtig vorgeben. Allein ihnen in Freundschaft zu melden, scheint er mir nach ernstlichem Nachdenken nicht nur nicht richtig, sondern sogar der göttlichen Schrift zuwider zu laufen. Drey einzige Stellen will ich

(*) Religio vera non est, quæ actionem quamdam *civiliter malam* Membris Ecclesiæ aut præcipit, aut *permittit*; atque adeo nec Ecclesia vera est, quæ ejusmodi Religionem profitetur.

ich ihnen vorlegen, die mir die Meinung abbringen.

A) 1. Korint. 7. V. 7. lese ich also: „Ich wollte, daß alle Menschen wären, wie „ich selbst bin: (der Apostel redet von Enthal„tung von der Ehe) allein ein jeder hat seine „eigene Gabe von Gott; einer zwar so, der „andere auf eine andere Weise. Ich sage aber „den Unverheuratheten und Wittwen, es ist „ihnen gut, wenn sie bleiben, wie ich (*).„ Freund! sie wissen es selbst, daß unter den Staasmaximen eine der ersten die Bevölkerung ist. Doch wünschte der Apostel, daß alle Menschen wären, wie er, und blieben, wie er, unverheurathet, und ledig.

Nach seiner Lehre steht also einem jeden frey, oder den ledigen Stand zu erwählen,

 oder

(*) Volo *omnes vos* esse sicut me ipsum: sed unusquisque proprium donum habet ex Deo: alius quidem sic, alius vero sic. Dico autem non Nuptis, & Viduis: Bonum est illis, si sic permaneant. sicut & ego.

oder sich zu der Ehe zu entschliessen. Ja, nach seinem untrüglichen Urtheile ist es noch besser, ledig zu bleiben, als in den Ehestand zu treten. Wie aber, erlaubt hier nicht Paulus, ja räth er nicht eine solche Handlung ein, welche irdisch betrachtet, äußerst staatschädlich ist? — Setzen wir, nur die Halfte der Bürger bediene sich dieser Erlaubniß und Rathes des Apostels; welcher Schade wird nicht dem Staate zugehen, und wie wenig wird er bevölkert seyn? — Ist der Satz also richtig, daß jene die wahre Religion nicht sey, welche staatschädliche Handlungen, oder gebiethet, oder blos zuläßt, so ist die Folge unstreitig, daß wirklich die christliche Religion die wahre nicht sey; weil sie nach der Lehre des Paulus, die Enthaltsamkeit nicht nur blos zuläßt, sondern noch einräth, was doch in Rücksicht auf die Bevölkerung unwidersprechlich schädlich ist.

B) 1. **Timot. 6. V. 8. und 9.** drückt sich abermal der Weltlehrer Paulus auf folgende Weise aus: „Wenn wir Kleider und Nahrung „haben, so läßt uns damit zufrieden seyn: „Denn die reich zu werden verlangen, fallen in „die

„ die Versuchung, und in den Fallstrick des „ Teufels, und in viele unnütze und schädliche „ Begierden, die den Menschen in das Verder- „ ben, und in die Verdammniß stürzen.„ (*) Hochwürdiger! wenn sich die Leute blos mit der Nahrung und Kleidung befriedigen, und um zeitlichen Reichthum sich nicht bewerben sollten, wie der Apostel hier lehret; wo blieb Gewerb und Kommerz? wo einträgliche Künsten und Profeßionen? wo die für den Staat so nützliche Schiffart, Manufakturen, und die Unterhaltung streitbarer Armeen zu Beschützung der Län- rc.? Räth also nicht offenbar Paulus in der angezogenen Stelle solche Handlungen ein, welche dem Zeitlichen nachtheilig sind?— Ist nun aber, wie sie behaupten, jene Religion nicht die wahre, welche solche Handlungen zuläßt, ja wohl gar auch einräth; wie kann unsre christ-

(*) Habentes autem alimenta, & quibus tegamur, his contenti simus. Nam qui volunt divites fieri, incidunt in tentationem, & in laqueum diaboli, & desideria multa inutilia & nociva, quæ mergunt homines in interitum & perditionem.

liche nach ihrem Systeme die wahre seyn, welche wirklich dergleichen Handlungen zuläßt, ja einräth? — Theuerster! verzeihen sie diese Frage: sie geschieht nicht, als wenn ich über sie in Rücksicht auf die Religion üblen Verdacht hegte: nein, so böse denke ich von ihnen nicht: ich halte sie für den rechtschaffenen Christen und Katholiken. Nur ihren Satz rüge ich mit meiner Frage, welcher wenn er seine Richtigkeit hatte, so würde, wenigst nach meiner Logik, die christliche Religion unmöglich mehr die wahre seyn können.

C) Matthäi K. 19. wies selbst der göttliche Welterlöser die Ehe in ihre erste Einsetzung zurück, und schaffte die aller Orten übliche Vielweiberey ab (*). Bey Lukas aber K. 16. spricht er: „Wer sich meiner und meiner Worte wird schämen, dessen wird sich auch des Menschen Sohn schämen, wenn er in seiner und

(*) Dico autem vobis, quia quicumque dimiserit uxorem suam, nisi ob fornicationem, & aliam duxerit, mœchatur: & qui dimissam duxerit, mœchatur.

„ und seines Vaters und der heiligen Engel „ Herrlichkeit kommen wird „ (*). Beyde diese evangelische Gesetze sind in Rücksicht auf den Staat nach meinem Begriffe pur bürgerlich betrachtet, nicht selten schädlich. Denn wie viele Kriege und Zerrüttungen sind nicht bis auf unsere Zeiten theils wegen Abgang der Succeßion der Regenten, theils wegen der Religion entstanden, welche unfehlbar sich nie ergeben hätten, wenn sich die Regenten neben ihrer unfruchtbaren Gattinn eine fruchtbare beyzulegen, und den Christen über die äußerliche Bekenntniß ihrer Religion oder gleichgültig oder zurückhaltend zu seyn erlaubt gewesen wäre? Nothwendig folgt also schon wieder aus zweyen eines: Entweder daß die christliche Religion nicht die wahre, oder ihr Satz falsch sey, daß jene Religion die Aechtheit nicht habe, welche staatschädliche Handlung oder gebierhet, oder zuläßt. Ja, mein Herr! Da sie in ihrer Antwort auf das zweyte Gespräch der zween altmodischen Pfar-

(*) Qui me erubuerit, & meos sermones, hunc filius hominis erubescet, cum venerit in Majestate sua & Patris & sanctorum Angelorum.

rer im Allgeu, S. 111. sich also ausdrücken:
„ Diese zwey Gesetze (nämlich des Conciliums
„ zu Elvira Can. 15. & 16. in denen den christ-
„ lichen Mädchen verbothen ward, sich oder an
„ Heyden oder an Ketzer zu verheurathen) möch-
„ ten etwa dem Staate nachtheilig gewesen seyn:
„ was sie aber verordneten, war schon von Gott
„ verbothen, daß nämlich Niemand der Gefahr
„ zu sündigen sich aussetzen soll „: Da sie diese Worte hinschrieben, sage ich, geben sie nicht also selbst zu, daß die göttliche Religion staatschädliche Handlungen nicht nur zulassen, sondern sogar auch gebiethen könne? Kann aber die wahre Religion dieses nach ihrer eignen Bekenntniß, wo bleibt der Bestand ihres Satzes, daß jene Religion die wahre nicht sey, die Handlungen oder gebiethet, oder zuläßt, die dem Zeitlichen einen Nachtheil bringen? Ja wie bestehen gleichfalls ihre zween noch andere Sätze, die sie in dem nämlichen §. 200. Lit. b. und c. unvorsichtig behaupten: Daß nämlich die an sich selbst schon religiöse Handlungen religiöse zu seyn alsogleich aufhören, wenn sie den bürgerlichen Nutzen und das zeitliches Wohl zu verhindern

dern anfangen? (*) Und daß die kirchliche Macht nicht berechtiget sey, ihre Glieder zur Beobachtung staatschädlicher Gesetze zu verbinden? (**) — Aber von diesem für dießmal genug; weil ich ihnen noch mehrere Sätze anzeigen muß, die nicht allein mir, sondern auch andern, welche mehrere Einsicht besitzen als ich, so ziemlich bedenklich scheinen.

Ueberhaupt scheinet es, daß, da sie an ihrem Werke arbeiteten, sie das eigentliche und letzte Ziel der auf der Welt lebenden Menschen zu weit von ihren Gemüthsaugen gelassen haben.

Wer sich jener so bekannten und ganz simpeln evangelischen Wahrheiten erinnert. Z. B. **Nur eines ist nothwendig**: nämlich sich bey Lebszeiten zu vervollkommen und endlich ewig selig zu werden. — Ist dann die Seel nicht

(*) Actiones alioqui religiosæ, si Civitatis Salutem impediant, religiosæ esse desinunt.

(** Imperium ecclesiasticum caret jure subditos suos obligandi ad servandas leges Civitati nocivas.

nicht mehr werth, als die Speis? — Sucht zuerst das Reich Gottes. — Was nützt es den Menschen, wenn er die ganze Welt gewinnt, an seiner Seele aber Schaden leidet? — Gebraucht euch der Welt, als gebrauchtet ihr euch derselben nicht; dann die Welt vergeht; wir selbst sind nur Wanderer darauf. — Wem wird das zukommen, was du mit so großer Sorgfalt zusammen gebracht hast? Wer sage ich, diese wenige evangelische Grundsätze etwas reifers zu Gemüth führet, wird gar leicht fassen, daß sie Hochwürdiger! in ihrem Systeme, wider die Absicht des göttlichen Stifters die ganze Ordnung verkehrt haben und dem Leibe vor der Seele, dem Zeitlichen vor dem Ewigen, dem Natürlichen vor dem Uebernatürlichen den Rang und Vorzug eingeräumet haben. Durch ihre Gründe werden Regenten und Unterthanen verleitet, mehr für das Zeitliche als Ewige, mehr für das Wohl der Staaten, als der Religion und des Reichs Christi zu sorgen. Diese Folgen werden wahr bleiben, sey die Kirche im Staate, oder der Staat in der Kirche.

Aber weiter. S. 107. §. 204. Räumen sie dem Regenten das Recht ein, A) seine Unterthanen oder zur Unterlassung oder Ausübung gewisser äußerlichen Handlungen zu verbinden, nachdem nämlich diese Handlungen mit ihrer Religion, zu der sie sich bekennen, übereinstimmen oder nicht (*). Dieser Lehre zu Folge kann also der katholische Landesfürst seine protestantischen Staatsbürger verbinden, das lutherisch — oder kalvinische Abendmal zu empfangen, und überhaupts sich äußerlich nach den irrigen protestantischen Glaubenslehren zu fügen. Freund! ist dieß für einen Katholicken nicht ärgerlich gesprochen? Oder giebt es vielleicht nach ihren Ideen ein Recht für die Regenten, Kraft dessen sie ihre Unterthanen zu falschen, und dem wahren Glauben widrigen, folgsam sündhaften Uebungen verpflichten können? — Irrige Religionsübungen mag wohl

(*) Itaque Princeps ex jure Advocatiæ ecclesiasticæ subditos obligat ad actiones quasdam vel ponendas vel omittendas, prout eas Religioni, quam illi profitentur, aut conformes aut difformes esse constiterit.

wohl zuweilen, und für gewisse Umstände der Landesherr zulassen; aber solche seinen Unterthanen befehlen, und dazu sie im Gewissen verbinden, hat er kein Recht: Gott selbst hat es nicht; weil Gott nichts falsches und sittlich Böses anbefehlen kann.

B) Berechtigen sie weiter die Regenten, ihre Unterthanen, wenn sie die äußerlichen Gesetze ihrer Religion übertreten, mit zeitlichen Strafen zu züchtigen (*). Setzen wir nun, der Uebertreter sey z. B. ein Heyd, ein Jud, ein nur aus Gnade geduldeter Ketzer, aus deren Uebertretung ihrer äußerlicher Religionsgesetze keine Unruhe im Staate entstehe: soll wohl auch diese ein katholischer Landesfürst mit Rechte zu strafen vermögen? Ich sage nein, und immerfort nein: weil ja kein katholischer Landesherr solche Unterlassungen zu strafen die Macht hat, welche er weiß, daß der allerhöchste selbst wolle, daß man sie unterlasse. Nun weiß aber ein katholischer

(*) Transgressoribus Legum ad Religionem externam pertinentium, pœnas temporales infligit Princeps.

scher Landsherr, daß der Allerhöchste die Unterlassung jener Handlungen selbst wolle, welche oder die heydnisch — oder jüdisch — oder ketzerische Religion ihren Anhängern vorschreibt: mit welchem Rechte soll er also befugt seyn, die Unterlassung dergleichen Gott mißfälliger Religionsübungen zu strafen? Oder ist etwan in unsern Zeiten strafwürdig geworden, wenn nicht geschieht, was dem Allerhöchsten mißfällt?

C) Schreiben sie wieder: Der Regent hat das Recht, nachzuforschen, ob seine Staatsbürger die äußerlichen Gesetze ihrer Religion beobachten, oder nicht (*). Verstehen sie dieses in der Rücksicht auf katholische Fürsten und Christen, dann stimme ich ihnen in gewisser Maaß selbst bey: weil ja der Staaten sowohl zeitlich — als ewige Wohlfahrt davon abhängt, daß der wahre Dienst Gottes nach allen Kräften betrieben und niemal vernachläßiget werde. Daß aber die Regenten auch ein Recht und zwar ein Majestätsrecht

(*) Princeps inquirit, an Subditi Leges, queis Religioni externæ consulitur, servent, nec ne.

recht haben sollen, nachzuforschen, ob ihre Unterthanen die äußerlichen Gesetze ihrer falschen Religionen erfüllen oder nicht, fasse ich nicht, mit welchem Grunde sich dieses vertheidigen lasse. Denn zu welchem Ende soll dieses Recht den Regenten wohl dienen? Damit sie vielleicht die falsche Religionen in ihren Staaten aufrecht erhalten mögen? Das hoffe ich nicht, daß sie als ein katholischer Lehrer zugeben werden, daß sie die Ausübung jener Religionen betreiben, die sie doch selbst für falsche erkennen? Dieß hieß ja wider alles Naturrecht die Fürsten zu etwas verbinden, was sie doch glauben, dem Allerhöchsten mißfällig zu seyn? Endlich, damit sie vielleicht die Uebertreter falscher Religionsgesetze mögen bestrafen? allein ist denn wohl strafwürdig, wenn schon nicht geschieht, was Gott dem Herrn mißfällt? Theuerster! erklären sie sich doch in Zukunft deutlicher, damit man nicht Ursache habe, über ihre Lehre fernerhin viele unbeliebige Glossen zu machen.

D) Behaupten sie letztens in dem berührten §. 204. daß dem Regenten das Befügniß zukomme, alle bürgerlichen Streitigkeiten zu entscheischeiden, die sich über die äußerlichen Religionsgeschäfte ergeben. Was sie nun aber unter diesen bürgerlichen Streitigkeiten über Religionssachen verstehen, hierüber erklären sie sich in der angehängten Note; nämlich jene äußerlichen Religionshandlungen, von denen zwar bekannt ist, in wie weit sie mit der Religion übereinstimmen, oder nicht: entgegen aber noch zweifelhaft ist, ob sie wohl bürgerlich gut oder nachtheilig seyn (*) Verehrtester Herr Professor! wir setzen also den Fall, es werde bezweifelt, ob das äußerliche Bekenntniß, daß der heilige Geist zugleich von dem Vater und Sohne ausgehe; oder daß der Gottmensch in dem heiligen Altarssakrament schon vor der Nießung gegenwär-

(*) Controversias civiles circa negotia Religionis externa decidit Princeps, ut inde Salus Civitatis promoveatur. - Controversias civiles, quae ad jus Advocatiae ecclesiasticae pertinent, voco eas, queis disceptatur, an actiones quaedam externae, quas quidem *Religioni consentaneas* vel *adversas esse constat*, *civiliter* etiam *bonae* vel *malae* sint.

wärtig da sey; oder daß in der Person Jesu Christi sich nicht nur eine, sondern zwo Naturen befinden 2c. setzen wir, sage ich, den Fall, es entstehe ein Zweifel, ob dergleichen äußerliche Bekenntniße in Rücksicht auf den Staat bürgerlich gut oder nicht gut sey. Nach ihrer Lehre, nicht wahr, hat nun hierüber der Regent, nicht die Kirche die Entscheidung zu geben? Entscheidet er aber, daß besagte äußerliche Bekenntnisse bürgerlich staatschädlich sey, dann ist es nach ihrer anderwärtigen Lehre §. 200. der Kirchenglieder ihre Pflicht, daß sie von berührten äußerlichen Bekenntnissen abstehen, uud folgsam wenn anders meine Logik nicht betrügt, den Glauben nur in den Herzen behalten. —

Freund! sie haben ja doch auch die Geschichte von dem Henotikon des Zenons, von der Ecthesis des Heraklius, und von dem Typus Kaisers Constans gelesen? Je nun, so sagen sie mir zur Gnade, warum sich die Kirche nach diesen kaiserlichen Verfügungungen, die doch alle die öffentliche Ruhe znm Gegenstand hatten, nicht gehorsamlich gefügt, ja sogar diese Verordnungen noch verdammt, und für sündhaft

haft erklärt habe? Fehlte vielleicht in diesem Stücke die Kirche, und wagte zuviel wider die Gerechtsame dortmaliger Kaiser? Ey! dieß wäre doch ein bischen zu freymüthig gesprochen! Getrauen sie aber so einen Fehler der katholischen Kirche nicht aufzumutzen, so sehe ich nicht, wie noch ihre Lehre bestehe, daß nämlich dem Regenten das Befugniß zukomme, über die äußerlichen Religionsstreitgkeiten den gesetzmäßigen Bescheid zu ertheilen, ob derer Gegenstände bürgerlich gut oder böß, folgsam äußerlich in Ausübung zu bringen, oder zu unterlassen seyn. — Doch will ich mit meinem Urtheile nicht zu füreilig seyn; denn vielleicht wissen sie noch gute Auswege, die mir unbekannt sind.

§. 205. Folgg. Lassen sie das Placetum regium sammt seinem zahlreichen Gefolge, will sagen, mit allen den kleinern Rechten auftreten, welche aus jenem als ihrem natürlichen Ursprunge hervorgehen sollen. Allein so sehr sie auch immer beschäfftiget sind, diese Rechte für die Regenten zu verfechten, muß ich ihnen im Vertrauen doch melden, daß der Grund, aus dem sie besagte fürstlichen Gerechtsame herleiten wollen, nicht Stein oder Felsen, sondern eitel Sand sey.

Im a. §. schreiben sie also: „Der weltlichen „Macht klebet innerst an die Gewalt zu verhü„ten, damit nichts in ihren Staaten vorgehe, „wodurch dem öffentlichen Heile einiger Scha„den bevorsteht. Wenn demnach die Kirchen„geschäfte mit einigem Nachtheile des Staates „verbunden seyn können, so gebührt ja dem Re„genten nothwendig das Recht, Vorsehung zu „thun, damit unter dem Vorwand der Religion „nicht etwas solches geschehe, was den Staate „beschädigen könnte. — Aus diesen dächte ich „nun, fahren sie fort §. 207. sollte richtig aus„gemacht seyn, daß der Regent rechtmäßig „handle, wenn er Gesetze verfasset, daß keine „kirchliche Verordnungen ehevor in dem Staate „verkündiget werden, als sie seiner Einsicht vor„gelegt worden, und wenn er auch wirklich die „Verrufung bemeldter Verordnungen nicht vor„gehen läßt, so fern er in diesen etwas staat„schädliches entdeckt (*).„ Hochwürdiger! was

(*) Imperio civili inhæret potestas impediendi ne

was ich ihnen auf diesen Beweis schon in meinem ersten Etwas an sie, so dann in der Zugabe zu dem Etwas, und erst jüngsthin in meinen **Gegenantworten auf ihre Antworten**, wenn ich nicht irre, so ziemlich entscheidend gesagt habe, will ich zu ihrem Verdruß nicht wiederholen: das aber muß ich sie fragen: Wie hängt wohl diese ihre Lehre mit jener andern zusammen, die sie §. 154. mit folgenden Worten vortragen: „Gleichwie mit der Macht einer jeden Gemeinde unzertrennlich die Gewalt

 „Ge-

ne quid in Civitate agatur, unde Saluti publicæ damnum aliquod imminet. Si igitur negotia ecclesiastica cum quodam detrimento Civitatis conjuncta esse possint, Principi jus competat, necesse esse, cavendi, ne obtentu Religionis quidquam fiat, quod civili Reipublicæ aliquo modo nocere possit. Ex his manifeste confectum arbitror, jure suo agere Principem, si lata Lege sanciat, ne constitutiones ecclesiasticæ antea in Civitate promulgentur, quam sibi ad inspiciendum fuerint exhibitæ, earumque promulgationem prohibeat, si quid externæ civium felicitati nocivum in illis detexerit.

„ Gesetze zu machen, zu strafen, zu richten,
„ die Handlungen der Untergebenen einzusehen,
„ und die Gesetze in die Erfüllung zu bringen
„ verbunden ist, eben so enthält auch die Kir-
„ chenmacht die angeführte fünffache (*). Hat die Kirche die Macht **Gesetze zu machen**, so ist sie ja eben darum in ihrem Fache die höchste und folgsam von jeder anderer Macht unabhängig, und souverain. Ist sie aber unabhängig und souverain; woher soll in Rücksicht auf sie, die Obliegenheit kommen, ihre Gesetze den weltlichen Regenten vor die Augen zu legen, und ab Seite der Beherrscher, wo soll wohl das Recht sich herschreiben, die Kirchengesetze zur vorläufigen Untersuchung fodern zu können? vielleicht von daher, weil die Kirche nur die Gewalt hat, für den weltlichen Staat unschädliche Gesetze zu machen? Nein! hat nicht aber auch selbst der weltliche Regent nur die Gewalt, daß er für den Staat nützliche, nicht schädliche Gesetze verfasse?

(*) Sicut cum Imperio cujuscumque Societatis nexu indivulso cohæret potestas legislatoria, coactiva, judiciaria, inspectoria, & executoria: ita & Imperio ecclesiastico continetur

fasse? Ist er nun deßwegen nicht souverain, und in seiner Macht nicht unabhangig? Werden sie sagen: Die Kirche könne nicht wissen, welche Gesetze staatschädlich seyn oder nicht; weil aber Gott wolle, daß die Kirche dem Staate nicht schade, so folge nothwendig, daß eben auch Gott die Kirche in ihrer gesetzgebenden Macht an das Urtheil der Regenten angeheftet habe, ehe noch ihre Gesetze verbinden: werden sie dieses sagen; denn möchte ich wissen, warum denn die Apostel und ihre unmittelbaren Nachfolger, ungeachtet besagter göttlicher Anheftung und vorgeblicher Unwissenheit, was dem Staate schade oder nicht, ihre vielfältigen Gesetze durch ganze drey hundert Jahre den weltlichen Beherrschern nicht vor die Augen gelegt, ja noch sogar durch die **disciplina arcani** sorgfältigst ihrer Einsicht entzogen haben? **b**) Wie beweisen sie, daß jene Gesetze der Kirche mit Rechte staatschädlich genennt werden können, welche allein auf die **mehrere** Verherrlichung der Ehre Gottes, auf die **sicherere** Vermeidung der Sünden und auf die **gewissere** Erreichung der christlichen Vollkommenheit, und des ewigen Heiles erwecken? Ich dächte, daß man eben so

 we=

wenig jenes mit Wahrheit für schädlich auzugeben berechtiget seye, wodurch ein grösseres Gut erobert wird, als sie ja selbst schreiben §. 9. daß jenes den Namen eines Uebels nicht verdiene, durch welches wir einem noch grössern Uebel entgehen c). Wenn man auch alles zugeben sollte, daß die Vorsteher der Kirche nicht wissen mögen, ob ihre Gesetze nicht etwa staatschädlich seyn, hiemit daß der Allerhöchste selbst wolle, daß den Regenten die geistlichen Gesetz noch vor ihrer Verkindung vorgelegt werden; folgte deßwegen hieraus ein mehreres nicht, als daß Gott den Regenten allein die vorläufige Einsicht der Kirchengesetze, nicht aber zugleich auch das Placetum regium, oder das Recht sie zu verwerfen oder zu begnehmigen eingeräumt hätte.

Denn weil ja das Placetum regium und das Recht der vorläufigen Einsicht der Kirchengesetze zwey von einander verschiedene Gerechtsame sind, welche auch füglich getrennt stehen können, so läßt sich nach meiner wenigen Logik von einem dieser Rechten keine richtige Folgerung auf das andere machen. Haben nun aber die Regenten das Placetum regium nicht, wie so wohl gegen-

-wärtigen Einreden, als die Argumente beweisen, die ich meinem ersten Etwas an sie, und in der Zugabe sammt meinen Gegenantworten auf ihre Antwort vorgebracht habe; ja auch aus diesem erhellet, was sie R. ad oppos. VI. §. 331. selbst schreiben; so fallen auch eben darum alle übrigen Regentenrechte in Rücksicht auf die Kirche hinweg, die sie vom §. 210. bis 212. den Regenten beyzulegen beliebten.

Was sie §. 212. folgg. ins besondere von dem Rechte der Regenten in Betreff der äußerlichen Kirchengeschäfte (**de jure circa Sacra**) vorkommen lassen, nämlich daß die Fürsten berechtiget seyn sollen, die äußerlichen Geschäffte der Kirche so zu bestimmen, zu mäßigen und modificiren, damit sie für die weltlichen Staaten zum Theile unschädlich, zum Theile auch vortheilhaft ausfallen, fasse ich nicht, wie sie dieses ohne innern Schauder hinschreiben konnten. Denn wenn ja ihre Lehre wahr ist, so mag folgsam jeder Landesherr, ob er auch schon entweder ein Heyd, oder ein anderer Ungläubiger wäre, so fern ers nur für **staatschädlich** ansieht, z. B. die Feyrung der Sonn- und Festtägen abschaffen; das öftere Meßhören, Beichten und Communiciren verbiethen; das Fasten oder gänzlich aufheben, oder blos auf gewisse Zeiten und Stunden einschränken: entgegen das Heurathen in den bis daher von der Kirche verbothenen Graden erlauben; die Mönche und Nonnen von ihnen für staatschädlich angesehenen Gelübden losmachen; den ältern und neuern Kanonen, in so weit sie blos kirchliche sind, ihre Verbindungskraft wegnehmen, und überhaupts die ganze Disciplin der Kirche, auch wider das Gutachten der Bischöfe und allgemeiner Concilien in einen andern Model umgiessen. — Und wie bald könnte dieses geschehen? —

Es bedarf nur, daß ein Regent böse Räthe und Projektanten um sich her habe; oder daß er falsche Begriffe von dem Staatsrechte hege; oder daß ihn Leidenschaften etwa der uneingeschränkten Herrschsucht, des Geizes, der Abneigung gegen die Vorsteher der Kirche und der Kirchenzucht beherrschen; welche Leidenschaften den fürstlichen Augen nicht selten die Wahrheit verbergen: dann wird er sich nimmer lange bedenken,

sich

sich in Bestimmung der äußerlichen Kirchengeschäffte seiner vorgeblichen Gewalt (**Juris circa Sacra**) zu bedienen, und das äußerliche Kirchenregiment nach dem öfters verdorbenen Hofgeschmacke, nicht aber nach der Strengheit des Evangelinms und dessen von der Kirche allein unfehlbar erkenntlichen Absichten und Vorschriften einzurichten. Freund! so verehrungswürdig sie mir immer ihrer Person nach sind, werden sie mir doch gütigst vergeben, wenn ich ihre Lehre von dem Rechts der Regenten über die äußerlichen Kirchengeschäffte (**jus circa sacra**) als schaudervoll ansehe: besonders weil sie eines Theils dieses ohne Einschränkung, folgsam auch auf heydnische und irrgläubige Fürsten ausdehnen; andern Theils aber nicht einen einzigen **gottseligen** Regenten aufzuweisen im Stande sind, der sich so eines Rechtes in der christlichen Kirche angemasset hat.

Hat nicht aber, wenden sie zu ihrer Rechtfertigung ein, hat nicht der Regent das sichere Recht, für seine weltichen Staaten Vorsehung zu thun, und zu verhüten, damit diesen von

Nie-

Niemand einiger Schaden zugefügt werde? — Ja, dieses Recht hat der Regent. Was folget daraus? Also hat er auch das Befugniß, die äußerlichen Kirchengeschäffte und Gesetze so zu bestimmen, zu modeln, und ihnen eine solche Wendung zu geben, daß sie dem Staate nicht schaden, sondern vortheilhaft werden? Ja, das würde folgen, wenn die Kirche dem Regenten Unterthan wäre, wie seine weltlichen Gerichte sind. Sie ist aber, souverain, die Kirche, und ihre gesetzgebende Macht, ist eben so unmittelbar von Gott, als immer jene der Monarchen seyn mag: wie soll also der Fürst ihre Gesetze als einer Souverainin zu bestimmen, zu modeln, zu beschneiden berechtiget seyn? — Die Kirche darf aber dem Staate nicht schaden — Ich stimme bey — Ist wohl aber dem Staate ein wahrhafter Schade, wenn ihm zwar einiger Verlurst am Zeitlichen zugeht, aber dagegen durch die Gesetze der Kirche die Ehre Gottes verbreitet, die Gefahren zur Sünde vermindert, und das ewige Heil der Bürger im Staate mehr versichert wird? Ich sage nein; sonst hätte Epikur nicht Unrecht: oder was nützt es am Ende alle Staatsbürger, wenn sie auch alle weltliche Dinge und Güter gewinnen, aber zuletzt der Hölle zugiengen? — Zu dem, Hochwürdiger Herr! bringen die christlichen Regenten souverainen Vorstehern der Kirche ihre Beschwerden, und den vermeintlichen Staatsschaden vor (wie es zwischen Souveranen üblich ist) dann werden gewiß die Hierarchen ihre Gesetze nicht mehr betreiben, so ferne sie immer die Gefahr des zeitlichen Schadens jener des geistlichen werden vorwiegen sehen. —

Wollten Sie sagen, die Vorsteher der Kir-Kirche könnten doch aber in Beurtheiluug und Abwägung des geistlich- und zeitlichen Schadens oder Nutzens sich irren, zumal unter dem Vorwande des geistlichen Bestens verschiedene zeitliche Nachtheile verursachen: was diente diese Einrede zur Hauptsache? — Denn ich frage: können nicht auch die weltlichen Beherrscher in Beurtheilung und Abwägung des zeitlichen Privat- und allgemeinen Nutzens oder Schadens sich irren? Können sie nicht unter dem Vorwande des allgemeinen Bestens der Staaten verschiedene Nachtheile Privaten sowohl, als dem Publikum verursachen, und in Geheime ihr eigenes

Interesse

Interesse zum Augenmerk haben? Dörfen deßwegen die Unterthanen gegen ihre weltlichen Gesetze sich sträuben? oder haben sie deßwegen **jus circa temporalia**, will sagen, das Recht besagte Gesetze zu modifiziren, und ihnen nach eigenem Gutachten die Bestimmung zu geben? — Theurester! Gott hat Menschen, keine Engel über unsere Häupter als Gesetzgeber gesetzt, die sowohl in Abwägung der Gefahren des geistlich- und zeitlichen Bestens sich irren, als in Ausübung ihrer Gewalt auf Mißbräuche verfallen können: dessen ungeachtet befiehlt er ihre Gesetze zu befolgen. Weil also Vernunft und natürliche Ordnung gebiethet, daß das geistliche Beste oder Uebel immer vor dem zeitlichen oder befördert oder vermieden werden solle, so folget von selbst, daß die weltliche Macht, der allein den zeitlichen und minder wichtigen Endzweck zu besorgen obliegt, so lange der geistlichen Gewalt nachzugeben, und deren auf das ewige Beste abzielende, hiemit mehr wichtige Gesetze zu vollziehen, die Schuldigkeit habe, als lange nicht gewiß ist, daß der zeitliche Schaden oder Nutzen dem geistlichen vorwiege, oder die Vorsteher der Kirche unter dem Vorwande des geistlichen End-

zweckes

zweckes ihre Gewalt mißbrauchen. In dubio enim justitiæ Legis, vel Legislatoris, sprechen alle Gelehrten, parendum est Legi & Legislatori. —

Endlich mein Herr, scheinen sie mir ihr ganzes Gebäude von dem fürstlichen Rechte circa Sacra oder über die äußerlichen Kirchengeschäfte, §. 249. wieder unvermerket nieder zu reissen. Denn da drücken sie sich also aus: „Der Kirchenvorsteher kann nach Umstände der „Sachen jene Religionshandlungen, die nur in „zufälligen Dingen unterschieden sind, itzt „oder gebiethen oder verbiethen, nachdem nämlich der Unterschied oder mehr oder minder zu „dem Heile der Kirche beyträgt (*)„. Können nach dieser ihrer Geständniß die Vorsteher der Kirche jene Religionshandlungen, die nur in

(*) Superior ecclesiasticus Religiones accidentaliter diversas nunc potest, nunc etiam tenetur subditis suis vel permittere, vel prohibere, vel præcipere: prout nimirum ejusmodi diversitas pro diversitate Circumstantiarum Salutem Ecclesiæ magis, minusve promovet.

in zufälligen Stücken unterschieden sind, aus eigener Macht oder zulassen, oder gebiethen, so kömmt ja eben darum diese Gewalt den Regenten nicht zu; weil in der katholischen Kirche die Mitregentschaft der weltlichen Fürsten und Bischöfe unerhört ist. — Kömmt aber den weltlichen Beherrschern die Mitregentschaft in der katholischen Kirche nicht zu: wo bleibt ihr so genanntes Jus circa Sacra oder das Recht, die äußerlich-kirchlichen Handlungen zu bestimmen, zu beschneiden, und ihnen eine fürstlich-beliebige Wendung zu geben? — Ja weil die Gewalt eines andern Gesetze zu modificiren, zu beschränken und zu bestimmen immer eine noch höhere gesetzgebende Macht nothwendig zum voraus setzet, müßte man zugeben, daß, so ferne den Fürsten das Jus circa Sacra, oder das Recht, die kirchlichen Gesetze zu bestimmen zukommen sollte, die gesetzgebende Macht der Regenten wirklich nicht nur in Rücksicht auf den weltlichen Staat, sondern auch den kirchischen die höchste sey. Hochwürdiger! Sie sind mir zu viel Katholik, als daß ich solches bisher in unserer Kirche noch unerhörtes, und eitel protestantisches System von ihnen auch nur muthmassen dörfte. Ich will

will also glauben, sie haben die Sache von dem Jure Principum circa sacra in ihrem Gemüthe ganz besser benommen, als der trockene Buchstaben ihrer Worte sich ausdrückt. — Ich bin mit der ausgezeichensten Hochachtung

Ihr

verbundenster Diener, Freund
und Liebhaber der Wahrheit
im Allgeu.

Nachschrift.

Schier wäre mir entflohen, was ich ihnen in meinem gegenwärtigen zweyten Etwas noch gerne eröffnet hätte. Sie erlauben also das allbereit Vergessene in das Nachschreiben einzuschalten.

In der Note ad §. 240. gestehen sie, daß der Regent, wenn er etwas sittlich Böses verordnet, dem Kirchenvorsteher nachzugeben verbunden sey, so bald sich dieser besagter Verordnung entgegen setzet (*). Gut, sehr gut! — Wer hat aber zu entscheiden, was sittlich bös oder nicht bös ist? — Ich achte, der Vorsteher der Kirche, nicht der weltliche Fürst, weil von dem sittlich Bösen die innere und ewige Glückseligkeit, welche ausschließunsweise die kirchlichen Vorsteher zu besorgen haben, vorzüglich abhängt. Je nun! setzen wir; die Kirchen-

(*) Si reluctante Superiore ecclesiastico Princeps velit obligare subditos ad mortaliter mala, hic illi cedere debet; cum non habeat jus obligandi subditos ad mortaliter mala.

chenvorsteher sehen die Ausübung des **Placiti Regii**, des **Juris circa Sacra**, die Aufhebung der Klöster, die Verwendung der kirchlich — zeitlichen Güter zu andern Absichten, als zu welchen sie gestiftet sind worden, die Verordnungen der Fürsten in Ehesachen, die Abschaffung der Personal — und Lokalimmunität ꝛc. ꝛc. für sittlich bös an, und sträuben sich wirklich dagegen: Wie? muß nicht also nach ihrem Systeme der Regent in diesem Falle den Kirchenvorstehern nachgeben, als welche nach ihrer Lehre §. 227. **Lit. C**) das Entscheidungsrecht haben, was sittlich bös oder gut ist, zu bestimmen(*) Hochwürdiger! ich bin einer nur aus der hörenden — nicht lehrenden Kirche: ich gebe daher in so wichtiger Sache keinen Machtspruch; sondern allein bin ich begierig von ihnen aufgekläret zu werden, daß ihre Lehrsätze sich nicht, wie es mir scheinet, widersprechen, sondern sich richtig an einander anschließen.

(*) Imperio ecclesiastico convenit *Potestas judiciaria*, qua controversias *de bonitate vel malitia morali* negotiorum temporalium decidit.

Das andere, was ich weiters zu bemerken mir vornahm, schier aber vergessen hätte. sind ihre ganz besonderen Sätze, die sie in ihren Anleitungen K. 4. wo sie von der Toleranz verschiedener Religionen ihre Gedanken eröffnen, vorkommen lassen. Ich will sie getreulich bezeichnen.

1) Sagen sie §. 252. und 257. „Der Re„gent habe **Pflicht** seinen Unterthanen die bür„gerliche Duldung was immer für einer Reli„gion, die dem Staate nicht schadet, ob sie „schon falsch ist, zu gestatten (*)

2) Schreiben sie ferner §. 255. „Setzen „wir den Fall, das eines Theils die bürgerli„che Duldung einer falschen Religion keine Ge„fahr der Verführung nach sich ziehe, zumal „bemeldte falsche Religion für den Staat in ih„ren Grundsätzen unschädlich sey: andern „Theils aber die Duldung eben solcher Religion „zum **Nutzen des Staates** beytrage,

dann

(*) Princeps *tenetur* Subditis suis concedere tolerantiam civilem cujuscunque Religionis civiliter innoxiæ, etiamsi hæc falsa sit.

„ dann ist der Regent auch seinen Nichtun„ terthanen die Duldung ihrer falschen Reli„ gion in seinen Staaten zu vergönnen pflicht„ mäßig gehalten (*) Der Regent ist zwar „ nicht schuldig, aber kann erlaubter Weise „ den Auswärtigen die Ausübung einer falschen „ Religion gestatten, wenn sie bürgerlich betracht „ auch nur unschädlich ist; wenn nur die Ge„ fahr der Verführung der Rechtgläubigen ab„ gewendet wird; widrigenfals kann er ihnen „ diese Freyheit nicht gestatten. (**)

(*) Demus autem, abesse periculum perversionis. Demus praeterea, tolerantiam civilem Religionis falsæ ad promovendam Salutem Civitatis esse *proficuam* - - tum enimvero Princeps eandem *Extraneis* indulgere *tenetur*.

(**) Princeps non quidem tenetur; *Licite* tamen potest *Extraneis* concedere Libertatem civilem cujuscunque Eeligionis falsæ, si ea sit civiliter innoxia; dummodo periculum Seductionis a Subditis orthodoxis arceatur: secus enim ejusmodi Libertatem illis denegare tenetur.

3) Behaupten sie in der Antwort auf die zweyte Einwendung §. 259. „Der Fürst sey zwar „auch in Betrachte als Fürst die wahre Religion „zu beschützen verbunden; **nicht aber so gerade hin, als sie wahr ist, sondern weil „sie dem Staate nützlich ist** (*)

4) Drucken sie sich in der Antwort auf den IV. Einwurf §. 261. also aus: „Es steht nicht „in der Gewalt der Regenten, die Ausübung „einer zwar falschen, für den Staat aber oder „unschädlich—oder etwa gar nützlichen Religion „verbiethen. Sollte daher mit der Duldung „einer falschen Religion schon eine Gefahr der „Verführung in Rücksicht auf seine Unterthanen verbunden seyn, (so ferne diesen eine falsche Religion anzunehmen gestattet wurde) „mußte ungeacht dessen der Regent diese Gefahr „der Verführung zulassen, wenn solcher nicht „anders, als durch die Nichtduldung der falschen „Religion gesteuret werden könnte. (**)

5) End-

(*) Princeps, qua Princeps, tenetur quidem Religionem veram tueri, *non tamen quatenus vera est*, sed *quatenus*, *est utilis Civitati.*

(**) Cum potestas Religionem civiliter innoxiam aut

5) Endlich tragen sie kein Bedenken „jene „gottseligsten Regenten eines richtigen Irrthu„mes zu beschuldigen, welche (ohne das solches „die öffentliche Ruhe, oder öffentliche Ver„träge erfodert hatten) von ihren Untertha„nen die Ausübung einer zwar falschen, für „den Staat aber unschädlichen Religion nicht „wollten gedulden. In der Antwort auf den IX. Einwurf §. 266. (*)

Diese sind nun ihre ganz besondern Sätze, die ich bis diese Stunde noch niemal in einem katholischen, zumal ansehnlichen Author gelesen habe, und eben darum von Herzen erschrack, als ich

 sie

aut utilem Subditis prohibendi imperio civili non contineatur; permittendum est ejusmodi periculum, nisi alio modo licito vel tolli omnino, vel saltem diminui possit.

(*) Religiosissimi Principes *errarunt*, qui subditis suis tolerantiam falsæ Religionis, licet civiliter innoxiæ, denegarunt, nisi id fecerint vel publicæ tranquillitatis causa, vel pacto publico obstricti, nunquam fore, ut falsæ Religioni in suo Territorio Locum præbeant.

sie gegen alles Verhoffen gerade das erstemal in ihren Anleitungen fand. Gegen alles Verhoffen, sage ich: Denn da sie in der Vorrede zu ihren Anleitungen das ungebethene Bekenntniß machen: Duces sequor Viros de Jurisprudentia ecclesiastica insigniter meritos &c. Sie hätten zu ihren Führern Männer gewählet, die sich in der kirchlichen Rechtsgelehrsamkeit besondere Verdienste erworben, benanntlich einen Van Espen, einen Petrus de Marca, einen Thomassin, einen Bossuet, einen Zallwein, einen Barthel, einen Martini, einen Riegger (einen Eybel und Lakies habe ich noch niemal als große Kirchenrechtslehrer anrühmen gehört außer etwa von bestochenen protestantischen Zeitungsschreibern) wie hätte ich jemal mit Grunde auch nur muthmassen können, daß sie von ihrem öffentlichen Bekenntniß so ungemein abweichen, und gerade solche Sätze vertheidigen würden, welche die von ihnen berührten, und auch zum Theile wahrhaft großen Authoren nicht nur mit keiner Sylbe behaupten, sondern sogar noch verwerfen? Fodern sie Beweise von meinem Vorgeben, so werde ich ihnen diese alsobald weitläuftig machen;

machen; einsweils aber belieben sie nur bey Van Espen Part. 3. Tit. 4. cap. 2. num. 40. 41. 42. 43. 44. 45. Bey Paulus Joseph Riegger instit. Jurispr. Eccl. P. 1. §. 454. Bey Barthel Tom. 3. Tract. de Libert. Exercit. Relig. ex lege divina cap. 12. num. 19. 20. 21. Bey Zallwein Princip. Jur. eccl. Tom. 3. Fol. 461. nachzuschlagen, mit denen, wie sie sowohl als alle Gelehrten ohne mich wissen, der große Bossuet, Thomassin und de Marca haarklein übereinstimmen. Traten sie nicht in die Fußstapfen eines schon so oft confrontirten Eybels? — Ist ihnen übrigens nicht beschwerlich, auch einige Folgen zu vernehmen, die aus ihrem ganz besondern und gewiß nicht gangbaren Duldungssysteme ungezwungen fliessen, will ich ein und andere kürzlich beyrücken.

Aus ihrem ersten Satze Num. 1. folget daß der Regent nicht blos dürfe, sondern sogar ohne Ausnahm alles zuzulassen verbunden sey, was zwar den allerhöchsten Gott beleidiget, dem Staate aber unschädlich ist. Oder warum, mein Herr, soll der Regent die Pflicht auf sich haben, allein die Ketzerey, nicht aber auch zumal z. B. die Ehebrüche, die Vielweiberey, die Ehe auf eine Zeit, sogar die Abgötterey, und Ungötterey zuzulassen? Wo ist nun aber ein katholischer Lehrer in der Welt, der solche Sätze zu vertheidigen sich erfrechet?

Aus ihrem andern Satze Num. 2. fließt diese Folge, daß es für die Wohlfahrt des Staates nicht nachtheilig sey, noch deßwegen der Staat einiges Uebel von oben herab zu besorgen habe, wenn schon in selbem statt des **wahren** ein **falscher**, und von dem Allerhöchsten verworfener Gottesdienst geübet wird. Denn schadete ein falscher Gottesdienst dem Staate, oder liefe wenigst dieser Gefahr, deswegen von Gott gestraft zu werden, wie könnte der Regent, der für das Beßte des Staates zu sorgen hat, solchen falschen Gottesdienst ohne Anstand bewilligen? Freund! wenn aber der falsche Gottesdienst an sich selbst für die zeitliche Wohlfart des Staates unschädlich ist, warum strafte denn Gott ehemals die Juden so oft und so erschrecklich, wenn sie Abgötterey getrieben, und die wahre Religion verlassen haben? Hat man

man vielleicht heut zu Tage Versicherungsbriefe vom Himmel erhalten, daß er wegen falscher Religionsübung und Ketzerey, auch wenn diese ohne Noth und Nutzen freyhin sollten geduldet werden, nicht strafen wolle? Oder ist im neuen Bunde nicht mehr wahr, was der heilige Geist durch den Salomon im alten betheuret hat. **Daß die Gerechtigkeit**, wohin nach meiner Einsicht ja auch der wahre Gottesdienst gehört, **die Völker beglücke, hingegen die Sünde**, folgsam auch der Unglaube und Ketzerey, welche eine der größten Laster ist, **sie unglückselig mache** (*) Räume man nur immer vor den Augen der Regenten die Furcht des strafenden Gottes hinweg, und erlaube man ihnen, gegen alle Religionen, wenn sie nur für ihre Staaten keine gefährliche Grundsätze enthalten, gleichgültig zu seyn; am Ende wird sich doch zeigen, daß noch in unsern Zeiten der alte Gott lebe, der eben so leicht, wie in den vergangenen Jahren, wegen des ungestraften oder wohl

(*) Iustitia elevat gentem, miseros autem facit populos peccatum. Prov. 14. 34.

wohl gar frey gestatteten Irr- und Unglaubens der Unterthanen die Thronen zu erschüttern wisse.

Aus ihrem dritten (verzeihen sie mir diesen Ausdruck) gar so ärgerlich lautenden Satze giebt sich wieder von selbsten die Folge, daß zwar der Regent seine Gewalt von Gottes Händen empfangen, aber **nicht wegen Gott, nicht zur Beförderung seiner Ehre, und des ihm gefälligen Dienstes**, sondern allein und ausschließungsweise nur zum zeitlichen Besten der Staaten empfangen habe. — Herr Professor! so glauben sie denn aufrichtig und von Herzen, daß die Beherrscher der Welt als Beherrscher für die Ehre Gottes und seine wahre Religion gar nicht besorget seyn dürfen? Daß jede Religion, die wahre und falsche für sich selbsten betrachtet, und in Rücksicht auf Gott, sie gleichviel angehe? Daß endlich die Regenten alle Vorwürfe ihres Gewissens als nichtswerthe Skrupel mögen verachten, wenn sie auch schon ihre von Gott erlangte Fürstengewalt nicht zum Besten der wahren, Gott einzig gefälligen Religion hätten verwendet? Ey doch! immer höret man in unsern Tagen wider die lockere

Moral der Probabilisten fort lärmen: sagen sie mir aber, welcher Probabilist hat jemal so locker, ja so verfänglich für die Fürsten gelehret, wie sie? Sie ein Rigorist? So gar Mäcänas gab hierinnfalls dem Kaiser Oktavian eine strengere und bessere Lehre, da er bey Dio Hist. L. 52. ihn also ermahnte: Deum semper & ubique cole, *ad eumdemque Cultum alios compelle*, peregrinarum vero Religionum authores odio & Suppliciis prosequere, *non modo eorum gratia, quos, qui contemnunt, haud dubie nihil quoque magni faciunt*, sed propterea etiam, quod, qui nova Numina introducunt, multos ad utendum peregrinis Legibus alliciunt. Hinc Conjurationes, coitiones & conciliabula existunt, minime Principatui commodae res &c.

Staat der Folgenanzeige aus ihrem 4—5 Lehrsatze Num. 4—5 will ich sie allein fragen 1) Hat der Regent Pflicht, das geistliche Uebel von seinen Unterthanen abzuwenden, oder nicht? Hat er diese Pflicht nicht (die doch jeder Vater und Hausherr, ja jeder Mensch gegen den an-

dern

dern hat) so ist also grundfalsch, was sie in der Note ad §. 253. ihrer Anleitungen schrieben: Daß nämlich der Regent seinen Nichtunterthanen niemal die Duldung einer falschen Religion zu vergönnen befugt sey, im Falle aus dieser eine Verführungsgefahr **als ein geistliches Uebel** seinen Unterthanen zuwachsen sollte. (*)

2) Möchte ich wissen: ob die eifrige Ausübung der wahren und Gott gefälligen Religion etwas zum Wohlstande des Staates beytrage oder nicht? Trägt, diese Ausübung nichts bey: warum sprach denn der Heiland bey Matth. K. 6. 33. **Suchet zuerst das Reich Gottes und seine Gerechtigkeit, so wird euch das Uebrige alles zugelegt werden?** — Trägt aber die eifrige Ausübung der wahren Religion zum der Staaten zeitlichem Wohlstande etwas bey, so haben ja die gottseligen Regenten nicht nur nicht

(*) Non licet Principi concedere extraneis civilem tolerantiam Religionis falsæ .... Si periculum probabile perversionis inde Civibus Orthodoxis immineat . . cum perversio subditorum orthodoxorum sit *malum spirituale* &c

nicht irrig, wie sie keck hin §. 266. in der Note behaupten, sondern sehr löblich, ja pflichtmäßig gehandelt, da sie besagte Ausübung der gottgefälligen Religion auch mit ihrem weltlichen Arme betrieben, entgegen ihren Unterthanen niemal ohne äußerstem Nothfalle erlaubet haben, sich in ihren Staaten zu einer falschen, mithin Gott mißfälligen Religion zu bekennen. — Verzeihen sie, Hochwürdiger, daß ich in meinem zweyten Etwas an sie ein so langes Nachschreiben anhänge. Ich weiß, es ist wider die Regeln. Allein weil sich in unsern Tagen fast Niemand mehr an die alten Regeln, sogar nicht einmal an jene des göttlichen Wortes läßt binden, dachte ich: Si licet hoc A.. quis prohibebit E...

Eybels, und des verkappten Feiners gottlose Lehre von der Ohrenbeichte.

Enthüllet von Katholikus.

1784.

Wie James, und Mambres dem Moyses widerstunden, also widerstehen auch diese der Wahrheit: Leute eines verdorbenen Sinnes, verworfenen Glaubens. Sie werden aber hinfort nichts mehr ausrichten, denn ihre Thorheit wird jederman bekannt werden, wie auch jene ihre geworden ist.

2. Thimoth 3. K. 8. 9. v.

Ich schmeichelte mir in der Brochüre Eybels gottlose Lehre von der Ohrenbeichte, welche jüngsthin unter dem Name Georg Feiners (*) erschienen ist, eine gründliche Wider=

Y 2 legung

(*) Ich bitte den geneigten Leser, diesen verkappten Feiner wohl von jenem würdigen Manne zu unterscheiden, welcher unter eben diesem Name die Frage: Was ist der Pabst? wider Eybels Brochüre an ein besseres Licht gestellet hat. Beyde sind so weit von einander entfernet, als der falsche Apostel und betrügliche Arbeiter von dem Apostel Christi; so weit als der Teufel von dem Engel des Lichts, welches der masquirte Feiner selbst anzumerken scheinet, wenn er auf das Titelblatt seiner Brochüre diese Worte des Apostels 2. Kor. 11. hinsetzet: „Solche fal„sche Apostel, und betrügliche Arbeiter stellen sich „als Apostel Christi. Und das ist auch kein „Wunder; denn er selbst der Teufel verstellet sich „in einen Engel des Lichts.„ Die tiefe Wunde, welche

legung der irrigen Lehre **Eybels** anzutrefen. Aber wie erstaunte ich, da ich statt gründlicher Widerlegung nur eine schalkhafte Erklärung und Vertheidigung der zu widerlegenden Broschüre, und pasquillantische Lästerungen wider die allgemeine Kirchenversammlung zu **Trient** lesen mußte. Entsetzen, Betrübniß, und Kummer durchwandelten mein innerstes Gefühl; denn ich erinnerte mich sogleich jener gottlosen Verführer, von welchen der heilige Apostel **Judas** in seinem Sendschreiben saget: „Es „haben sich einige gottlose Menschen eingeschli„chen, welche schon längst zu dem Gerichte be„stimmet sind — — diese — sind Wolken „ohne Wasser, die von den Winden hin und „her getrieben werden; sie sind kahle, unfruchtba„re, zweymal erstorbene, und ausgewurzelte „Bäume. Sie sind ungestümme Wellen des „Meeres, die ihre eigene Schande ausschäu„men; irrende Sterne, welchen das Ungewit„ter

---

welche der ächt katholische Feiner schon einmal Eybeln geschlagen hat, möchte wohl seinen ketzerischen Dollmetscher veranlasset haben, diesen Namen zu mißbrauchen.

„ter der Finsterniß in Ewigkeit aufbehalten „ist. — — Dieß sind Leute, die sich selbst „trennen; sie sind fleischlich gesinnte, die kei„nen Geist haben.“

Und wahrhaftig, ich konnte bey Ablesung dieser Brochüre nicht fassen, wie es je einer wagen durfte, mitten in einem katholischen Lande unter dem Scheine, die allein seligmachende Religion, und die wahre Kirche Jesu Christi zu schützen, eine so ärgerliche, und unter einer fortdaurenden Ironie von Irrthümern, und Lästerungen strozende Schrift dem katholischen Publikum vorzulegen. Noch weniger konnte ich begreifen, wie sich der Author erkühnen durfte, die Gutheissung des augsburgischen Ordinariats seinem kezerischen (*) Pasquille vor-

(*) Der Ausdruck Kezerey mißfällt zwar unsern Aufklärern, und scheinet ihnen mit einer christlichen Toleranz unvereinbarlich zu seyn. Allein die alten Väter mußten anders gedacht haben, da sie kein Bedenken trugen, die Montanisten und Novatianer wegen der geläugneten Schlüsselgewalt, wie sie auch Eybels Dollmetscher läugnet

vorauszusetzen. Denn von welch einer Censur könnte so eine Lästerschrift, ich will nicht sagen, gutgeheissen, sondern auch nur mit Stillschweigen paßiret werden? wäre es zuviel gesagt, wenn man ein solches Betragen, wodurch das Ansehen einer bischöflichen Censur auf die niederträchtigste Art mißbrauchet, und das wahrheitliebende Publikum so schändlich geäffet wird, mit dem Name eines ruchlosen Spitzbubenstücks belegte? —

Daß diese meine Ereiferung höchst billig sey, sollte aus einer genauen Entwicklung erhellen, die ich über die gottlose Lehre sowohl des Eybels als des Feiners, der ihn erkläret, und seine Irrthümer zu rechtfertigen suchet, anstellen werde. Beyder Brochüren bestreiten die Nothwendigkeit des Bekenntnisses aller schweren Sünden, und die Nutzbarkeit der Ohrenbeichte. Der heiligen

zu

---

net, Ketzer zu nennen. Die Apostel selbst bedienten sich schon dieses Ausdrucks; so saget z. B. Paulus: „Einen Ketzer sollst du auch nach einer, und der andern Ermahnung meiden. Tit. 3. V. 10.

zu **Trient** gehaltenen Kirchenversammlung auf welcher die Lehre von der Ohrenbeichte ist einstimmig entschieden worden, läugnen sie die Untrüglichkeit ab: ja sie erfrechen sich auch dieselbe mit einem schwärmerischen Tollsinne lächerlich, und verächtlich zu machen. Ich will jeden der drey angezogenen Punkte insbesondere untersuchen, und ohne mich mit einer weitläuftigen Widerlegung abzugeben, die entgegengesetzte katholische Lehre nur mit Wenigem anrücken und beweisen.

Bevor ich zum Werke schreite, muß ich eine Frage stellen, deren Entscheidung dem, was in der Folge soll gesaget werden, nicht wenig Lichts verschaffen könnte. Ist nicht etwan **Eybel** selbst der verkappte **Feiner**, oder ist nicht wenigstens **Feiner** ein vertrauter Freund des **Eybels**, welchem er seine wahren Gesinnungen, denen wir die zusammengeschmiedete **Urkunden des Alterthums von der Ohrenbeichte** zu verdanken haben, mag mitgetheilet, und den freundschäftlichen Auftrag gegeben haben, dieselbe zu widerlegen, oder vielmehr sie zu erklären,

 ren,

ren, und zu vertheidigen? Dieß wäre die Frage; die Antwort hierauf überlasse ich dem Urtheile des Lesers; ich will nur die Beweggründe meines gerügten Zweifels anführen.

1.) Eybel hat seine protestantische Brochüre, **was ist der Ablaß?** um die Lehre vom Ablasse recht herabzuwürdigen, auf eine nicht ungleiche Art widerleget, wie **Feiner** hier die Lehre des **Eybels** von der Ohrenbeichte widerlegte; wäre er also zu gut dazu, einen solchen Filustreich das zweytemal zu begehen?

2.) Wer **Eybels** und **Feiners** Brochüren zusamm hält, wird sich überzeugend finden, daß jenes was **Eybel** auf eine etwas verdeckte Art saget, und sich unter seinem Name öffentlich zu schreiben nicht getraute, von dem **Feiner** freymüthig aufgedecket, und statt zu widerlegen, neuerdings unterstützet werde: wie leicht kann nicht aber dieses Jemanden auf den Gedanken bringen, daß **Eybel** entweder selbst, oder einer seiner Vertrauten, um bey den Protestanten desto größere Ehre einzulegen, die erste ganz verworrene, und aus Furcht vor dem katholi-

schen

schen Publikum dort, und da masquirte Piece durch eine zweyte unter einem fremden Name in ein helleres Licht habe setzen, und jene Lästerungen wider den Kirchenrath von Trient, die ihn druckten, weil sie sein verdorbener Magen nicht verdauen könnte, öffentlich ausspeien wollen?

3.) Eybels Brochüre wurde zu Wien gedruckt, und erschiene erst nach dem halben Jenner; **Feiners** Widerlegung aber soll schon den zweyten Jenner von dem augsburgischen Ordinariat die Gutheissung erhalten haben, (*) wie solches das beygefügte Datum im Original anzeiget. Es muß also **Feiners** Widerlegung früher geschmiedet worden seyn, als die **Eyblische** Brochüre ans Taglicht getreten ist. Wer, plunder! möchte aber dieses begreiffen, wenn nicht die Widerlegung selbst **Eybeln**, oder einen seiner innersten Freunden, dem er sein Manuscript mag kommuniziret haben, zum Author hätte? Nun zur Sache.

(*) Das Hochw. augsburgische Ordinariat protestirte wider das abscheuliche Falsum aufs feyerlichste.

§. I.

Eybels, und Feiners Beweise aus der Schrift wider die Ohrenbeichte.

Eybel sagt §. 1. der Ursprung der Macht und Gewalt die Sünden zu vergeben, und zu behalten, ist von unserm Heilande selbst herzuholen.

Das Wunderbare dieser Gabe, fährt er §. 2. fort, erklärte auch unser Heiland selbst, da er bey Matthäus am 9. K. zu dem Gichtbrüchigen sprach, sey getrost Sohn! dir sind deine Sünden vergeben, und ihm hernach auch die leibliche Gesundheit ertheilte mit den Worten: Steh auf, nimm dein Bett, und geh in dein Haus. Es bemerket auch Eybel §. 5. daß die Apostel diese ihnen verliehene Macht ein Geschenk Gottes nennten, und führt §. 6. aus dem 8. und 5. Kapitel der Apostelgeschichten die Worte Petri des Apostels zu Simon dem Zauberer, und wiederum zu Ananias und Saphira an, aus welchen erhellet, daß die Apostel nebst der Macht Sünden zu erlassen, auch die Gabe Wun-

Wunder zu wirken hatten, vermöge der sie die Gedanken des Herzens bey andern erkannten. Dieses alles führet Eybel an, ohne uns weiters zu belehren, was hieraus folgen solle.

Der **verkappte Feiner** hingegen, welcher auch ein Wundermann seyn muß, weil ihm die innersten Gedanken und Absichten **Eybels** so deutlich und ungezweifelt bekannt waren, entdecket uns (Bl. 8. 9.) ganz unverholen, was hieraus zu schließen wäre. Es habe nämlich **Eybel** die Stelle aus **Matthäus** K. 9. angeführet, zu erweisen, daß die Gewalt Sünden nachzulassen von der Gabe Miracket zu wirken untrennbar sey, so, „daß die Macht die Sün„den vergeben zu können, die Macht Kranke „gesund, Krumme gerad, Blinde sehend zu machen, und dergleichen voraussetze, da **Christus** beym **Matthäus** durch seine Thathandlung bestimmet, „wie der Mann beschaffen seyn muß, „der im Stande ist, und von dem wir glauben „können, daß er vermag, uns die Sünden „zu vergeben; durch welches Christus erweist, „daß nur der kein Gotteslästerer ist, der da sa„get, dir sind deine Sünden vergeben, wel„cher

„ cher wenigstens die physischen Uebel zu heben
„ vermag. Eben so erkläret uns auch Zeiner
(Bl. 11. 12.) daß **Eybel** die Stellen aus den
Apostelgeschichten angezogen habe, „ um
„ auch darinnen einen Beweis zu finden, daß
„ das Lösen und Binden der Sünden ein Wun-
„ der, oder Mirakel gewesen, welches Chri-
„ stus, und seine Apostel gewirket haben, weil
„ — die Apostel den Sündern eben so wie Chri-
„ stus selbst die Gedanken, und Herzen durch-
„ schauet, und ebenfalls, wie Christus, Wun-
„ der gewirket haben. „

Aus diesen Beweisen wollte **Eybel**, wie
uns sein **Dolmetsch**. (Bl. 15.) berichtet, die
heut zu Tage übliche Ohrenbeichte umstossen:
„ Denn wo ist nur ein einziger (sind seine Wor-
„ te) unter den Millionen katholischer Priester,
„ der mir, wie Christus, und die Apostel mei-
„ Gedanken, und mein Herz durchschauet, mir
„ meine Sünden, und den Keim zur Besserung
„ ansieht? — — wodurch es freylich unbe-
„ streitlich richtich erwiesen wäre, daß von den
„ heutigen Priestern keiner uns die Sünden we-
„ der lösen, noch binden könnte. „

Eben

Eben dieser Ausleger der Eyblischen Brochüre belehret uns ferners, (Bl. 16.) daß Herr Professor Eybel schon (§. 2.) ganz unvermerkt „mit Stillschweigen, blos mit fein eingestreu„ten größern Buchstaben (*) zu behaupten be„ginnte, daß die heutige Priester keine Gewalt haben Sünden zu vergeben, ausser es „wären Vergehungen gegen sie selbst, wel„che sie als Menschen uns vergeben müßten, „die sich zu der Lehre Christi bekennen, und daß „Eybels vorzüglichstes Augenmerk dahin gehe, „alles zu überführen, die Reue, die zuversicht„liche Besserung mit dem Glauben an Gott „verbunden, bringe uns allein die Vergebung „der Sünden bey Gott zuwege, welcher nun „der einzige ist, der die Sünden zu erlassen „ver-

(*) Wenn Keiner von Eybel unterschieden wäre, würde ers nicht gewaget haben, aus blos fein ausgestreuten größern Buchstaben die Absicht Eybels zu wahrsagen: ich meines Orts möchte kaum den Unterschied bemerket haben, welcher sich in Eybels Brochüre §. 2. unter den Lettern der Worte: da nun Jesus ihren Glauben sah, und der nachfolgenden befinden sollte.

„ vermag; „ aus welchen zu schliessen wäre, daß jene ausgestorben sind, zu denen Christus, nachdem er sie angeblasen habe, gesaget hat: „ empfanget den heiligen Geist, denen ihr die „ Sünden erlassen werdet, denen sind sie erlas- „ sen ꝛc. „ Dieses aus der Schrift zu beweisen, sagt Feiner (Bl. 20. 21.) habe Eybel (§. 2. 3.) die Stelle aus Matthäus von dem Gichtbrüchigen, aus Luka von der Magdalena, und aus Johannes von dem acht und dreyßigjährigen Kranken beym Schafteiche angeführet, in welchen Stellen „ frey- „ lich keine Sylbe ist von einem specifizirenden „ Bekenntniß, das die Sünder über ihre Sün- „ den abgeleget hätten, keine Sylbe von einem „ Beichtstuhle, keine Sylbe von etwas anderem, „ als von dem Glauben an Gott, damit die „ Sünden vergeben werden.

Auf alle diese Einwürfe, welche Eybel aus der Schrift wider die Ohrenbeichte rüget, und die uns Feiner noch mehr erkläret, weiß eben dieser verstellte Widerleger (Bl. 11. 13.) keine andere Antwort, als daß Eybel die Schrift verfälschet habe; erstens, weil er aus Matthäus

thäus diese Worte anführet, **dir sind deine Sünden vergeben**, da es doch in der Maynzer Uebersetzung vom Jahre 1705. und in der Prager Auflage vom Jahre 1781. heist: **dir werden deine Sünden vergeben.** Zweytens, weil er dasjenige, was in den Apostelgeschichten (K. 8. V. 21.) erzählet wird, dem vorsetzet, was im (18. V.) gesaget wird; und weil er „die Geschichte des Ananias, und „Saphira also erzählt, und anführet, als ob „beyde zu gleicher Zeit vor die Füsse des Apostels „gefallen wären, und ihren Geist aufgegeben „hätten, da doch das Gegentheil mit dürren „Worten in der heiligen Schrift enthalten ist.“ Endlich da **Feiner** keine weitere Widerlegung wußte, ja was die heilige Schrift allein anbetrifft sich durch die Brochüre **Eybels** gänzlich überzeuget fande, berufte er sich (Bl. 21) auf die Väter, welche die von **Eybel** angeführte Schriftstellen erklären müßten. (*)

So

(*) Ich weiß nicht, wie sich Feiner im Ernste auf die Väter berufen könne, nachdem er (Bl. 5.) gesaget hatte: **wir wollen auch keine andere**

Sylbe

So mögen Schwärmer zu Werke gehen, wenn sie ihre Irrthümer ausstreuen, und, um solche

---

Sylbe glauben, als jene, die uns (Eybel) hiewegen (das ist, von der Ohrenbeichte) aus der Schrift zeigen wird. Das heißt gerade zu die Tradition, welche von allen Katholiken als die zweyte Glaubensregel anerkannt wird, gut protestantisch wegläugnen. Feiner bemühet sich zwar diesen von der Kirche schon längst verdammten Grundsatz selbst aus den Vätern zu erweisen. Aber zum Glücke sind seine Beweise so schwach, daß sie jedwederer Anfänger in der Dogmatik aufzulösen weiß. Klemens von Alexandria, welchen er (Bl. 5.) anführet, verwirft keineswegs die göttliche, sondern nur blos menschliche Traditionen, und jene albernen Beweise, mit welchen einige ihre falschen Sätze zu gründen suchten. Wie hoch er aber die ächte Uebergabe geschätzet habe, läßt sich aus dem schliessen; weil er, wie Eusebius (L. 6, hist. c. 11.) bezeiget, auf Ansuchen der Brüder ein Buch von dem heiligen Osterfeste geschrieben, welches er mit blos mündlichen Zeugnissen jener ältesten anfüllte, die noch aus den Schülern der Aposteln übrig waren. Eben so schlüsset auch Cyrill von Jerusalem, welcher (Bl. 7.)
auge-

che mehr zu unterstützen, durch alberne Scheingründe selbst widerlegen wollen. Der redliche Katho=

---

angezogen wir, nicht die göttliche Uebergabe; sondern nur die menschlichen Erfindungen aus: denn im nachfolgenden katechetischen Unterrichte ermahnet er seine Zuhörer mit diesen Worten: sehet zu meine Brüder! daß ihr euch an die mündlichen Ueberlieferungen haltet, die ihr itzt vernommen habt, und schreibet sie mit großen Buchstaben in eure Herzen. Der heilige Basilius, dessen Worte (Bl. 17.) angerühmet werden, verlanget nur dazumal Beweise aus der Schrift, wenn von einem solchem Lehrpunkte die Rede ist, der aus selben durch deutliche Zeugnisse kann dargethan werden; indem er anderswo (L. de Spirit. S. C. 27.) ausdrücklich betheuret, daß wir unter den Glaubens- und Sittenlehren, welche in der Kirche vorgetragen werden, einige aus dem geschriebenen Worte, andere aus der Uebergabe der Apostel im Geheimnisse, das ist in Geheim erhalten haben. Endlich sagt zwar der heilige Irenäus, dessen Stelle (Bl. 18.) eingerücket wird, daß jenes zum wahren Glauben gehöre, was in der Schrift von den Aposteln ist aufgezeichnet worden; aber er zeiget nicht

tholik beträgt sich auf eine ganz andere Art. Ich will nur in Kürze anmerken, wie die katholischen Gottesgelehrte die heilige Schrift benützen, um aus ihr zu zeigen, daß nicht nur die Apostel, sondern auch ihre Nachfolger eine wahre Schlüsselgewalt, und eine von Christo erlangte Macht, die Gott zugefügte Beleidigungen zu erlassen, inne haben, und daß sodann die Nothwendigkeit des Bekenntnisses aller schweren Sünden schon in dem göttlichen Worte bestens gegründet sey.

Der Heiland sagte bey **Matthäus** zum **Petrus** (K. 16. V. 18. 19.) „du bist Petrus, „und auf diesen Felsen will ich meine Kirche „bauen, welche von der ganzen Macht der Hölle nicht wird überwunden werden. Dir werde ich somit die Schlüssel des Himmels geben, „was du immer auf Erden bindest, soll auch „im

mit einem Wörtlein an, daß die Apostel nichts mündlich überlieferet, sondern alles im Evangelio aufgeschrieben hätten. Denn im nämlichen Buche bestreitet er eigenes Fleisses jene Ketzer, welche die Uebergabe nicht annehmen wollen.

„ im Himmel gebunden seyn, und was du im-
„ mer auf Erden auflösest, soll auch im Himmel
„ aufgelöset seyn.„ Ueber welche Worte der
gelehrte **Maldonat** in seinem Traktat von der
Busse beobachtet, **Christus** habe eben hiedurch
den Primat des heiligen **Petrus** andeuten wollen, indem er die Gewalt, Sünden nachzulassen, welche auch den übrigen Aposteln zu Theil
werden sollte, ihnen allen zuvor in der Person
des heiligen **Petrus** als ihres Oberhauptes versprochen hat. Dem ungeachtet beliebte es unserm **Erlöser** nachmals diese Gewalt allen Aposteln zugleich auf ein neues zu verheissen, da er
beym **Matthäus** (K. 18. V. 18.) zu ihnen sprach: „ Ich sage euch, was ihr immer
„ auf Erden binden werdet, soll auch im Him-
„ mel gebunden seyn, und was ihr immer auf
„ Erden auflösen werdet, soll auch im Himmel
„ aufgelöset seyn.„ Diese Verheissung erfüllte
der Herr bey **Johannes** (K. 20. V. 21. 22.
23.) wo er die Gewalt, Sünden zu vergeben,
oder zu behalten den Aposteln offenbar einräu-
met: „ wie mich der Vater gesendet hat (sind
„ seine Worte) so sende ich euch, nehmet hin
„ den heiligen Geist, denen ihr die Sünden

 ver-

„vergeben werdet, sind sie vergeben; und de-
„nen ihr sie behaltet, sind sie behalten.

Daß in den angezogenen Stellen die Gewalt, Sünden nachzulassen, den Aposteln nicht nur versprochen, sondern auch wirklich sey mitgetheilet worden, kömmt selbst **Eybeln**, und **Feinern** also einleichtend vor, daß sie hierüber gar keinen Anstand nehmen; sondern sich nur überdiemassen bestreben, diese Gewalt ihnen so allein eigen zu machen, daß sie keineswegs auf ihre Nachfolger gekommen sey. Wer hat aber die Worte **Christi** jemals so ausgedeutet, und beschränket? Waren es nicht allezeit **Retzer**? Welche thaten dieses, als **Montanisten**, **Novatianer**, und in diesen letzten Jahrhunderten **Luther** und **Kalvin**, die der Kirche ebenfalls mit Wegläugnung der **richterlichen Gewalt** nur die Macht eingestanden, über den Nachlaß der Sünden eine **Erklärung** zu machen? Unter den katholischen Lehrern hingegen wird man keinen ausfinden können, welcher die angeführten Stellen nach dem Sinne **Eybels**, und **Feiners** verstanden hätte. **Launoi** einer aus den Lieblingsauthoren unserer heutigen Aufklährer führet in seinem

seinem eilften Briefe an den Raymund Formentinus eine Menge der Kirchenräthe, Väter, Päbste und Gottesgelehrten aus den ältern und spätern Zeiten an, die alle auch in den Nachfolgern der Apostel eine wahre Schlüsselgewalt anerkannt, und selbe aus den angezogenen Schriftstellen hergeleitet haben; sollen wir also das Ansehen des ganzen katholischen Alterthums, und die sich bis auf unsere Zeiten erstreckenden Uebergabe hindansetzen, den **Montanisten** oder **Novatianern**, die von der ersten Kirche gleich bey ihrem Entstehen unter die Ketzer gerechnet wurden, oder den neuen Irrlehrern **Luther** und **Kalvin**, derer abscheuliche Irrthümer die **Tritentinische** Kirchenversammlung mit dem Fluche beleget hatte, unsern Beyfall geben? Diese schwärmerischen Sektirer sollten die heilige Schrift besser zu erklären gewußt haben, als alle heilige Väter, als die allgemeine Concilien und die ganze katholische Kirche? — —

Zu dem gab ja der Heiland seinen Aposteln die Gewalt Sünden nachzulassen, oder zu behalten, in so weit sie Vorsteher der Kirche

 wa=

waren; er wollte also durch die Mittheilung dieser Macht allen seinen Gläubigen ein Heilsmittel an die Hand geben, durch dessen Gebrauch sie von jenen Sünden, mit denen sie sich nach der Taufe würden beflecket haben, möchten gereiniget werden. Wer siehet aber nicht in dieser Absicht unsers göttlichen Erlösers den Grund liegen, warum die den Aposteln verliehene Gewalt auch auf ihre Nachfolger müsse ausgedehnet werden? **Christus** wollte ja eine bis zum Ende der Welt fortdaurende Kirche, die immer Vorsteher nöthig hat, stiften; er wollte den Primat, welchen er bey **Matthäus** am 16. K. dem **Petrus** verliehen, auch dessen Nachfolgern einräumen; er wollte die Gewalt zu binden, und zu lösen, die von dem bischöflichen Amte unzertrennlich ist, eben so gewiß auf die Nachfolger der Apostel übertragen, als er ungezweifelt die Apostel so zu Bischöfen schuff, daß sie wahre Nachfolger in dieser Würde haben sollten; so läßt sich dann auch nichts anders gedenken, als daß der Heiland, da er seinen Aposteln die in der Gewalt zu binden, und zu lösen mit einbegriefene Macht Sünden nachzulassen bey **Matthäus** anfänglich versprochen, und

nach-

nachmals bey **Johannes** wirklich mitgetheilet hat, selbe auch auf ihre Nachfolger habe erstrecken wollen. Kurz, giebt es noch in der Kirche eine geistliche Hierarchie, giebt es ein Sakrament des Ordens, und der Buße, so müssen die aus **Matthäus** und **Johannes** angezogene Worte Christi auch auf die Nachfolger der Apostel ausgedeutet werden. (*)

(*) So schloß der heilige Cyprian (de lapsis) wenn er sagte: **Unser Herr, dessen Gebothe wir fürchten, und beobachten müssen, willens die Vorzüge des Bisthumes, und die Haushaltung seiner Kirche zu bestimmen, redet im Evangelio, und sagt zu Petrus: ich sage dir, du bist Petrus, und auf diesen Felsen will ich meine Kirche bauen, und die Pforten der Hölle werden sie nicht überwältigen, und dir will ich die Schlüssel des Himmelreichs geben, und was du immer binden wirst auf Erden, soll auch gebunden seyn im Himmel ꝛc. daher kömmt es, daß nach Erforderniß der Zeiten, und um die stete Nachfolge zu bezielen, Bischöfe geweihet werden, und es mit der Haushal-**

Läßt sich nun auf diese Art aus der Schrift erproben, daß in der heiligen Kirche noch heut zu Tage eine wahre Schlüsselgewalt, und die Macht Sünden zu vergeben, oder zu behalten übrig sey, so kann man eben nicht zweifeln, daß auch die Nothwendigkeit des Bekenntnisses aller schweren Sünden in dem göttlichen Worte den besten Grund habe. Denn kömmt einmal den Priestern die Gewalt zu Sünden nachzulassen,

oder

---

haltung der Kirche ein solches Bewandtniß habe, daß sich die Kirche auf die Bischöfe gründe, und alle kirchliche Handlungen durch diese Vorgesetzte geschlichtet werden Und an einem andern Orte (Ep. 78. ad Jubaj.) Der Herr hat zuerst dem Petrus, auf welchen er die Kirche bauete, und ihn also zum Grund der Einheit auf eine kenntbare Weise legte, diesen Gewalt gegeben, daß im Himmel sollte aufgelöset seyn, was er auf Erden auflösen würde – hieraus werden wir verständiget, daß es nur den Vorgesetzten der Kirche, welche nach dem evangelischen Gesetze, und der Anordnung des Herrn bestellet worden, erlaubet sey zu taufen, und Nachlaß der Sünden zu ertheilen.

oder zu behalten, so sind sie Richter über die Büßenden, sie müssen die ganze Beschaffenheit ihres innerlichen Zustandes einsehen, um ein bescheidenes Urtheil fällen zu können, ob die Sünden zu erlassen, oder zu behalten, und welch angemessene Genugthuung für selbe aufzulegen sey; wie können aber die Priester dieser ihrer Pflicht ein Genüge leisten, wenn die Büßenden nicht gehalten sind, die tödtlichen Wunden ihrer Seele zu entdecken?

Dieß sind kurz zusammengefaßte Beweise katholischer Theologen von der Schlüsselgewalt der Kirche, und Nothwendigkeit der Beichte.

Aber **Eybel** und **Feiner** wissen dem ungeachtet, deutlich darzuthun, daß die Gewalt Sünden zu erlassen nur den Aposteln, und nicht auch ihren Nachfolgern eigen sey. Ich will ihre schon oben angeführte Beweise mit wenigem wiederholen. Sie sagen 1) **Christus** wirkte **Mirakel**, zu beweisen, daß er die Gewalt habe Sünden zu vergeben; **die Apostel** wirkten desgleichen **Mirakel**, und durchschaueten die Gedanken, und Herzen derjenigen, denen

 sie

sie die Sünden nachliessen, folglich ist die Gewalt Sünden nachzulassen von der Gabe **Wunder** zu wirken, untrennbar, sie ist den Aposteln pur allein auf ihre Person zugestanden worden, und da unsern itzigen Bischöfen, und Priestern die Macht nicht zukömmt **Wunder** zu thun, haben sie auch keine, die Sünden zu erlassen. 2) Wenn bey **Matthäus** dem **Gichtbrüchigen**, bey **Lukas** der **Magdalena**, und bey **Johannes** dem **acht und dreyßigjährigen Kranken** die Sünden vergeben werden, so geschieht nur Meldung von dem **Glauben an Gott**, ohne eines specifizirenden Bekenntnisses der Sünden, oder eines Beichtstuhls zu gedenken, folglich ist zur Vergebung der Sünden nichts nothwendig, als die Reue, und die zuversichtliche Besserung mit dem **Glauben an Gott**.

Dieß sind mir gründliche, und einleuchtende Beweise eines vormals öffentlichen **Professors**, und seines **Dollmetschen**; Beweise, die ich nicht bey ihnen, wohl aber bey Leuten im Tollhause würde gesucht haben. Denn welch vernünftiger Mensch sollte diesen Schluß machen: **Christus** und seine **Apostel** liessen

nicht

nicht nur Sünden nach, sondern wirkten auch Mirakel, ergo kann nur jener die Sünden erlassen, welcher Mirakel zu wirken vermag. Wenn es so ist, wer wird nicht auch schliessen können: die Apostel ertheilten durch den heiligen Tauf die Nachlassung der Sünden, stärkten die Gläubigen durch den Chrisam, besassen eine wahre bischöfliche Gewalt, weiheten andere zu Bischöfen und Priester, predigten Amtshalber das Evangelium, wirkten aber zugleich Mirakel, ergo weil unsere heutige Bischöfe, und Priester die Gabe Mirakel zu wirken nicht haben, so sind sie weder wahre Bischöfe, noch wahre Priester; sie können nicht taufen, noch firmen, weder ordiniren, noch das Evangelium Amtshalber predigen? Im Gegentheile könnte ich nicht zu meinem Vortheile schliessen: auch nach den Zeiten der Apostel bis auf unsere Täge gab es immer einige heilige Päbste, Bischöfe, und Priester, die Gott mit der Gabe Wunder zú wirken verherrlichte, also konnten sie auch, wie die Apostel Sünden erlassen, und ist diese Gewalt immer in der Kirche Gottes beybehalten worden, so daß sich selbst Eybel und Feiner, wenn sie selbst ernstliche

Buße

Buße zeigen wollten, von einem solchen **Wundermanne** die Loszählung von ihren Sünden versprechen dürften? Letzlich möchten unsere neue **Aufklärer** nicht auch diese Folgerung machen: es zierten die heilige katholische Kirche von Anbeginn bis auf unsere Zeiten viele heilige Frauen, und Jungfrauen, welche große und häufige **Wunder** wirkten; diese alle hatten demnach ein priesterliche und bischöfliche Gewalt, sie könnten Sünden vergeben, das Sakrament der Firmung ausspenden, andere zu Bischöfe und Priester weihen, und es lag ihnen ob, das Evangelium zu verkündigen? Wie weislich raisonieren doch diese Herrn!

Eben so gründlich ist der zweyte Schluß: denn wem soll es nicht einleuchten, daß schon eben darum, weil der **Gichtbrüchige**, die **Magdalena**, und der **Kranke** beym Schafteiche **vor der Einsetzung des Sakraments der Buße** ohne einem specifizierenden Bekenntnisse ihrer Sünden die Vergebung derselben erlangten, dieses Bekenntniß auch **nach der Einsetzung der Sakramentalbeicht** keineswegs um den Nachlaß der Sünden zu erhalten,

noth-

nothwendig sey? Wem sollte es nicht deutlich seyn, daß schon eben darum, weil im alten Testamente ohne Taufe und priesterlicher Lossprechung die Sünden erlassen würden, auch im neuen Gnadengesetze keines aus beeden um diese Vergebung zu erlangen gefodert werde? Endlich wer sollte in der Metaphysik so wenig erfahren seyn, daß er nicht alsogleich zu schliessen wisse: Adam und Eva erlangten die Vergebung ihrer Sünden ohne einer Ohrenbeichte, und ohne alle priesterliche Lossprechung, ergo ist diese Beichte auch heut zu Tage unnöthig, und unnütze; und erst gestern von den Mönchen, die alle Uebel auf der Welt stiften, ersonnen worden. Wie phylosophisch! wie aufgeklärt! —

§. II.

Eybels, und Feiners Beweise aus den Vätern wider die Ohrenbeichte.

Wie Eybel die Schrifterte niedergeschrieben, ohne einen klaren Beweis hieraus zu ziehen, so verfuhr er auch mit den angezogenen Stellen der heiligen Väter. Feiner (Bl. 22. u. s. w.) wiederholet aus Eybel die Worte Cyprians: „Gott

„ Gott allein kann die Sünden vergeben; des „ Firmilians: Nicht als ob wir ihnen die „ die Sünden vergeben; „ jene des Basilius über die Seufzer Davids; aus dem Ambrosius von den Thränen Petri; aus dem Chrysostomus: „ Gott allein sage deine Sünden; „ endlich jene des Hieronymius: „ Bey Gott „ kömmt es nicht auf den Ausspruch der Priester „ sondern auf den Lebenswandel derer, so für „ schuldig erkläret worden, allein an. „

„ Aus diesen Stellen der heiligen Väter, „ (sagt Feiner Bl. 24. 25.) erhellet sonnenklar, „ daß in der ersten Kirche sich keiner von den er„sten Nachfolgern der Apostel, und den heilig„sten Männern einfallen ließ, er könne die „ Sünden, in so ferne sie Gott beleidigen, „ vergeben. „ Nichtsdestoweniger stellet er sich an, als wollte er selbst die Lehre Eybels aus dem Alterthume bestreiten, und gebrauchet sich zu diesem Ende (S. 25.) der Worte Tertulians: „ Wer vergiebt die Missethaten, als „ Gott allein? „ welche Eybel (§. 20.) angeführet und selbst mißbilliget hatte, woraus er folgenden Beweis ziehet: die Lehre Eybels ist eines

eines mit der Lehre **Tertullians**, nun verwirft aber **Eybel** selbst die Lehre des zu den **Montanisten** übergegangen **Tertullians**, er hat sich also in seinen eigenen Garne gefangen.

Dieser Schluß wäre allerdings gründlich, und passend, wenn nicht **Feiner**, dem es nicht um die Widerlegung, sondern um eine Erklärung, und verkleisterte Heraushebung der **Eyblischen** Brochüre zu thun war, gleich im Nachfolgenden das, was er kurz zuvor aufbauete, niederriß, da er (Bl. 28.) **Eybeln** also anredet: „Oder sind sie so unwissend, daß sie nicht begreifen, daß jenes, was bey Tertullian ketzerisch „ist, auch bey allen übrigen ketzerisch seyn muß, „es mögen es dann heilige Väter, Apostel, „oder Christus selbst sagen.„ Als wollte er behaupten: entweder ist die Lehre **Tertullians**, da er der Kirche die Schlüsselgewalt läugnet, nicht ketzerisch, oder es ist, auch jene der **Väter**, der **Apostel**, und selbst **Christi des Herrn**, nach welcher, wie es **Eybeln** gefällt, der Kirche ebenfalls die Schlüsselgewalt nicht zukömmt, als eine ketzerische Lehre anzusehen. **Feiner** läßt dieses Dilemm unentschieden; denn es galt ihm

gleich

gleich, ob er die Kirche, oder Christum selbst, und seine Apostel lästere. (*) Welch trefliche Beweise der itzigen Aufklärung! wie entlarfen sich diese Herren nicht selbst, um die Welt zu überführen, daß sie bey ihrem eifrigen Reformationsgeiste nicht das mindeste von je einer Religion besitzen, und nur dahin abzielen, wie sie die ganze Offenbarung ins Lächerliche, und Verächtliche umstalten, und so aus dem Herzen der Menschen tilgen können!

End-

(*) Nachdem Feiner einen abtrinnigen Tertullian so artig von der Ketzerey herausgewunden, fragt er Eybeln weiters (Bl. 28.) „haben sie dieses „nicht bey Husens Lehre wegen dem Abendmahle „gefunden, oder kennen sie nicht das Kostnitzer, „oder Tridentinische Konzilium?„ Ich kann zwar nicht nicht verstehn, was diese Worte eigentlich sagen wollen; daß aber sowohl Huß in dem Kirchenrathe zu Costnitz, als Luther und Kalvin in einem zu Trient rechtmäßig seyn verdammet worden, weiß jeder Katholik; zumal wüßte ich einen öffentlichen Religionsstörer auf keiner Schaubühne füglicher zum Scheusale aufzustellen, als auf einem helleuchtenten Scheiterhause.

Endlich muß auch dem **Gratian** ein Platz unter den heiligen **Vätern** eingeräumet werden; denn obschon **Feiner** nur aus diesen mit **Eybel** kämpfen will, geruhet er dennoch (Bl. 28.) jenes zu wiederholen, was dieser aus **Gratian** für seine elende Sache angeführet hat. Als entscheidend hält **Feiner** die Worte des dreyßigsten Kanons aus dem Traktat von der Buße: „Es ist klarer als selbst das Licht, daß die Sün„den durch die Zerknirschung des Herzens, nicht „durch die Mundbeichte nachgelassen werden.„ Um aber seine Heucheley fortzusetzen, wendet er ein, daß **Gratian** öfters geirret habe; und **Eybels** Lehre zu schützen, kehrt er sogleich wieder um, und antwortet (Bl. 29.) „Gratian ha„be sich zwar öfters geirret, aber durch einen „ganzen Traktat hindurch zu irren sey für Gra„tian bey einer so allgemeinen bekannten Sache „schlechterdings unmöglich.„ Gleich darauf will **Feiner** abermals seinen **Eybel** aus dem widerlegen, daß er selbst (§. 49.) aus Van Espen angemerket habe: „Wenn auch Gratian „geirret, so war doch sein Irrthum ohne Ke„tzerey, weil die Nothwendigkeit einer sakra„mentalischen Beichte damals noch nicht von der

 gan-

„ ganzen Kirche klar, und ausdrücklich entschie„ den war. „ Doch schon wiederum überfällt ihn die Reue; denn er zieht aus eben den Worten des **Van Espen** den endlichen Schluß: „ Wir „ lassen also zu, daß dazumal die Ohrenbeichte „ noch nicht gewesen sey.

Lasse sich doch Niemand irre machen! denn dergleichen Widerlegungsarten sind Religionsspöttern eigen, um die katholischen Glaubenslehren zu beschimpfen, und ins Lächerliche einzukleiden. Ich will abermal die Gründe unserer Theologen, mit welchen sie die Schlüsselgewalt so, wie die Nothwendigkeich der Beichte, aus den alten Vätern erproben, in Kürze anmerken.

Launoi war gewiß kein Mönchstheolog; nichts destoweniger führet er in seinem schon oben angezogenen Briefe eine Menge Stellen aus den Vätern an, die unwiderleglich beweisen, daß die von **Christo** beym **Matthäus Petro** und übrigen Aposteln gegebene Schlüsselgewalt auch auf ihre Nachfolger auszudeuten sey. Der erste ist **Origenes**, welcher (Trakt. 1. in K. 16. Matth.) bezeuget, daß die Bischöfe ihre

Ge=

Gewalt zu binden und zu lösen aus den Worten Christi zum Petrus, und den übrigen Aposteln mit Rechte herleiten. Der zweyte ist der heilige Cyprian welcher (Ep. 73. ad Jubai.) aus der Schlüsselgewalt, die Petrus von dem Heilande bekame, die Folge ziehet, daß jene die Sünden erlassen können, welche auf den apostolischen Felsen gebauet sind. Darauf führt er die heilige Ambrosius, und Pacianus an, aus denen der erstere in dem Briefe an Sympronianus, der zweyte aber in dem ersten Buche von der Buße K. 11. wider die Novatianer, so eben wie Eybel und Feiner die Gewalt Sünden nachzulassen Gott allein zugaben, eigenes Fleißes beweisen, daß diese Gewalt nicht nur den Aposteln, sondern auch ihren Nachfolgern sey von Christo verliehen worden. Denn einen heiligen Chrysostomus, welcher in seinem dritten Buche von dem Priesterthume die Priester aus der Ursache über die irrdischen Könige erhebet, weil diese nur die Leiber, jene aber auch die Seelen binden, und lösen können. Einen heiligen Hieronymus, welcher über den 17. Psalm saget: „Gott hat der „Kirche die Gewalt zu binden, und zu lösen

 gege-

„ gegeben — wie sie Petrus, und Paulus von „ dem göttlichen Geiste hatten.„ Er führet Stellen aus einem heiligen **Leo**, **Gregor**, und **Gelasius** an, welche alle die Worte Christi bey **Matthäus** zum Grunde legen, daß nicht nur die Apostel, sondern auch die nachfolgenden Bischöfe, und Kirchenvorsteher eine Gewalt zu binden und zu lösen, die Sünden nachzulassen, oder zu behalten, erlanget haben. Endlich viele andere zu geschweigen ziehet er einen **Beda** an, der über das 21. K. des Evangelium Johannis sagt: „ Die Kirche, welche „ auf Christum gegründet ist, hat die Schlüssel „ des Himmelreichs von ihm in der Person Petri „ empfangen, das ist, die Macht, Sünden „ zu binden, und aufzulösen.

Es ist demnach **sonnenklar** falsch, wenn **Eybel** und **Feiner** sagen, „ daß in der ersten „ Kirche sich keiner von den ersten Nachfolgern „ der Apostel einfallen ließ, er könnte die Sün„ den vergeben, in so fern sie Gott beleidigen.„ Denn **Eybel** und **Feiner** gestehen selbst, daß die Apostel vermög der ihnen bey **Matthäus**, und **Johannes** verliehenen Gewalt die Sünden, auch in so weit sie Gott beleidigten, vergeben könnten; nun behaupten aber alle angezogene Väter, daß diese den Aposteln ertheilte Gewalt auch auf ihre Nachkömmlinge übergegangen sey, und daß folglich die heutigen Priester eben so, wie die Apostel die Beleidigungen Gottes nachlassen können.

Haben aber die Väter so eine fortdaurende Schlüsselgewalt anerkannt, so läßt sich nicht zweifeln, daß sie eben auch die Nothwendigkeit der Beichte mit anerkannt haben, indem eine richterliche Gewalt, Sünden nachzulassen, oder zu behalten auf eine vernünftige Art nicht kann ausgeübet werden, wenn der Büssende nicht gehalten ist, seine Verbrechen mit Bestimmung der Gattung, und der Zahle dem Priester zu eröffnen, wie ich schon oben angemerket habe. Zum Ueberflusse, finden wir noch über diesen Punkt in den Schriften der alten Vätern die klaresten Urkunden. Denn wollte nicht z. B. **Tertullian** eine wahre Nothwendigkeit der Beichte andeuten, wenn er (L. 1. de Pœnit. C 1.) sagt: „Ist es vielleicht besser die Verdammniß in Geheim „herumtragen, als öffentlich losgesprochen wer-

 „den?

„ den?„ Wüßte Cyprian von der Schuldigkeit des Bekenntnisses der Sünden nichts, was sollen denn die Worte heissen, mit welchen er (Tract. de lapsis) die Büßende ermahnet: „ Es kön„ ne ein jeder aus euch, ich bitte euch geliebte „ Brüder, sein Verbrechen, da sein Bekenntniß „ noch kann angenommen werden, da seine, „ und die von dem Priester auferlegte Genug„ thuung bey dem Herrn noch angenehm ist?„ War Origenes der Meinung, daß die Beichte unnöthig sey, warum vergleichet er dann (Hom. in Psal. 37.) die verborgenen Laster mit einer unverkochten Speise, die, wenn sie nicht aus dem Magen wegkömmt, den Menschen tödtet. Wenn dem heiligen Basilius die Nothwendigkeit des Bekenntnisses der Sünden unbekannt gewesen, so muß er sich verirret haben, da er (Reg. brev. 9. 288.) schrieb: „ Wir „ müssen denjenigen unsere Sünden beichten, „ welchen die Ausspendung der Geheimnissen „ Gottes ist anvertrauet worden.„

Auch der heilige Chrysostomus könnte einer ungegründeten und überspannten Drohung beschuldiget werden, wenn er ohne Ueberzeu-

gung

zung von der Nothwendigkeit der Beichte gesaget hätte: (Hom. de muliere Samar.) Wer „ sich schämet, dem Menschen seine Sünden zu „ entdecken, sich aber nicht schämt, sie vor den „ Augen Gottes zu begehen, auch nicht beichten, „ und Buße wirken will; derselbe wird am Ta„ ge des Gerichts nicht vor dem Angesichte ei„ nes, oder zween Mennschen, sondern vor dem „ Angesichte der ganzen Welt zu Schande ge„ macht werden.„ Endlich müßten die heiligen Väter geirret haben, wenn sie, wie Tournelly (de Sacram. Pœnit. Q. 6. Art. 2.) beweiset, einhellig behaupten, 1.) daß die geheimen Sünden zu eröffnen seyn. 2.) Daß die Ohrenbeicht zu allen Zeiten als eine Regel sey angesehen worden, nach welcher sich die Priester bey Auferlegung der öffentlichen, oder Privatbuße zu richten hätten. 3.) Daß die schweren Sünden durch die Schlüsselgewalt der Kirche, und die gerichtliche Lossprechung der Priester könnten, und müßten erlassen werden.

Alles dieses wußten freylich wohl auch Feiner, und Eybel, jedoch, da sie sichs schon einmal zum Gesetze gemacht die allein seligma-

 chende

chende katholische Religion anzufeinden, und das Volk zu verführen, was Wunder, wenn sie jenes, es mag wie immer widersinnig seyn, aus den Schriften der heiligen Vätern zu erzwingen suchen, was sie niemals gesagt, ja wider welches sie sich feyerlich erkläret hatten.

Wenn ein **Cyprian**, **Firmilian**, und **Hieronymus** sagen, Gott allein könne die Sünden vergeben, es komme bey ihm nicht auf den Ausspruch des Priesters, sondern auf den Lebenswandel der Büßenden an, so ist dieß dem **Seiner** schon genug, ihnen aufzubürden, daß sie der Kirche die Schlüsselgewalt gelaugnet, und keine Nothwendigkeit der Beichte zugelassen haben, ob es gleich eine bekannte Sache ist, daß sie in ihren Schriften wider die **Montanisten**, und **Novatianer** die Gewalt Sünden zu vergeben, welche dazumal die Ketzer, wie itzt **Eybel**, und **Seiner**, der Kirche streitig machten, immer verfochten hatten, und in den angezogenen Stellen nichts mehrers andeuten wollten, als daß Gott allein die **unabhängige**, und **unbeschränkte Macht** Sünden zu vergeben eigen sey, daß die Priester bey der Lossprechung die

Stelle

Stelle Gottes vertretten, und daß diese Loszehlung ohne wahre Buße, und Bekehrung des Herzens nichts nutze.

Wenn ein **Basilius**, und **Ambrosius** von den Thränen Davids und Petri sagen, daß, sie **von der Einsetzung des Sacraments der Buße** ohne einem Bekenntnisse der Sünden bey Gott die Vergebung erlangen, so ist dieses einem **Eybel** und **Feiner** schon genug, um zu folgern, daß auch **nach der Einsetzung dieses Sakramento** keine mündliche Beichte, die Vergebung der Sünden zu erlangen, nothwendig sey. Endlich wenn ein heiliger **Chrysostomus** sagt, die tägliche Gewissenserforschung könne ohne einem Bekenntnisse der Sünden verrichtet werden, so wissen schon **Eybel** und **Feiner** sonnenklar zu schliessen, daß diesem heiligen Lehrer die Sakramentalbeichte ganz unbekannt gewesen sey; obschon er dieselbe in der angeführten **Homilie** als eine zur Seligkeit nothwendige Sache mit deutlichen Worten erkläret. So bindig und überzeugend wissen unsere heutige Aufklärer, und Reformatoren in Glaubenssachen zu räsoniren! — welch große

 Schrit-

Schritte machen wir nicht zum gänzlichen Unglauben! — wie sehr nähert sich nicht das neue Heydenthum heran! — — (*)

Aber

(*) Feiner spasset nur, wenn er, (Seite 19.) saget: „Sind wir aber nicht abermal in ein neues Heydenthum verfallen, welches der große Weissenbach „sehr schön erwiesen hat?„ So treibet er auch mit Merzen seine Kurzweile, da er an der nämliche Seite schreibet: „Ich muß auch alle Christen mit dem hochwürdigen Pater Merz warnen, „sich vor den Modebrochüren zu hüten.„ Aber Weissenbach und Merz sind doch immer Männer, welche die Wahrheit reden, und schreiben, und die von Katholiken, so ihre Religion lieb haben, ja selbst von vernünftigen Protestanten hochgeschätzet werden. Treulose Religionsspötter mögen sie itzt zum besten haben, sie beschimpfen, und lästern; doch kann ich ihnen aus dem göttlichen Worte Bürge seyn, da sie über kurz oder lang jene schaudervolle Zeit überfallen werde, wo sie zu spät werden seufzen müssen; „Diese sind es, die wir verlachten, die uns zum Sprüchworte der Verspottung dienen mußten: wir Unsinnige hielten ihr „Leben für Thorheit, ihren Tod für ehrlos. Sieh! „itzt sind sie unter die Kinder Gottes erhoben; ihr „Erbtheil ist unter den Heiligen: Wir haben

„uns

Aber **Gratian** fürt doch wenigstens für Eybeln, und Feiner das Wort? Wir wollen es ein bisgen untersuchen. Erstens ließ sichs fragen, wer es entschieden habe, daß Gratian der Verfasser des **Traktats von der Buße** sey; Antonius Augustinus im 18. Dialog seines erstens Buchs von der **Verbesserung des Gratians** saget: „Es halten einige dafür, daß dieser Traktat den Gratian nicht „zum Urheber habe — — diese Worte fand „ich auf einem Zettel: **Gegenwärtige Abhandlung von der Buße scheinet nicht Gratians Werk zu seyn.** „ Allein dem sey, wie ihm wolle. Worinn bestehet wohl die Frage, so im Traktat von der Buße soll erörtert werden? Darinnen: ob die den Priestern abzulegende Beichte so unumgänglich nothwendig sey, daß eine vollkommene Reue ohne wirklich abgelegte Mundbeichte nicht erklecke, den Sünden zu rechtfertigen; denn so verstehen gelehrte Män-

„uns also von dem Wege der Wahrheit verirret, „das Licht der Gerechtigkeit ließen wir uns nicht „aufgehen - - Was hilft uns nun der Stolz? Sap. 5.

Männer jene Worte: „Ob einer durch die blos-
„se Herzenszerknirschung, und geheime Ge-
„nugthuung ohne der Mundbeichte Gott ver-
„söhnen könne.„

Es waren nämlich dazumal einige, die behaupten wollten, daß nicht einmal die vollkommene Reue ausser dem Sakramente der Buße jemand rechtfertige; obschon der größere Theil der entgegengesetzten Meynung beyflichtete. Nun diese Frage zu untersuchen, und zu bestimmen führet **Gratian** seine ganze Abhandlung durch verschiedene Stellen der Väter, und alten Urkunden an; zu Ende des dreyßigsten Kanons saget er zwar: „Es ist klärer als selbst das
„Licht, das die Sünden durch die Zerknir-
„sung des Herzens, nicht durch die Mund-
„beichte nachgelassen werden;„ er saget aber
„auch zu Ende des sechzigsten Kanons daraus
„erhellet also, daß die Sünde ohne der Mund-
„beichte, und thätiger Genugthuung nicht
„nachgelassen wird;„ und zu Ende des neun und achtzigsten Kanons läßt er die ganze Frage, so zu erörtern war, unentschieden: „Wir haben
„(sind seine Worte) in Kürze erkläret, auf
„welch-

„welch ansehnlichen Zeugnissen, und wichtigen „Gründen beyde dieser Meynungen beruhen. „Dem Urtheile des Lesers soll es aber vorbe„halten seyn, welcher aus ihnen man beyzu„pflichten habe. Gratian läugnete also von „weitem nicht, daß die Beicht nothwendig „sey, sondern er hielt nur dafür, daß die „Sünden vielmehr durch die Reue, als durch „die Beicht nachgelassen werden.

Jedoch um freygebig zu handeln, will ich zugeben, daß **Gratian** nicht nur an der Wirkung der vollkommenen Reue ausser dem Sakramente der Buße, sondern auch an dem gezweifelt habe, ob die mündliche Beichte, Vergebung der Sünden zu erlangen, aus **göttlichem** Rechte nothwendig sey. Was wird hieraus folgen? Ich dächte nicht anders, als daß er von unächten Urkunden hintergangen, den wahren Verstand der Schrift, und der Uebergabe nicht erreichet habe, welches, wie **Van Espen** anmerket, damals ohne Ketzerey geschehen konnte, indem die Nothwendigkeit der Sakramentalbeichte noch nicht von der ganzen Kirche so klar und ausdrücklich entschieden ward. Wem sollte es aber auch nur traumen, mit Feinern und Eybeln hieraus zu folgern, daß dazumal die Ohrenbeicht noch nicht gewesen sey? Denn ob zu Gratians Zeiten die Ohrenbeicht gewesen sey; ist ein bloße Thatsache, die zu ihrer Entscheidung nichts denn gut bestellte Sinne fodert; ich erinnere mich aber nicht in der Geschichte je gelesen zu haben, daß es diesem berühmten Sammler der kanonischen Satzungen bey Abfassung seines Traktats von der Buße an gesunden Sinnen gebrochen habe: wie hätte er also nur zweifeln können, ob zu seiner Zeit die Ohrenbeichte gewesen sey. Wie spitzfindig doch Eybel und Feiner sind! — Wenn die heutige Aufklärung ein solches Licht verbreitet, so weiß ich in der That nicht, wie sich die Dummheit von der Aufklärung unterscheiden lasse.

§. III.

Eybels und Feiners Schmähungen über den Kirchenrath von Trient.

Die Entscheidungen des allgemeinen Kirchenraths von Trient, sind so klar und deutlich, und

und den Brochüren Eybels, und seines Dollmetschens also gerad entgegengesetzet, daß sie selbst erkennen müßten, es wäre unmöglich, solche auf je eine Art für ihre Irrlehren anzuwenden, oder dem Fluche derselben zu entkommen. Denn 1.) glauben Eybel, und Seiner, die Mundbeichte sey unnöthig, und man könne deren Nothwendigkeit aus der Schrift nicht erproben; der Kirchenrath von Trient hingegen machte (Seff. 14. de Pœnit. Can. 7.) die Entscheidung, daß das Bekenntniß aller und jeder auch heimlicher Todsünden im Sakramente der Buß vermög göttlichen Rechts zur Nachlassung derselben nothwendig sey; und erweiset dieses (ibid. Cap. 5.) aus der Schrift. 2.) Eybel und Seiner wissen in den alten christlichen Urkunden die heutige Beichtart nicht zu finden; der Kirchenrath von Trient aber betheuret (ibid. Cap. 5.) daß die geheime Beichte, so dem Priester geschieht, von Anbeginn in der heiligen Kirche üblich gewesen, und von den heiligsten, und ältesten Vätern mit einhelliger Ueberein-stimmung sey anempfohlen worden.

3.) Eybel und Felner sprechen der Kirche mit den Novatianern die Gewalt Sünden zu vergeben ab; das Concilium zu Trient aber saget, (ibid. Cap. 1.) die katholische Kirche hat auch die Novatianer, welche die Gewalt Sünden zu vergeben vor Zeiten halsstärrig läugneten, mit großem Grunde als Ketzer verworfen, und verdammet. 4.) Eybels Dollmetscher will behaupten (Bl. 16.) die Reue, die zuversichtliche Besserung mit dem Glauben an Gott verbunden bringe uns allein die Vergebung der Sünden bey Gott zuwege; und jene seyn ausgestorben, zu welchen Christus sprach: empfanget den heiligen Geist, denen ihr die Sünden erlassen werdet 2c., der Kirchenrath von Trient aber verfaßte nachstehende Glaubensregel (ibid. Can. 4.) „Wenn jemand läugnet, daß zur ganzen, und vollkommenen Vergebung der Sünden von den Büssenden drey Handlungen erfodert werden, die gleichsam die Materie des Sakraments der Buße sind, nämlich, die Reue, die Beichte, und die Genugthuung, welche die drey Theile der Buße genennet werden; oder wenn jemand

„mand sagte: es seyn nur zween Theile der „Buße, nämlich, die durch die erkannte Sün- „den eingejagte Schrecken des Gewissens, und „der durch das Evangelium oder die Losspre- „chung gefaßte Glaube, womit er glaubet, „daß ihm die Sünden durch Christum vergeben „seyn, der sey verfluchet.„ Und im ersten Kapitel (Loc. cit.) reden die Väter dieser Ver- sammlung von der Schlüsselgewalt der Kirche al- so: „Die Gewalt Sünden nachzulassen, oder „zu behalten, ist um die nach der Taufe gefal- „lenen Gläubige wieder zu versöhnen, den Apo- „steln und ihren rechtmäßigen Nachfolgern mit- „getheilet worden.„

Bey so auffallend widersprechenden Lehrern, und Grundsätzen was übrigte **Eybeln**, und **Feinern**, als wider diesen Kirchenrath mit Schmähen, und Lästern loszuziehen. Aus die- ser Ursache erzählet **Eybel** (§. 53.) aus Paul Sarpi „die **Väter dieses Kirchen-** „**raths** (*) hätten aus der heiligen Schrift, „und

(*) Hier bedienet sich Eybel nach seiner Gewohnheit einer offenbaren Verfälschung; wer sich die

 Mühe

„ und besonders aus den Propheten, und Psal„ men alle Stellen hervorgesuchet, du etwas von „ Beichten, und Bekennen zu lesen, und hät„ ten solches auf die sakramentalische Beichte zie„ hen wollen. — —

„ Alle Gebräuche, so bey der Beichte vorkä„ men, hätten sie für apostolische Traditionen „ ausgegeben. Es wären viele alte, und neue „ Wunder ausgesonnen worden, dadurch sie be„ haupten wollen, daß denjenigen, so die Beich„ te in Ehren gehalten, alles wohl von Stat„ ten gegangen, die aber nichts darauf gehalten, „ wären unglücklich gewesen. Aus dem Dekret „ des Gratian hätte man verschiedene Stellen an-

„ ge-

Mühe nehmen will, die Geschichte des Sarpi nachzuschlagen, wird finden, daß er jenes, was nach Zybels verfälschter Uebersetzung von den Vätern der Tridentinischen Versammlung soll gesaget seyn, nur von den daselbst anwesenden Theologen geschrieben habe, obschon er es auch von diesen nach dem Urtheile aller Vernünftigen ohne Unfuge nicht könnte schreiben. Uebrigens ist es noch sehr zweifelhaft, ob Sarpi wirklich der Verfasser dieser Geschichte sey.

„ geführet, und solchen einen andern Verstand „ nach dem andern angedichtet. Wenn man „ diesen Vätern Glauben beymessen wollen, so „ hätte man sich zugleich überreden müssen, daß „ die Apostel und Bischöfe der ersten Kirche all „ ihre Zeit auf Beichten, und Beichthören an„ gewendet haben.„ Eybel stellet sich zwar an, als mißbilligte er diese Erzählung des **Sarpi**, wenn er spricht: „ Sarpi habe die dem Kirchen„ rathe schuldige Ehrfurcht vollkommen bey Sei„ te gesetzet;„ allein es war ihm nicht Ernst, denn wozu hätte er sonst die Worte des **Sarpi** verfälschet, und jene Schmähungen auf die Tridentinischen Väter ausgedeutet, welche von **Sarpi** nur allein wider die Theologen dieses Kirchenraths gemünzet waren? **Seiner aber sein getreuer Ausleger** löset endlich den Knoten gar auf, da er (Bl. 32.) freymüthig bekennet, daß **Eybel** die Stelle des **Sarpi** aufgeführet „ habe, damit es der ganzen Welt auffalle, „ und deutlich werden muß, daß das Recht auf „ der Seite des Sarpi ist, und daß der Herr „ Professor (**Eybel**) einen dritten (nämlich „ **Sarpi**) für die Vergehungen eines zweyten,„ (das ist, des Tridentinischen Kirchenraths)

 „ prü-

„prügelt, damit dieser zweyte desto beschämter „davon kömmt.„

Jedoch nicht genug, daß Eybel, und Feiner durch die Worte eines andern, dessen Stelle sie verfälschet haben, den Tridentinischen Kirchenrath lästern, sie wissen dieses selbst durch eine recht ärgerliche Ironie noch besser zu bewirken. Hören wir nur Eybels Dollmetschen; er führet (30. 31.) folgende Worte des sechsten Kanons an: „Wenn jemand saget, daß die „Art und Weise heimlich dem Priester allein zu „beichten von Christi Anordnung, und Gebothe entfernet, und eine menschliche Erfindung „sey, derselbe sey verflucht; und macht hierüber folgende Glosse: „so ist die Ohrenbeicht doch „itzt wenigstens seit dem Tridentinischen Conzilium ein Glaubensartikel und von Gott selbst „eingesetzet, indem Christus durch die Unfehlbarkeit der Conzilien eine unterbrochene Offenbarung festgesetzet, so zwar, daß er seine eigene Lehre, wenn sie von den Bischöfen und „Aebten in den Konzilien als ketzerisch verdammet wird, eigentlich selbst aufhebet, wie er „durch das neue Testament das alte Gesetz,

„das

„ das doch auch von ihm als Gott ist, aufge„ hoben hat.„

Welch ruchlose Spötteleyen sind nicht in dieser Glosse enthalten? — „ Die Ohrenbeichte „ ist seit dem Tridentinischen Conzilium von „ Gott selbst eingesetzet — Christus hebet eigent„ lich selbst seine Lehre auf, wenn sie von den „ Bischöfen und Aebten in den Conzilien als ke„ tzerisch verdammet wird — „ Feiner will also andeuten, daß der Kirchenrath von Trient, über welchen er seine Glosse macht, die Lehre Christi von der Ohrenbeichte als ketzerisch verdammet und daß sie Christus deshalben aufgehoben habe. — Heißt dieses nicht eine so ehrwürdige allgemeine Kirchenversammlung auf das Aeusserste beschimpfen, ja wider die göttliche Majestät selbst Lästerungen ausstossen, welches nur von zügellosen Freydenkern, und ausgeschämten Gottesläugnern geschehen mag? Könnten wohl die Religionsspötter die Sache weiter treiben? Verdiente nicht so eine Glosse in einem katholischen Lande, wo die katholische Religion auch gemäß der Staatsgesetzen die herrschende ist, und immer verbleiben soll, durch die Hand des Scharfrichters gebrandmarket zu werden,

 oder

oder kann es wohl einem katholischen Staate, der die allein seligmachende Religion für seine beßte Stütze hält, gleichgültig seyn, wenn diese selbst von Katholiken (möchten doch diese Spötter den Name eines Katholiken, welchen sie so unwürdig tragen, gänzlich ablegen, und sich zu je einer Sekte, oder vielmehr zur endlichen Freydenkerey öffentlich bekennen) auf so eine muthwillige Art dem Spott und Hohne blosgestellet wird?

Kurz darnach ziehet Feiner (Bl. 32.) die Untrüglichkeit der allgemeinen Kirchenversammlungen noch mit nachstehenden Worten durch die Hechel: „ Wer weiß, ob wir 1784. durch eben die„ se Unfehlbarkeit, oder Offenbahrung nicht er„ fahren, wie viele Klafter tief, und in wel„ chem Winkel der Herr Professor Eybel in der „ Hölle sitzen, und für seine gottlose Lehren büs„ sen wird. „ Spassen sie nur immer mein Feiner Herr! mit den erhabensten, und förchterlichsten Wahrheiten — Die Worte des Sohns Gottes bleiben doch deßwegen unverrückt: „ Wer die Kirche nicht höret, soll ei„ nem Heyden und öffentlichen Sünder gleich

„ geh al-

„gehalten werden, Matth. 18. und wiederum:
„wer nicht glaubet, wird verdammet. Mark.
„16.

Der Leser erwarte hier keine weitschichtigen Beweise von der Untrüglichkeit einer allgemeinen Kirchenversammlung in Entscheidung der Glaubenswahrheiten, und Bestimmnng der Sittenregeln. Denn wozu wäre dieses? Bey **Religionsspöttern** würde es nichts fruchten, und der **wahre Katholik** ist ohnehin von einer so wichtigen Wahrheit seiner heiligen Religion überzeuget. Ich begnüge mich demnach die Worte des zu Senß im Jahre 1528. gehaltenen Synods hier einzurücken. Die Väter dieser Versammlung geben nicht nur die allgemeinen Kirchenräthe gemäß der Schrift, und Uebergabe als eine untrügliche Glaubensregel an, sondern erweisen dieses auch mit folgenden Vernunftschlusse: „benimmt man einmal (sind „ihre Worte Dekret. 3.) diesen Konzilien die „Macht zu entscheiden, was zum wahren Glau„ben, und Ausrottung der Ketzereyen, zur „Kirchenreforme, und Reinigkeit der Sitten „gehöret, so bleibt nichts Gewisses, nichts

 Gründ-

„ Gründliches mehr übrig, nichts endlich, wo-
„ durch man einen Ketzer von einem Rechtgläu-
„ bigen unterscheiden könne, da sich jener oft,
„ weil er viel g schwätziger, und eigensinniger ist,
„ mehrerer Zeugnisse der heiligen Schrift zu
„ seiner Sache fälschlich rühmet. Man hätte
„ auch vor Alters keinen Weg gehabt, die An-
„ griffe einiger Ketzer zurückzuschlagen, wenn
„ nicht die Kirchenvorsteher nach dem Beyspiele
„ der Apostel Conzilien veranstaltet hätten,
„ worinn sie ihrem grimmigen Wuth, und ih-
„ rer aufgeblasenen menschlichen Wissenschaft
„ das Ansehen des heiligen Geistes entgegensetz-
„ ten. Daher muß nothwendiger Weise folgen,
„ daß, wenn das Ansehen der Kirchenversamm-
„ lungen in diesen betrübten Zeiten nur im Ge-
„ ringsten verfallet, alle schon verdammte Ke-
„ tzereyen von der Höllenklufte wiederum em-
„ porsteigen dürften. — — Das Ansehen der
„ heiligen allgemeinen Conzilien ist demnach hei-
„ lig und unverletzlich, so daß man denjenigen
„ billigstermassen für einen Feind des Glaubens
„ ansehen muß, welcher sich wider dieselbe hart-
„ näckig sträubet.

Was

Was die Väter dieser Versammlung insgemein von dem ökumenischen Kirchenräthen behaupten, läßt sich für jenen zu **Trient** auf eine besondere Art anwenden; denn obgleich diese Versammlung unter den allgemeinen die letzte ist, und von einigen **Afterkatholiken** für gering geschätzet wird, so ist sie doch in der That eine der ansehnlichsten, und für die katholische Kirche eine der nützlichsten. Der bey unsern Aufklärern so hoch geschätzte **Launoi** soll diesem Kirchenrathe das Wort führen. Einer seiner Freunden hatte das Unglück von falschen Katholiken hintergangen, und auf den Gedanken gebracht zu werden, daß es der katholischen Kirche viel ersprießlicher würde gewesen seyn, wenn dieses Conzilium niemals wäre gehalten worden. **Launoi** von dem Irrthume seines Freundes getrofen, schreibt an ihn folgendes **Ep. 1. ad Amicum Tom. 5. p. 2. edit. 1731.**

„Ich erhielte nicht so bald ihren Brief, als „ich vermerkte, daß sie sich in dem Irrwahne „derjenigen befinden, welche dafürhalten, es „wäre für den christkatholischen Glauben nützli„cher gewesen, wenn es der Kirche niemals bey-

„ gefallen wäre zu Trient ein Conzilium zu hal-
„ ten; ich dachte zwar allezeit, daß es unmög-
„ lich seyn wurde, sie jemals auf diesen Ge-
„ danken zu bringen, wenn sie sich nicht durch
„ die Beweisgründe derjenigen hätten überreden,
„ und hinreissen lassen, welche man täglich aus
„ dem Munde falscher Katholiken hören muß,
„ die der Kirche Gottes ungemein schädlicher sind,
„ als wenn sie sich für offenbare Feinde erklär-
„ ten. Nur nahme es mich Wunder, wie ein
„ gesundes und fürtrefliches Ingenium, auf
„ welches ich nicht einmal glaubte, daß man
„ einen Anfall wagen dürfte, durch so schwache,
„ und elende Begriffe habe können getäuschet
„ werden. Die vorgeblichen Gründe sind also
„ insgemein diese, daß die angezogene Kirchen-
„ versammlung eine Quelle vieler Uebel (we-
„ nigstens zufälliger Weise, wie sie sagen, ge-
„ worden sey, und daß selbe (was sie zwar ohne
„ allem Vortheile behaupten) die Deutschen mit
„ der römischen Kirche nicht vereinbaret habe;
„ diese Mauerbrecher aber, mit welchen sie auf
„ die Tridentinischen Väter, die sich für das
„ Haus Gottes als eine Mauer wider alle Ke-
„ tzer festsetzen, einen Anfall wagen, zerquetschen

„ Die-

„ dieselben nicht, sondern sind nur wie ein Spin„ nenwebe, daß jeder mit leichter Mühe zer„ trennen kann; vielmehr werde ich eben da„ durch die unumstößliche Festigkeit dieses Conzi„ liums zu gründen suchen, wodurch sie dieselbe „ unvorsichtig zu schwächen gedacht: ich will „ nämlich zeigen, das Ansehen, und die Stär„ ke dieses Kirchenraths sey so groß, daß sich an „ selbem, wie an jenem, welcher der Weg, „ die Wahrheit, und das Leben ist, viele ha„ ben zerstossen müssen. Denn die zu Trient „ versammelte Kirchenvorsteher bewiesen sich in „ der That als gute Hirten nach dem Beyspiele „ des guten Hirten; wohl eine glückselige Nach„ folge, die Niemand tadeln kann, ohne zu„ gleich ihr Muster anzugreifen.

„ Diese Väter würden ihr Amt mißkennet „ haben, wenn sie nicht, wie Christus, vielen, „ die nicht an ihn glaubten, ein Stein des An„ stosses gewesen wären. Sie, mein Freund! „ dürften nur die Stärke und Erhabenheit die„ ses einzigen Beweises ohne Gemüthsunruhe „ aufmerksam durchdenken, ich bin versichert, „ sie würden doch die unerschütterliche Wahrheit

„ antreffen, wo sie nur Leichtsinn zu entdecken „ sich bemühten, hellen Tag erblicken, wo sie „ nur Finsternisse sahen. Da aber alle, wel= „ che bisher sich erkühnten, das Ansehen dieses „ Kirchenraths herabzuwürdigen, von derley „ glänzenden Vorspiegelungen den unseligen An= „ fang nahmen, will ich ihnen unserer alten „ Freundschaft wegen mit kurzem, und aufrich= „ tig meine Gesinnungen überschicken, die ich „ von ihrem, oder vielmehr fremden, und zumal „ Schismatiker Beweisen hege.

„ Und zwar, was den ersten betrift, wel= „ chen sie für den vornehmsten ansehen, werde „ ich ihnen meines Erachtens genug gethan ha= „ ben, nachdem ich zwischen den ersten Conzi= „ lien, dessen Fürgang, und Ende, und dem „ letzten Tridentinischen eine Parallele werde ge= „ zogen, und die Zeiten, so auf das Nicänische „ folgten, mit den Zeiten, welche nach dem Tri= „ dentinischen waren, verglichen haben. Wenn „ sie diese Gegeneinanderhaltung ohne Vorurthei= „ le (welches Dinge die nur in Einbildung beste= „ hen, als wahre darstellt) und ohne Vornei= „ gung abwiegen werden, so werden sie zweifels=

„ ohne

„ ohne selbst dafürhalten, daß es mit beyden ein „ gleiches Verhältniß habe; wenn nicht vielleicht „ gar die Zeiten für noch gefährlicher befinden „ dürften, die das Nicänische, als jene, wel- „ che das Tridentische begleiteten, jene daraus „ erfolgte Uebel für grösser, und ärgerlicher, „ als diese; ohne daß sichs doch einer, wenn er „ sich nicht der äussersten Thorheit, und Ruch- „ losigkeit wollte schuldig machen, dürfte bey- „ kommen lassen, die Ursache derselben auf die „ glorwürdige Martyrer, und Beichtiger so zu „ Nicäa versammelt waren, hinzuschieben.„ Hier führet dieser parisische Gottesgelehrte die schrecklichen Gräule an, welche die auf dem Nicänischen Konzilium verdammte Arianern in der ganzen Christenheit verübten, und die Menge der ketzerischen Synoden, so sie aufbrachten. Er erzählet unter andern, wie sie die Kirchen eingerissen, die Klöster zerstöret, den Klerus in Unordnung gebracht, die Leviten eingekerkert, die Priester ins Elend geführet, und Gefängnisse mit Heiligen angefüllet hatten; wie sie Kaiser dahin vermochten, die Rechtgläubigen von den Städten hinauszustossen, ihnen den Eingang in selbe zu versagen, und sie also zwan-

gen,

gen, in Wildnissen herumzuirren, sich in Höhlen und Steinkluften den wilden Thieren beyzugesellen, und endlich vor Blösse, Hunger und Durst ganz ausgedorret dahin zu schmachten. Daraus ziehet er den Schluß dessen, was erstens zu beweisen vornahm, daß nämlich die auf den allgemeinen Tridentinischen Kirchenrath gefolgte Unheile mit jenen kaum in Vergleich könnten gezogen werden, so nach dem Nicänischen entstunden; und daß es höchst unbillig sey, jener heiligen Versammlung zu Trient die Uebel zuzuschreiben, welche sich nach derselben geäussert hatten.

„Was ihren zweyten Beweis betrift (fährt „Launoi fort) wundert es mich sehr, daß er „auch nur den geringsten Eindruck auf ihr Herz „habe machen können. Denn wem kann es „unbekannt seyn, wenn er nicht in Dingen, „die zu seiner Zeit geschehen, ganz unerfahren „ist, daß sich die Tridentinischen Väter auf alle „mögliche Weise bestrebet haben, wie sie die „Deutschen unter zuläßigen Bedingnißen zum „Konzilium berufen möchten? Großer Gott! „was haben diese mit dem Geiste Gottes erfüll-

„ten

„ten Männer nicht alles versuchet? Welcher „Kunstgriffen haben sie sich nicht bedienet? „Was hätten sie für den Weingarten des Herrn „thun sollen, und habens nicht gethan? Wie „viele Versicherungszettel gaben sie ihnen nicht, „bey dem sie nicht wenig von dem alten Kirchen„rechte abwiechen? Was für Ungemach dauer„ten sie nicht durch achtzehen Jahre aus, da sie „stets den Endschlus, und die Ankunft der „Deutschen erwarteten? Wo ist ein altes, oder „neueres, oder im mittlern Zeitalter gehaltenes „Conzilium aufzuweisen, welches so lang ge„dauert hätte, welches wegen den Religions„gegnern ihre Vollendung so weit hinausge„schoben hätte, welches sich die Entwicklung der „Glaubenswahrheiten so sehr hätte angelegen „seyn lassen?

„Nichtsdestoweniger ist doch keines aus al„len (setzet Launoi alsogleich hinzu) welches die „Ketzer unverschämter lästerten, die Schisma„tiker mehr verlachten, und welchem die After„katholiken mit größerer Verachtung begeg„neten. Allein vernehmen sie einmal die ganze „Sache freylich wohl nicht aus den vergiften

Quel-

„Quellen eines abtrinnigen von Splitt, oder „eines Scheinmönches, (*) welche mit Verle„tzung der göttlichen Majestät, des Ansehens der „Kirche, und aller höhern Macht, den Synod „mit so meichelmörderischen Farben abgeschildert, „daß sie beynahe ein Zutrauen würden erschlie„chen haben, wenn sie nicht so gar vieles unter„schoben hätten; verachten sie vielmehr das an„steckende Gesindel dieser Ohrenbläser, und „suchen sie wahrheit entweder in dem Buche „dieses Conziliums selbst, welchem durchaus „das Insiegel des göttlichen Ansehens aufge„drucket ist, oder bey andern, die es mit ge„treuen Erläuterungen beleuchtet haben. Die „gottesräuberische Verwegenheit eines einzigen „Menschen kann der Kirche Christi von Nie„mande vorgezogen werden, dem der Name „eines Christen, und die Religion, zu wel„cher er sich bekennet, zu Herzen liegt. Aber „was

(*) Launoi zweifelte, ob die berichtigte Geschichte, so unter dem Namen des Sarpi herumrollirt, und welcher er alles Ansehen zu benehmen trachtet, Anton de Dominis, oder Sarpi, oder einen unbekannten Protestanten zum Urheber habe.

„ was halte ich mich lang auf, dieser Geschichte „ den Werth zu benehmen, welchen sie bey „ Gutgesinnten ohnehin niemals gehabt, die „ nur Neuerer zusamengetragen, und allein „ Schismatiker, und Liebhaber der Neuerungen „ hochschätzen. Mir kömmt diese Geschichte vor, „ wie eine geschwefelte Frucht von Gomorrhen, „ welche, wenn sie nur ein wenig gedrucket wird, „ den kalvinistischen Dampf aushauchet, und „ in eine lutherische Asche zerstreuet wird. rc.

Ungebethenes
Schreiben
in Betreff
Titl des Herrn Professors
W. in Dillingen,
abgegeben
an den namlosen Fragsteller:
ob
die Bischöfe auch das Genehmigungsrecht über bürgerliche Gesetze
besitzen?
von
einem in Füssen.

1784.

Suche Freunde, nicht die dir schmeicheln, sondern die dir, wenn du irrest, die Wahrheit sagen.

Eurupid apud Stob. Serm. 3.

Geehrtester Freund!

Erst den Sonntag nach dem heiligen Weihnachtsfest des jüngstverflossenen Jahres = = 82. bekam ich ihre kleine Schrift zu handen, die den Titl führt: Frage: **Haben die Bischöfe das Recht, die bürgerlichen Gesetze des Landesherrn vor ihrer Kundmachung zu untersuchen, und nach Gutbefinden zu verwerfen, oder zu bestättigen?** 1782. So aufmerksam ich alles las, was sie in dieser wider den Herrn Professor W. in Dillingen zu Papier brachten, muß ich ihnen doch das aufrichtige Geständniß machen, daß es mich nur gar nichts bewogen; weniger daß es in meinem Gemüthe so starke Wirkung gemacht, daß ich ihnen den Sieg zu jauchzen könnte. Ja ich will ihnen nicht bergen, sie laufen in ihren Brochüre zuweilen gar auf Dinge hinaus, die nicht nur ihnen nicht zur Ehre sind, sondern auch an einem Katholiken billig mögen geahndet werden. So sagen sie z. B. gleich im Eingange ganz Respekt vergessen, S. 4. **Der Satz des Herrn Professors W. lasse sich nirgends als auf einer bischöflichen Schule vertheidigen**: Gleichsam als wann die bischöflichen Schulen nur solche Cathedern hätten, auf denen heut zu Tage noch allein Pedanterey und Fanatismus herrschen dörfe.

An der nämlichen Seite sagen sie wieder, **zu Hildebrands Zeiten hätte der dillingisch Herr Professor vielleicht Anhänger seiner Meynung bekommen: Zu Ende des achtzehnten Jahrhunderts aber bleibe er sicher allein.** Der Hildebrand, den sie melden, war Gregor VII. das höchste Oberhaupt der Kirche, ein Mann von großer Heiligkeit, und unerschüttertem Geiste. Stehet nun es gut an einen Katholiken, das höchste Kirchenhaupt, und den ehemaligen Statthalter Christi auf Erden nur wie den ungeachtesten Bauernkerl, schlechthin allein mit seinem Zuname zu nennen?

hät-

hätten sie ihn gar mit einigen Protestanten Höllenbrand geheissen; dann lehrnten wir doch ihren Charakter näher können.

Weiters sagen sie §. 1. K. 1. ganz spöttend weg: Daß die Gottesgelehrten, so vieles sie doch sonst von der Kirche wissen, dennoch in Bestimmung derselben nicht einig seyn: weil diese ihnen bald eine ungleiche Gesellschaft, welche aus Obern, und Untergebenen bestehe; bald eine lehrende und gesezgebende Macht; bald der Pabst allein die Kirche seyn müsse. Nein! haben sie doch die Gewogenheit für mich, und benennen mir diese Theologen, die so unächte Bestimmungen der Kirche geben. Ich, so viel ich derer gelesen habe, und es sind doch mehr als ein Dutzend, weiß sie nicht zu nennen. Wenn ich also ihnen nicht auf ihr Wort schlechthin glaube, besonders daß es Theologen gebe, die die Kirche in dem Pabste allein zu bestehen lehren, werden sie mir es ja doch verzeihen.

Daß aber, wie sie cit. §. 1. K. 1. S. 5. behaupten, die Bestimmung des Herrn Professors W. **Die Kirche ist eine Gesellschaft der Menschen, welche auf Befehl des Gottmenschen, um Gott gehörig zu ehren, und das ewige Heil zu erwerben versammelt sind:** Auch die Protestanten annehmen **können**; verräth einen Mann, der bey sich überzeuget ist, daß die Protestanten so wohl, als die Katholiken Gott **gehörig** ehren. Freund! hier bethe ich recht sehr, gehen sie doch in Zukunft mehr überlegt in die Sache, wenn sie für das Publikum schreiben wollen. Oder sagen sie mir doch zur Gnade: heißt nicht: Gott **gehörig** ehren: Gott ehren auf die Weise, wie er es befohlen, und in dieser Vorsehung geoffenbaret hat? Ehren nun die Herren Protestanten Gott auf diese Weise?

Was sie dem Herrn Professor W. abermal K. 1. S. 6. vorwerfen, daß er aus den Worten Johan. 20. die besondere, oberherrlich- und gesetzgebende Gewalt der Kirchenvorsteher erweise, ist eine an dem Tage liegende

Un-

Unwahrheit. Denn aus den Worten Johan. 20. Wie mich der Vater gesandt hat, so sende ich euch . . . Denen ihr die Sünden vergebet, denen sind sie vergeben, und welchen ihr sie vorbehaltet, denen sind sie vorbehalten : aus die Worten will er, der Herr Professor W. allein darthun, daß der Heiland nicht der ganzen gläubigen Gemeinde die Gewalt Sünden zu vergeben gegeben habe, sondern einzig seinen Aposteln, zu denen er die angeführten Worte in dem Speissaale einzelweise gesprochen hat. Lit. d. §. 2. fol. 23. Die gesetzgebende Macht der Kirchenvorsteher entgegen leitet er ausdrücklich aus den Worten Matth. 18. V. 18. §. cit. lit. E. wie andere Theologen her. Genug aber von dergleichen ihnen keine Ehre bringenden Dingen, die sie vielleicht allein aus menschlicher Unachtsamkeit, nicht bösem Herzen niedergeschrieben haben.

Die Hauptsache besteht in dem, ob Herr Professor W. zu Dillingen seinen Satz von dem geistlichen Genehmigungsrechte über die bürgerlichen Gesetze der Regenten standhaft erwiesen habe, oder nicht. Ich meyne, ja, so wenig es ihnen scheint. Gönnen sie mir die Freundschaft, daß wir unpartheyisch miteinander untersuchen, für welchen aus uns die stärkern Gründe seyn.

Der Herr Professor W. wie sie S. 3. im Eingange ihrer Schrift selbst eingestehen, lehret nicht ohne alle Einschrenkung, oder Beysatze = **absolute & in Thesi** - daß die Bischöfe das Recht die bürgerlichen Gesetze der Regenten zu untersuchen, und mit ihrem Placetum, oder zu verwerfen innhaben: sondern allein lehret er bedingungsweise, hiemit nur in **Hypothesi & ex supposito** - - daß, im Falle der Landesherren das Genehmigungsrecht die Verordnungen der Kirche zu untersuchen, und diese zu verwerfen, oder mit ihrem Placetum gützuheissen, zukommen sollte; eben dieses nämliche Recht auch die Vorsteher der Kirche in Rücksicht auf die Civilgesetze fodern zu därfen das Befügniß hätten. Den Beweis seiner Lehre hohlet er aus keinen andern Gründen her, als aus denen die Natur = und Staatsrechtsgelehrten den Regenten das Placetum zuzusprechen pflegen. Er sagt dann in der Hauptsache also:

A)

A) Nach Meinung der angezeigten Lehrer kommt den Fürsten das Placetum zu; weil sie bestellet sind, alles, was dem Staate in dem Zeitlichen, oder Unkommentlichkeiten, oder Nachtheil zuziehen dörfte, vorsichtig abzuwenden, und zu verhüten: wie würde es aber möglich seyn, diese Unkömmlichkeiten, oder Nachtheile zu verhüten, wenn nicht der Landesherr das Recht besitzen sollte, ehe noch die Verordnungen der Kirche verkündet werden, sie vorläufig einzusehen, und nach Gutbefinden mit seinem Placetum, oder zu genehmigen, oder zu verwerfen? P. 57. §. 19. edit. lat.

B) Weiß man aus der Geschichte, daß die Kirche schon da und dort dem Staate mit ihren Satzungen wirklich geschadet hat. Der Landesfürst hat ja also Ursache, und Recht genug, in Zukunft die Kundmachung der kirchischen Verordnungen nicht mehr für sich gehen zu lassen, bis er diese nicht genau geprüft, und genehmiget hat. P. 17. §. 19. ed. lat.

C) Weil jeder Landesherr die unnachläßliche Pflicht auf sich trägt, für den Wohlstand seiner Staaten ganz besorget zu seyn, dieß aber ohne das Placetumsrecht mit Wirksamkeit nicht geschehen kann, fliesset die Folge von sich selbst, daß hiemit das Placetum regium ein Majestätsrecht sey. P. 59. §. 12. edit. lat.

D) Majestätsrechte können weder verjähret, noch von den Regenten abgelegt werden. Sey es also, daß die Regenten etwan bis daher sich des Placetums nicht bedienet haben, steht es ihnen noch immer frey, ob und wann sie dieses Recht, weil es ein Majestätsrecht ist, ausüben wöllen. P. 62. §. 25. edit. lat.

E) Da so wohl die dogmatische, als blosse Zuchtgesetze der Kirche dem Staate Nachtheil bringen mögen: so kann eben darum auch nicht widersprochen werden, daß nicht den Regenten das unstreitige Recht zukomme, beyderley kirchische Verordnungen vor ihrer Publikation einzusehen, und sie, oder gutzuheissen, oder rückgängig zu machen. P. 63. §. 27. edit. lat.

Jeden

Jeden dieser angeführten Gründe benützet nun der Herr Professor W. für seine Sache, und beharret fest darauf, daß, wenn diese Gründe geltend seyn sollten, nothwendig auch den Hierarchen der Kirche das Placetumsrecht über bürgerliche Gesetze müßte eingeräumet werden. Er schlüßt also:

Ad A) Die Kirchenvorsteher sind von Gott bestellt, für ihre Untergebnen Heerden alle Sorge zu tragen, daß ihnen, was das geistlich und ewige betrift, weder Unkömmlichkeit, noch Nachtheil zugefügt werde: wie ist wohl aber möglich, geistliche Unkömmlichkeiten und Nachtheil von den christlichen Gemeinden zu verhüten, wenn die Vorsteher der Kirche das Recht nicht besitzen, die bürgerlichen Gesetze, ehe sie noch kundgemacht werden, zu besehen, und nach Verhältniß der Sache, sie so dann, oder zu billigen, oder zu verwerfen? Gebühret also den Regenten das Regiumplacetum über die Verordnungen der Kirchenvorsteher; weil sie, die Fürsten gesetzt sind, allen Nachtheil im zeitlichen von ihren Staaten zu wenden, so muß nothwendig auch dieses Placetum der Kirchenhier-

Hierarchen über die Verordnungen der Fürsten gebühren, weil ja die Bischöfe gleichfalls gesetzt sind, allen Nachtheil im geistlich = und ewigen von ihren christlichen Heerden abzuwenden. P. 58. §. 20.

Ad B) Nicht nur die Vorsteher der Kirche haben dorten und da mit ihren Gesetzen dem Staate geschadet, sondern hiewieder auch die Regenten mit ihren Gesetzen der Kirche, wie es die Geschichten erwiesen: auch die Kirchenvorsteher haben ja folgsam Ursache und Recht genug, in Zukunft die Kundmachung bürgerlicher Gesetze nicht für sich gehen zu lassen, bis sie nicht diese genau geprüft, und genehmiget haben. P. 58. §. 20.

Ad C) Gerade wie der Regent für das zeitliche Beßte zu sorgen hat, eben so haben auch die Hierarchen die unnachläßliche Pflicht, immer das geistlich und ewige Beßte ihrer geistlichen Gemeinden vor Augen zu haben. Ist nun nicht möglich, daß das zeitliche Beßte ohne Placetum über kirchische Verordnungen befördert werde; wie solls eine Möglichkeit seyn, daß oh-

ne

ne Placetum über die Civilgesetze der Regenten die Kirchenvorsteher das geistlich und ewige Beste mit Wirksamkeit befördern mögen? Folgsam ist das Placetum, so ein den Kirchenvorstehern eigenthumliches Recht, daß ihnen als in dem Geistlichen wahren Souverainen als ein Majestätsrecht zuständig ist. P. 60. §. 22.

Ad D) Majestätsrechte können niemal, oder verjähret, oder von den Regenten abgelegt werden. Sey es also, daß etwan die Kirchenvorsteher sich bisdaher als Souverainen in dem geistlichen des Placetums über bürgerliche Gesetze nicht bedienet haben, steht es ihnen doch immer noch frey, ob und wann sie dieses Recht betreiben wöllen: ist auch darauf nicht acht zu geben, ob hierüber ihnen ein fürstliches Priwilegium, oder Verjährung zu statten komme. P. 62. §. 26.

Ad E) So wenig der Regent ohne vorläufige Einsicht versichert ist, ob nicht die Vorsteher der Kirche was Schädliches für den Staat verordnen werden; eben so haben auch die Hierarchen keine Gewißheit, ob nicht die Regenten

für

für die Kirche in ihren Gesetzen was nachtheiliges befehlen möchten. Erstreckt sich also das fürstliche Placetumsrecht, weil sie die Regenten Unschädlichkeit kirchischer Verordnungen nicht versichert sind, auf alle so wohl dogmatisch als eitel Disciplinargesetze der Hierarchen, so muß sich auch das bischöfliche Placetum auf alle Gesetze der Regenten erstrecken, weil ja auch die Hierarchen keine Sicherheit haben, ob nicht dieses oder jenes bürgerliche Gesetz für das Heil der Seelen dürfte schädlich seyn. P. 63. §. 28.

Nicht wahr, mein Freund! auf diese Weise benutzte der Herr Professor W. in Dillingen in der Hauptsache die Gründe, die man insgemein für das Placetum regium über kirchische Verordnungen zu erweisen pflegt? Sie schreiben zwar K. 3. §. 17. S. 24. „Wer sieht nicht, daß der Herr Verfasser (das ist Herr Professor W.) die Grundursachen für das Genehmigungsrecht der Fürsten, die ich §. 11. besonders aber §. 14. und §. 15. anführe, gar nicht berühre? Sie schicken sich nicht zu seiner Absicht.„ Allein so gerne ich ihnen gefällig wurde, muß ich ihnen doch aufrichtig melden, daß sie weder

in

in §. 11. weder §. 14. noch §. 15. nur das geringste für das Placetum regium angebracht, daß Herr Professor W. oder nicht schon mit seinen Gegenantworten widerlegt, oder das er mit Vernunft als eine Grundursache für das fürstliche Benehmigungsrecht hätte ansehen können. Erlauben sie, daß ich ihnen hierüber den überzeugsten Beweis machen dörfe.

§. 11. Drucken sie sich förmlich also aus. „Der Gewalt der Kirche erstreckt sich nur auf „auf das Geistliche, auf die Glaubenssätze, „auf die Sakramente, und auf das, was den „Gottesdienst unmittelbar angeht. So bald „sich nun die Kirche in das Zeitliche einmischt, „übertritt sie ihre Schranken. . . . Weil „nun die Vorsteher der Kirche viele Gesetze ge„macht, über Sachen die den Staat angehen; „weil sie Einschaltungen, Strafen, Kanzley„formeln beygefügt, und sich ausdrücke be„dient, die der Staat nicht gleichgültig anse„hen könnte, müssen also die Fürsten, um „ihre Rechte zu behaupten, dergleichen Bullen „und Verordnungen zuvor einsehen, damit „sie nicht genöthiget werden, erst nach ihrer „Verkündung dieselben zu verbieten, und auf„zuheben. Hier haben wir den wahren Ur„sprung des fürstlichen Benehmigungsrechts; „die Vorsteher der Kirche zwangen die Regen„ten wegen vielen Eingriffen, die sie wagten,

„ dieses so gerechte und nothwendige Mittel zu „ ergreiffen. „

So viel unrichtiges in diesem Periode ist, besonders was sie von der Gewalt der Kirche sagen, daß sie diese auf die Glaubenssätze, Sakramente, und auf das, was den Gottesdienst unmittelbar angeht, allein erstrecke, da doch aus göttlicher Schrift bekannt ist, daß schon die Apostel, die gewiß ihre von dem Erlöser empfangene Gewalt nicht überschritten haben; im Gewissen verbindende Gesetze gemacht, die weder den Glauben, weder die Sakramente, noch das Unmittelbare zu dem Gottesdienste betroffen haben: dieß und noch mehr anderes in ihrem Periode Unrichtiges, aus Gefälligkeit zu umgehen, will ich blos allein aus der lateinischen Abhandlung des Herrn Professors W. ihr ganzes Argument ihnen unwiderleglich zurückgeben. Hören sie mich mit Geduld. Die Gewalt des Regenten erstreckt sich nur auf das Weltliche. So bald sich nun der Regent in das Geistliche einmischt, übertritt er seine Schranken. Weil nun die Regenten bis daher viele Gesetze gemacht über Sachen, die die Kirche angehen, und welche die Vorsteher der Kirche nicht gleichgültig ansehen könnten, müssen also die Kirchenvorsteher, um ihre Rechte zu behaupten, dergleichen weltliche Gesetze zuvor einsehen, damit sie nicht genöthiget werden, erst nach ihrer Verkündung derselben Beobachtung der Christengemeinde zu verbieten, und aufzuheben. Hier haben wir den wahren Ursprung des Benehmigungsrechts. Die Regenten zwangen die Vorsteher der Kirche wegen den vielen Eingriffen, die sie wagten, dieses so gerechte und nothwendige Mittel zu ergreiffen, wenigst mit unstreitigem Befugniß an die Fürsten zu fodern.

Ey! sehen sie doch, wie das Vergleichsargument des Herrn Professors immer so richtig fortläuft, und wie sie in ihrem eilften Paragraph nichts gesagt haben, dem nicht schon der Herr Professessor W. vorkommen ist.

§. 14. Auf den sie sich weiters als auf ihren Achilles für das regium Placetum der Fürsten beziehen, schreiben sie so: **Die weltliche Macht bedarf der Genehmigung der Kirche gar nicht; sie hat aus eigenen Kräften die wirksamsten Mittel, die Widerspenstigen zu bezwingen: die Kirchengesetze aber, wenn sie nicht von der weltlichen Macht unterstützt werden, haben nicht Nachdruck genug. . . Wenn also das Genehmigungerecht von den Fürsten selbst vernachläßiget wurde, so wäre es Klugheit von den Kirchenvorstehern, wenn sie dasselbe selbsten verlangten, damit ihre Gesetze von Dauer wäre, und beobachtet wurden.**

 Daß

Daß alles, was sie da melden, der Herr Professor W. in Dillingen mit keiner Sylbe berühret, reden sie wahr. Was ist aber die Ursach? Ich glaube ganz sicher, weil ihm mit Vernunft niemal hat beyfallen können, daß jemal ein Gelehrter so was als eine Grundursache für das regium Placetum anführen, und also ungereimt schliessen wurde: Die weltliche Macht bedarf wegen eigenen Kräften der Genehmigung der Kirche nicht, wohl aber bedarf die Kirche für ihre Gesetze der Unterstützung der weltlichen Macht: so hat dann der Regent allein das Placetumsrecht gegen die Gesetze des Kirche, und nicht hinwider auch die Kirche gegen die Gesetze des Regenten.

Das Placetumsrecht, wie sie §. 11. selbst sagen, fließt her **ex jure cavendi**, oder aus dem Befugniß sich und seine Untergebenen von allem Nachtheile zu schützen, nicht aber aus den stärkern Kräften einer Macht über die andere. Sey es demnach, daß zwar der Regent in Rücksicht auf sinnliche Menschen stärkere Kräften, als die Kirche besitze, seine Gesetze befolgen zu machen: weil aber indessen die Kirche eben so richtig, als der Regent das **Jus cavendi** inne hat, aus welchem das **Jus placiti regii** herquillt, so bleibet es immer dabey, daß, wenn man dem Regenten das Genehmigungsrecht über die Kirchengesetze einräumt, man dieses näm-

liche

liche Recht auch der Kirche über die Gesetze des Regenten einräumen müsse.

Was sie endlich §. 15. für das Placetum der Fürsten fürbringen, haben sie abermal recht, daß Herr Professor W. in seiner lateinischen Abhandlung nicht das geringste berührt habe. Wenn ich aber nicht irre, wäre es für ihre Ehre viel vortheilhafter gewesen, so ferne sie diesen ganzen Paragraph nicht ausgepackt hätten. Sie schreiben in der Hauptsache so: **Noch wirklich ist es nicht richtig, wie und von wem die Gewalt Gesetze zu machen, in der Kirche ausgeübt werde. Wenn man diese Gewalt nur allgemeinen Kirchenversammlungen zueignen sollte, so würde es immer noch wahr seyn, daß es in der Kirche eine gesetzgebende Macht gebe; und wenn man sich nicht weiter einliesse, so würde man deswegen noch kein Ketzer heissen .... Daß also dergleichen Verordnungen der Kirchenvorsteher gesetzmäßig werden, wird die Genugthuung des Staates erfodert. Die bürgerlichen Gesetze aber haben ihren sichern und gewissen Urheber, da braucht es keine Genehmigung.**

Daß diese Worte die ihrigen seyn, können sie nicht widersprechen; denn sie sind förmlich

 S. 19.

S. 19. 21. in ihrer Piece gedruckt. Ich frage sie dann, glauben sie nicht, daß nächst den allgemeinen Concilien auch Päbste und Bischöfe für ihre glaubigen Heerden Gesetze zu machen Gewalt haben, oder glauben sie es, so ist ja ihre Absicht entdeckt, daß sie nur suchen, die Leute zu täuschen, und was sie selber nicht glauben, ihnen Glauben zu machen: welches gewiß keine Rechtschaffenheit ist. Glauben sie aber es nicht, daß nebst den allgemeinen Kirchenversammlungen auch die Päbste und Bischöfe für ihre Gemeinden Kirchengesetze zu machen, Gewalt haben; dann sagen sie mir, was denn der Heiland dem Petrus gegeben, als er ihm die Schlüssel, auf Erden zu binden und lösen mitgetheilet hat? Und, was diese Worte Akt. 20. V. 28. bedeuten: habet Acht auf die christliche Heerde, über welche auch der heilige Geist zu Bischöfen gesetzt, die Kirche Gottes zu regieren? Ist in der Welt so ein Regent, der keine Macht hat Gesetze zu machen? und wer weiß nicht, daß die Darreichung der Schlüssel immer den höchsten Obergewalt angezeigt habe? Weder die Gewalt der Bischöfe, noch der Päbste Gesetze zu machen, ist also bey guten Katholiken unrichtig. Ja da die heiligen Väter einstimmig diese Gewalt den Päbsten und Bischöfen einräumen, fasse ich nicht wie einer, der hierinnfalls der göttlichen Schrift und heiligen Vätern zu widersprechen sich trauet, noch Katholik heissen, wenigst ein guter seyn könne.

Sie

Sie sehen demnach verehrtester Freund! daß ihr angebrachtes Argument, daß sie aus der Ungewißheit der gesetzgebenden Macht in der Kirche hergeholt haben, von keiner solchen Wichtigkeit sey, daß Herr Professor W. sich mit demselben hatte abgeben sollen.

Es ist ja doch aber, schreiben sie §. 16. ein großer Unterschied zwischen dem Genehmigungsrecht der Fürsten, und jenem der Kirche; Denn

1) Sind die Bischöfe in zeitlichen Sachen, und in der Regel, Unterthanen ihrer Fürsten, sie verletzen also die Rechte derselben, wenn sie ihre Gesetze, die ganz bürgerlich sind, untersuchen. S. 21.

2) Die Kirche ist im Staate; die Rechte der Regenten sind schon vor dem eingeführten Kirchenregiment bestanden; sie können also durch dieses in ihror Ausübung nicht gehindert werden. Die Kirche muß sich in dem Staat, nicht der Staat in die Kirche schicken. Von den Rechten des Staats läßt sich also nicht auf die Rechte der Kirche schliessen. S. 22.

3) Das Genehmigungsrecht der Geistlichen wäre der Kirchen schädlich, weil die Verbreitung der Religion, die sich überall, und für alle schicken muß, dadurch verhindert würde. S. 22.

4) Wenn das Genehmigungsrecht der Kirche statt fände, so wären die katholischen Fürsten viel übler daran, als die protestantischen. Seite 22.

Ich antworte ihnen

Aufs 1ste) Daß die Bischöfe auch in der Regel zu reden, den Fürsten Unterthan seyn, widerspreche ich durchaus. Warum: werden sie nächstens im Drucke zu lesen bekommen. Nicht zugelassen wöllen wir einsweils es setzen, daß es so sey: so ist ja doch auch eine richtige Sache, daß die Fürsten in geistlichen Dingen unter die Macht der Kirche gehören. Sie verletzen also die Rechte derselben, wenn sie die Gesetze, die ganz kirchische sind, untersuchen. Auf kirchische Gesetze gebühret folgsam den Regenten so wenig ein Placetum, als wenig ein solches die Hierarchen - in Thesi - auf die bürgerlichen Gesetze verlangen.

Aufs 2te) Ists eine noch nicht entschiedene Frage, ob die Kirche im Staate, oder der Staat sich in der Kirche befinde? Mir scheint das letzte fast richtig zu seyn; weil ja die Kirche, so, wie sie eine Gesellschaft aller Gläubigen auszeichnet, unstreitig älter (siehe Tournel. Tract. de Eccl. Christ. q. 1. A. 3. Conclus. 1.) und weitschichtiger ist, als immer ein Staat in der Welt. Sey aber meinetwegen die Kirche im Staate, oder nicht, so ist sie doch allezeit, als

als Kirche betrachtet, darinn als souverain, und von den weltlichen Fürsten unabhängig. Als souverain hat sie also das Recht, ohne an eines andern Genehmigung gebunden zu seyn, Gesetze zu machen, und zu verkünden, sonst wäre sie nicht souverain; folgsam kann sie auch durch dieses, daß sie im Staate ist, in der Ausübung ihrer gesetzgebenden Macht von Niemande gehindert werden. Was ihnen beyzusetzen beliebt, daß sich die Kirche in alle Staate müsse schicken, ist im gesunden Verstande ganz war: daß aber nicht auch hinwider die Staaten sich nach der Kirche, und deren Verfassung einrichten müsse, ist ein verderbter, und ärgerlicher Grundsatz; denn es ist ja ausdrücklich im Evangelium geschrieben: Wer die Kirche nicht höret, der soll dir wie ein Heyd und Publikan seyn. Ich bethe recht sehr, sagen sie nicht, man müsse freylich die Kirche anhören, wenn sie Dogmen erkläret; ein anders sey aber, so ferne sie nur Zuchtgesetze verfasset: ehe diese verbinden, müsse auch die Begnehmigung der Landesregenten dabey seyn. Das, bethe ich, sagen sie nicht, weil ja der angezogene Text: Wer die Kirche nicht höret ꝛc. weder eine Einschränkung machet, blos auf eitel dogmatische Dinge, noch von dem nothwendigen Beyfalle der Landesregenten in Disciplinarsachen nur eine Sylbe beyfüget. Ich weiß, was sie antworten werden: Auch der Fürst seye verbunden, in den Zuchtgesetzen die Kirche zu hören, wenn sie dem Staate nicht scheschaden. Ob sie aber dem Staate nicht schaden, habe der Regent ausschliessungsweise zu sprechen. Folgsam komme es bey den Zuchgesetzen der Kirche immer darauf an, ob sie der Landesfürst mit seinem Exequatur, oder Placet als unschädlich werde erklären, oder nicht. Ich fasse ihr Antwort. Sagen sie mir aber zur Ehre, weiß auch der Fürst, wenn etwan ein Zuchtgesetz der Kirche unterdruckt wird, daß nicht dadurch der Schaden im Geistlichen und Ewigen beträchtlicher seyn werde, als er im Zeitlichen wäre, so ferne das Disciplinargesetze sollte befolgt werden? Unmöglich kan dieses der Landesfürst wissen, weil er über geistlich- und ewigen Schaden nicht zu urtheilen hat. Gut! von wem hat aber der Landesherr das Recht, jene Gesetze der Kirche zu verwerfen, die er nicht weiß, ob ihre Unterdrückung nicht etwan im Geistlich- und ewigen grössern Nachtheil verursachen werden, als die Betreibung derselben in dem nur Zeitlichen schädlich seyn möchten? Wenigst mir saget die ganze göttliche Schrift, und neben der Schrift die natürliche Vernunft, daß, wenn doch ein Schaden zu verhindern sey, immer der Geistliche vor dem Leiblichen und der Ewige vor dem Zeitlichen müsse verhindert werden. Wegen des zeitlichen Schadens hat also der Landesherr noch kein richtiges Recht, die Zuchtgesetze der Kirche zu unterdrucken, bis er nicht weiß, daß der daraus entstehenden zeitliche Schaden beträchtlicher sey, als der Geistlich- und Ewige aus derselben Verwerfung

fung seyn dürfte. Was folgt nun hieraus? Wenn ich nicht irre, gerade hin dieses: daß also der Regent, wenn er ein oder anders Zuchtgesetze für schädlich im Zeitlichen ansieht, sich hierüber mit den Vorstehern der Kirche besprechen, und ob nicht etwan aus derselben Unterdruckung der geistliche Schaden möchte merklicher seyn, und sie hierinfalls als die einzige rechtmäßigen Schiedrichterinn anhören müsse. So denke ich, und ich glaube sicher, alle andere mit mir, die von der heutigen Neuigkeitsseckte noch nicht angesteckt sind. In diesem Systeme, wo bleibt aber das Placetum regium? Nun

Auf das 3te: Möchte es seyn, daß das Genehmigungsrecht über die bürgerlichen Gesetze für die Kirche nachtheilig wäre, NB. wenn dieses Recht die Hierarchen einseitig, oder absolute verlangten. Sie verlangen es aber nicht, ausser allein für den Falle, wenn die Regenten zuerst über die kirchischen Verordnungen das Placeium ausüben wollten. Das aber kann der Verbreitung der Religion so wenig hinderlich seyn, als alle Landesherren selbst wissen: **quod quis Juris in alterum statuit, eodem ipse utatur necesse est tot. Tit. ff. quod quisque Juris.**

Auf das 4te ist die nämliche Antwort. Die Vorsteher der Kirche verlangen weder von katholisch, noch protestantischen Fürsten über ihre bürgerlichen Gesetze das Genehmigungsrecht: nur

nur verlangen sie es reciproco Jure, wenn es die Fürsten zuerst über die kirchischen Verordnungen sich zueignen wollen. Fodern die Regenten nicht die ersten das Placetum, dann fodern es auch die Bischöfe nicht. Ich meine, solches Verhältniß mache nicht, daß die katholischen Fürsten übler daran als die protestäntischen seyn. Beyde werden gleich von den Hierarchen behandelt.

Wie vieles hätte ich ihnen nicht noch zu schreiben über das, was sie alles in ihrer Piece ohne mindesten Grunde, und wenn ich es aufrichtig därf sagen, nur die Mindereinsichtigen zu täuschen angeführt haben? Weil aber die heutige Mode nicht ist, gar zu lange Briefe zu schreiben, und ich ihnen in der Hauptsache alles aus dem Vergleichungsargument des Herrn Professors W. beantwortet habe, oder sich leichtlich daraus beantworten läßt, was sie immer wider ihn, und entgegen für das Placetum regium niedergeschrieben, will ich sie dießmal entlassen, und zwar mit der theuersten Versicherung, daß ich unabgeändert sey.

Ihrer Person

Aufrichtiger Freund, guter katholischer Weltbürger in Füssen.

N. Sch.

Sollten sie nochmal gedenken für das Placetum regium etwas zu schreiben, dann belieben sie nur diese drey einzige Sätze zu widerlegen.

1.) Die Apostel machten Gesetze wider das Placetum der Fürsten, das ist solche Gesetze, die sie gewußt, daß die dortmal lebenden Regenten niemal genehmigen würden. Es haben also entweder die Apostel gröblich gefehlt, oder es gebührt den Regenten das Placetumsrecht nicht.

2.) Die Vorsteher der Kirche haben nicht nur die Macht, Gesetze zu entwerfen, oder in Vorschlage zu bringen, sondern Ausschliessungsweise privative verbindende Gesetze zu machen. Verbindende Gesetze sind es aber nicht, ehe sie verkündiget werden. Hat die Kirche privative Gewalt verbindende Gesetze zu machen, so hat sie auch nothfolglich die richtige privative Gewalt ihre Verordnungen verkünden zu lassen. Hat aber die Kirche die privative Gewalt ihre Gesetze verkünden zu lassen, zu was das Placetum oder Genehmigungsrecht der Regenten?

3.) Sie sagen selbst §. 6. S. 11. **Die Rechte der Fürsten werden verlezet, wenn man den Unterthanen das Recht einräumt, ihre Gesetze zu prüfen, sie anzunehmen, oder zu verwerfen.** Auch ich bin

die-

dieser Meynung: weil Gott nicht Prüfung, sondern Befolgung der Gesetze von den Unterthanen fodert. Was sind aber die Fürsten, wenigst die christlichen in Rücksicht auf die Kirche? Sind sie dieser nicht unterthan? Dieses werden sie ja doch nicht läugnen. Was ist die Folge? Daß also die Rechte der Kirche, oder was hier eines ist, die Vorsteher der Kirche verletzet werden, wenn man den Fürsten, wenigst den christlichen, die der Kirche unterthan sind, das Recht einräumt, ihre Gesetze zu prüfen, sie anzunehmen, oder zu verwerfen. Was ist aber das Placetum regium anders, als das Recht die Kirchengesetze zu prüfen, sie anzunehmen, oder zu verwerfen?

Nun leben sie wohl, und bethen eifrig zu Gott, daß sie der Herr Professor W. dem sie gewiß nicht, wie sich aus ihrer Piece sicher urtheilen läßt, an Gelehrtheit gewachsen, so kaltblütig behandle, wie ich.

Verzeichniß

der im siebenten Bande enthaltenen Materien.

6. Etwas

6. Etwas an den Herrn P. Philipert Obernetter öffentlichen Lehrer der geistlichen Rechte auf dem K. K. Licäum in Kostanz, sammt einer Zugabe.

7. Zweytes Etwas an den Nämlichen.

8. Eybels und des verkappten Feiners gottlose Lehre von der Ohrenbeicht, enthüllet vom Katholikus.

9. Ungebethenes Schreiben in Betref Titl des Herrn Professors Wanners in Dillingen: abgegeben an den namenlosen Fragsteller: Ob die Bischöfe auch das Placitum über bürgerliche Gesetze zu fodern haben.